从0到独角兽

"双创"时代大学生创业研究

郑 路 著

清华大学出版社

北 京

本书封面贴有清华大学出版社防伪标签,无标签者不得销售。

版权所有,侵权必究。举报:010-62782989,beiqinquan@tup.tsinghua.edu.cn。

图书在版编目 (CIP) 数据

从 0 到独角兽:"双创"时代大学生创业研究 / 郑路著 . -- 北京 : 清华大学出版社,
2025. 7. -- ISBN 978-7-302-70029-6

Ⅰ . G647.38

中国国家版本馆 CIP 数据核字第 20250WW278 号

责任编辑:周　菁
封面设计:常雪影
版式设计:方加青
责任校对:王荣静
责任印制:刘海龙

出版发行:清华大学出版社
　　　　　网　　　址:https://www.tup.com.cn,https://www.wqxuetang.com
　　　　　地　　　址:北京清华大学学研大厦 A 座　　　　　邮　　编:100084
　　　　　社 总 机:010-83470000　　　　　　　　　　　邮　　购:010-62786544
　　　　　投稿与读者服务:010-62776969,c-service@tup.tsinghua.edu.cn
　　　　　质 量 反 馈:010-62772015,zhiliang@tup.tsinghua.edu.cn
印 装 者:小森印刷(天津)有限公司
经　　销:全国新华书店
开　　本:170mm×240mm　　　　印　　张:17.25　　　字　　数:221 千字
版　　次:2025 年 9 月第 1 版　　　印　　次:2025 年 9 月第 1 次印刷
定　　价:80.00 元

产品编号:096297-01

前　言

　　"创新是人类进步的源泉，青年是创新的重要生力军。"2024 年
10 月，习近平总书记给中国国际大学生创新大赛参赛学生代表回信，
对他们予以亲切勉励并提出殷切希望。早在 2017 年 8 月，习近平
总书记给第三届中国"互联网 +"大学生创新创业大赛"青年红色
筑梦之旅"的大学生的回信中就写道："祖国的青年一代有理想、有
追求、有担当，实现中华民族伟大复兴就有源源不断的青春力量。
希望你们扎根中国大地了解国情民情，在创新创业中增长智慧才干，
在艰苦奋斗中锤炼意志品质，在亿万人民为实现中国梦而进行的伟
大奋斗中实现人生价值，用青春书写无愧于时代、无愧于历史的华
彩篇章。"①

　　"大众创业、万众创新"这一理念在 2014 年 9 月的夏季达沃
斯论坛开幕式上首次提出，此后被简称为"双创"。2015 年 3 月的
《政府工作报告》首次将"大众创业，万众创新"上升到国家经济发
展新引擎的战略高度。截至本书完稿时，"双创"已经走过了第一个
十年，创新创业已成为推动中国经济社会发展的强大动力。尤其是
总书记的重要指示，不仅指引了"双创"的未来发展方向，也为大
学生群体投身创业提供了强有力的政策支持和精神引领。

　　"双创"战略自 2015 年正式提出以来，在国家层面形成了覆盖

---

① 习近平回信勉励第三届中国"互联网 +"大学生创新创业大赛"青年红色筑梦之旅"的大
学生，新华社，2017 年 8 月 16 日，见中国政府网：https://www.gov.cn/guowuyuan/2017-08/16/
content_5217972.htm.

全面、体系完整的政策框架。从中央到地方，各级政府出台了一系列支持创新创业的措施，包括降低市场准入门槛、优化融资环境、提供创业孵化器及创新平台等。这些政策有效激活了各类市场主体的创新活力，推动了全国范围内创新创业活动的蓬勃发展。一大批高科技企业、初创企业在互联网、人工智能、生物医药等前沿领域迅速崛起，为中国经济注入了新的活力。全国各类"双创"平台已遍布各省市，包括众创空间、孵化器、科技园区等，为创新者和创业者提供了从技术支持到市场拓展的全方位服务。创新创业不仅直接推动了经济增长，还间接带动了大量就业，特别是为大学毕业生提供了更为多元化的就业选择。

在"双创"时代，大学生创业成为社会关注的焦点，既具备理论上的深远意义，又具有现实层面的广泛影响。首先，从理论上看，大学生作为知识、创新能力和思想活力最集中的群体，是创新创业者的重要构成。研究大学生创业行为及其背后的驱动因素，不仅能为创新理论提供新视角，也能丰富创业学科的理论基础。通过理论的系统研究，可以进一步探讨大学生在创新创业中的独特优势与挑战，从而为更好地设计和实施支持政策提供理论依据。从现实角度来看，大学生创业对于推动经济社会高质量发展和解决就业问题具有重要作用。面对日益严峻的就业压力，鼓励大学生创业不仅能够开辟新的就业渠道，还能为经济注入新的创新活力。此外，许多高校已经建立了创新创业教育平台，为大学生提供了创业辅导和实践机会，培养了大量的青年创业者，他们在科技创新、社会服务等多个领域展现出了巨大的潜力。

为了对"双创"背景下的大学生创业进行系统、深入研究，笔者首先从创业政策和代表性高校的实践出发，从创业教育、减少阻碍、资金支持和商务支持四个维度来对大学生创业政策和实践进行了归纳总结。这些政策措施针对大学生缺乏创业经历和资金来源等特点，为大学生创业者提供了空间、资金等物质支持以及创新创业教育改革等教育体制支持，并通过举办创业竞赛等方式为大学生创业提供实践和展示平台，助力大学生的创业活动。其次，为了解大学生创业的整体情况，本书分析了 567 所高校的 2018 年[①]本科院校毕业生就业质量报告，发现大学毕业生创业率整体低于 1%，且本科生群体的创业率高于研究生群体。进一步对本科生创业率进行多元回归分析发现，院校类型、高校所在城市的风险投资数量对本科毕业生创业率有显著的影响，体育、艺术类院校的本科毕业生创业率高于其他类型的高校，城市风险投资数量对于本科毕业生创业率有促进作用。这一结果说明高校专业类型的因素和高校所在地的创业环境显著影响了本科毕业生的创业率，也体现了城市级别的区域创业生态系统对于大学生创业的促进作用。

高校毕业生就业质量报告中的创业率信息更多反映的是大学生毕业即创业的整体情况，它没有展现大学生的创业过程及其影响因素，也未能包括那些积累了部分工作经验之后从事创业的大学生群体。因此，本书对毕业即创业大学生的典型案例，以及总部在北京、由大学生创办的独角兽企业进行了分析。研究发现：有超过七成的独角兽企业的创始人为工作后创业，即便是那些毕业即创业的大学生，在校期间多数也有过工作、实习或者创业的经历；从独角兽企业创始人的学历背景来看，71% 的创始人在北京接受过高等教育，具有显著的地域特征；另一个地域特征是这些企业的总部所在地，其中总部位于海淀区的比例达到了 67%，而且又集中于"中关村—上地—西二旗"一带，该区域也是中关村国家自主创新示范区的核心区域。

从创业过程的角度，本书将大学生的创业机会分为模仿成熟模式、技术更替和细分市场三类。其中，技术更替是大学生创业机会的主要来源，移动互联网因其兼具技术性和市场性的双重特征，和

---

① 注：笔者 2020 年启动本书相关课题研究时的最新数据截至 2018 年，近几年的数据受新冠疫情及地缘政治的影响较大，值得更专门的研究。

大数据、人工智能一起，成为近十几年技术更替的主要驱动力量。社会网络在大学生寻找创业合伙人和获取投资时都起到了关键作用，但是与 20 世纪八九十年代两次创业潮多基于"同乡"关系不同，当代大学生主要的社会网络变为了同学、校友、同事和朋友关系，这些社会网络产生于大学、企业等创业生态系统的组成要素之中。创业生态系统的组成还包括政府、风险投资等要素或者参与者。自"双创"政策实施以来，政府通过举办创业大赛的方式直接为大学生创业者搭建舞台，还以政策引导的方式推进大学创业生态系统的建设，政府的创业政策还可以通过税收优惠等方式，优化大学生创业的外部环境。高校不仅为大学生创业者构建了同学、校友网络，还通过创业教育、孵化器等方式，直接培养大学生创业所需的知识和技能，并提供实践空间和机会。风险投资不仅为初创企业提供资金，一些风险投资还会利用自身的社会网络为企业寻找关键岗位人才，并通过扩展人脉等方式帮助企业的发展。在一些创业企业重大战略决策中也可以看到风险投资的身影，如美团和大众点评的合并案，可以认为风险投资是"创业者背后的创业者"①。在企业的工作经历可以为大学生创业提供包括工作经验、市场认知和创业经验在内的隐性知识，这些隐性知识可以帮助大学生发现创业机会，在企业中形成的同事网络也是大学生创业重要的社会资本。通过案例分析还发现，一些初创企业在创业生态系统中也发挥了和成熟企业类似的作用。

　　除了这些传统的商业创业之外，大学生群体在返乡创业、社会创业等领域也扮演了重要的角色。本书以湾头和沙集两个淘宝村为例，展现了大学生群体返乡创业如何将新兴的技术和商业模式引入家乡，并通过自身实践和乡村的熟人社会特征激活乡村创业资源，引导并帮助乡村居民参与到电商行业之中。在这一过程中，大学生

---

① 红杉中国合伙人沈南鹏称，红杉是"创业者背后的创业者"。

创业者提升了村民的市场地位和自主性，并为乡村带来了可观的社会经济效益。伴随着直播、短视频等新的传播形式的出现和发展，这些返乡创业群体也将这些模式引入乡村，通过直播等内容创作的方式展示乡村面貌、推动乡村特色产业。这些被称为"新型职业农民"或者"新留守青年"的返乡创业者，正在成为助力乡村经济社会发展，实现乡村振兴的重要支撑力量。这些返乡创业者在创业过程中实现的社会价值与社会创业也有一定契合之处。社会创业是通过经济手段实现社会价值创造的活动，大学生群体是社会创业者的主要构成部分，除了具有利他动机明显、社会责任感强、综合素质优秀等优势之外，也存在创业领域单一、模式创新度低等方面不足。大学生参与社会创业有多种路径，既可以从社会组织出发向更为可持续的社会企业模式转型，也可以以商业创业为起点向社会价值创造延伸。社会创业不仅涉及创业能力的培养，还需平衡商业手段和社会目的之间、价值创造和价值获取之间的张力。如何平衡这些张力是社会创业者面对的核心议题之一。社会创业教育不仅是提升大学生社会创业能力的有效路径，也是多元创业人才培养以及高效完善大学生创业体系的要求。

随着数字经济的发展，通过各种数字平台就业创业已成为日渐主流的就业形式。本书从已有的零工经济、新就业形态、劳动过程等概念和理论出发，提出了平台创业者群体的分类框架，并结合调查数据对这些群体的特征及工作满意度的影响因素进行了分析。分析发现，大学生平台创业者对于工作时长、雇佣方式、收入等因素的态度较为中性，更为关注工作时间的自主性以及远期的社会保障，同时表现出更强的经济风险承受能力，这些特点都较为符合创业者的特征。针对这些研究发现，笔者提出了构建平台创业者分类体系、提供差异化就业创业支持方式的政策建议。

总之，开展大学生创业的研究，对于探索如何通过政策支持、社会环境优化以及教育体制改革来进一步提升大学生创业成功率和影响力, 具有重要的现实意义。这不仅能为政府制定创业扶持政策提供参考, 也有助于高校优化创新创业教育体系, 助力培养符合新时代需求的复合型创新人才。

围绕本书主题所开展的课题研究得到了清华大学—野村综研中国研究中心的慷慨资助, 该中心两任日方主任松野丰先生和川嶋一郎先生以及中心两任中方主任李强先生和王天夫先生, 还有中心的高扬女士对本项研究的开展和图书出版给予了极大的支持和帮助。清华大学出版社的编辑周菁女士也为我们提供了非常及时且专业的指导。最后要感谢与作者合作的博士后, 出站后在清华大学图书馆工作的陈臣博士, 他在项目研究和成书过程中承担了大量的辅助工作。笔者对上述各位, 以及所有未提及名字却参与和帮助过本研究的同事和学生表示由衷的感谢。当然, 文中的任何疏漏和不妥之处, 均由作者自行负责。

目　　录

第一章 引言

第一节 研究背景

创新创业是社会经济中最具活力的要素之一，2013 年习近平总书记提出了制定创新驱动发展战略规划纲要 [①] 的构想。"大众创业、万众创新"是在 2014 年的达沃斯夏季论坛被首次提出 [②] 的。此后，"大众创业、万众创新"被简称为"双创"。2015 年，创新驱动发展战略和"双创"被写入政府工作报告 [③]。作为受教育程度最高的群体，大学生群体在我国人口中的占比逐渐提升，根据《2020 年第七次全国人口普查主要数据》，进入 21 世纪以来，我国受教育程度达到大专及以上的人口比例从 2000 年的 3.61% 增加到 2020 年的 15.47%。[④] 但是这一人群在我国整体人口中的比例较少，尤其是本科及以上群体的数量，根据 2018 年统计年鉴的抽查数据 [⑤]，全国 6 岁以上人群中大学本科及以上群体占比为 6.49%，其中本科占比为 5.89%，研究生占比为 0.60%。到 2022 年这一比例数据有所增加，本科生占比为 8.70%，研究生占比为 0.95% [⑥]，但本科及以上教育群体整体占比仍低于 10%。本文将聚焦这一群体，对其创业的特点及影响因素展开研究。

制度变化与市场变化之间（比如技术更替）的相互作用是中国

---

① 香港科技大学，https://ipp.ust.hk/public_uploads/201809_IPPLAPP_Talk_v2.pdf.

② 百度百科，https://baike.baidu.com/item/ 大众创业，万众创新 /20488664?fromtitle= 双创 &fromid=9820092.

③ 2015 年政府工作报告 . http://www.gov.cn/guowuyuan/2015-03/16/content_2835101.htm.

④ 数据来自《2020 年第七次全国人口普查主要数据》的 "历次普查每十万人拥有的各种受教育程度人口"，第 11 页。

⑤ 2017 年人口变动情况的抽样调查，抽样比为 0.824‰，总样本 1063758，其中大学本科人口 52660，研究生 6374。

⑥ 2022 年全国人口变动情况抽样调查样本数据，抽样比为 1.023‰，总样本 1363035，其中本科样本 118553，研究生 12912。

情境下创业研究的热点（You Wu 等，2020），制度作为规制性、规范性和认知性要素，虽然旨在提供稳定性，但是其本身也处在动态变化之中。改革开放以来，中国采取了很多重要措施以减少开办和经营企业的阻碍，通过扩大技术知识基础来创造就业机会。"双创"政策作为政策变革的具体范例，同样降低了开办企业的门槛，为草根创业者提供了大量机会。在政策出台之后的几年间，初创企业（或者称为创业企业，英文为"Start-up"）和风险投资公司数量急剧增加。中国创业者既面临制度变化，也处在大多数创业者所面临的市场变化环境之中。此外，前所未有的技术变革也带来了大量的创业机会，过去十年，互联网技术的发展推动了互联网公司的涌现，而未来十年，人工智能、区块链等技术进步可能同样会催生更多的创业机会（You Wu 等，2020）。作为技术变革的最新体现，2022 年底 ChatGPT 的出现，带来了人工智能发展的新的"大模型"技术范式，李开复将这一技术范式称为 AI 2.0，并指出 AI 2.0 将有巨大的市场规模，可以容纳创业者、中小企业和巨头公司多个层级，其带来的颠覆性机会会比移动互联网大十倍[①]。据自媒体的统计，仅"清华系"（清华毕业生和 / 或教师）中的大模型创业者就有 17 人[②]。技术的变化同样会影响市场，王金杰等（2017）在分析电子商务对农村创业的影响时，提出了电子商务对于农村而言具有技术环境和市场环境的双重特征。作为技术环境，电子商务为农村居民创业提供了技术手段，作为技术支撑方便农民获取商业信息、技术信息和资本信息，不但成为农村居民获取知识的新渠道，还提升了他们从传统教育渠道获取知识的能力。而电子商务的超越地理区域限制的特征，也为农村居民创业提供了新的市场环境。本文基于这一研究脉络，重点关注制度变化和技术更替对大学生创业过程的影响。

---

① 李开复：AI 2.0 带来的市场机遇会比移动互联网大 10 倍. 澎湃新闻，https://www.thepaper.cn/newsDetail_forward_23265166.

② 清华系 17 人，撑起中国大模型创业半壁江山. 智东西，https://www.thepaper.cn/newsDetail_forward_24346592.

从制度变化的角度来看，对于创业影响的代表性政策之一是"双创"政策。而以移动互联网、大数据、人工智能为代表的技术革新，在深刻影响了人们的生产、生活方式的同时，也带来了包括LBS（基于位置的服务）、短视频、共享经济在内的一系列创业机会，并催生了美团、滴滴和字节跳动为代表的创业企业，因此21世纪的第二个十年也被称为"移动互联网的十年"[①]。作为移动互联网时代的一个注脚，2021年2月快手上市之后，中国互联网市值排名前五的公司有三家为移动互联网时代成立的公司。[②] 本文选取关注的创业案例多集中在这一时期，这些企业在移动互联网时代创立、发展乃至成长为各自领域的独角兽企业，它们的创业过程也是新兴技术孕育商业模式，并且逐渐渗透到人们生产和生活中的过程。

从产业组织的视角来看，美团、滴滴和字节跳动这类互联网企业有一个统一的名称——"数字平台企业"或者"平台企业"，也被简称为"平台"。"平台"这一概念存在多义性和模糊性（范如国，2021），既可以是一种组织形态，也可以作为组织主体，作为组织主体时，广义的"平台"是指运营和维护"数字平台"这一基础设施的组织主体。将数字平台企业简称为"平台"是从组织主体的视角出发的。对平台企业还有一些情境性的称呼，例如中文语境中的"互联网平台"（喻国明等，2021）、网络平台（周辉，2020），以及英文语境中的"digital platform"（Parker et al.，2021）、"platform economy"（Gawer，2010）等。作为一种组织形态，"平台"指一种区别科层制和市场制的组织形制（邱泽奇，2021；Gawer et al.，2014）。与科层制相比，"平台"的边界相对开放，平台企业与平台参与者等相关方共同形成了一个生态系统。这个生态系统具有核心—边缘的特性（Wareham et al.，2014），其中核心组织（例如平台

[①] 移动互联网十年的起止年份有不同的表述，有2010—2019，也有2007—2017。参见新浪财经，https://finance.sina.cn/2019-11-03/detail-iicezuev6837699.d.html.

[②] 前五大公司分别为腾讯、阿里巴巴、美团、拼多多、快手。美团、拼多多、快手均为移动互联网时代创业。

企业）以科层制为主要的组织形式，核心组织与生态系统的其他参与主体之间呈网络状的关联关系。与市场制相比，平台制是双边或多边市场结构，连接两个或者多个不同属性的用户群体，并促进这些群体在平台上进行互动（Rochet et al.，2006），因此平台也称为双边市场或多边市场。

与传统企业的直接销售产品或服务不同，平台企业扮演的是中介角色，这一特性使得平台企业具有组织和市场的双重特征。数字平台的发展对于劳动力市场也产生了深刻的影响，催生了外卖骑手、网约车司机为代表的新型就业方式，在我国，这些就业方式被统称为"新就业形态"[①]。除了新就业形态，数字平台还催生了一些"新创业形态"，例如以数字平台为主要传播媒介的内容创作者，本书将其称为"平台创业者"，大学生群体也是平台创业者的重要构成部分。

这种新创业形态也不仅局限于平台创业领域，随着"共同富裕"和"乡村振兴"的推进，社会创业和返乡创业的重要性在逐渐凸显。社会创业以商业的手段促进社会进步、满足社会需求，并在这一过程中实现社会价值的创造（Mair et al.，2006）。作为社会创业者的主要构成[②]部分，大学生群体在利他动机、社会责任感等方面具有优势，促进大学生从事社会创业不仅可以实现社会价值，也有利于共同富裕目标的推进。大学生群体同样是返乡创业的"生力军"，人力资源和社会保障部等三部委联合发布的《人力资源和社会保障部、财政部、农业农村部关于进一步推动返乡入乡创业工作的意见》（人社部发〔2019〕129 号）中指出，"支持农民工、高校毕业生和退役军人等人员返乡入乡创业，是落实就业优先政策、实施乡村振兴战略、打赢脱贫攻坚战的重要举措"。因此，本书也会关注大学生群体的社会创业和返乡创业情况。

---

① 中国共产党第十八届中央委员会第五次全体会议公报. 新华网，2015 年 10 月 29 日.
② 626 个样本调研：社会企业待解问题多，亟须资金和政策支持. 澎湃新闻，https://www.thepaper.cn/ newsDetail_forward_15635738.

第二节　大学生群体的特点

从创业的角度来说，大学生具备了以下几个特点：

人力资本方面。创业活动是一项高人力资本活动，它不仅需要创业者具备创业领域的专业知识，而且创业过程是一个持续学习的过程，需要学习技术、管理、融资等方面的知识技能。高等教育作为我国学历教育的最高级别，大学生群体在知识和技能储备、学习能力等方面具有自身的优势。

社会资本方面。大学生处在一个特殊的社会网络中，除了一般意义上的亲朋好友关系外，大学生还和所在高校的老师、同学建立了同学网络和师生网络。与陌生人群体不同，同学关系可以认为是熟人关系，所以同学网络可以视为是一种强关系网络；另外，由于同学之间在年龄、经历上的相似性，因此可以认为是一个对等网络。大学教师不仅向学生传授专业知识，还能提供其他方面的经验帮助，可以认为他们是一个层级网络（hierarchy network）。另外，由于大学生群体的多元认同方式，可以基于同一所高校、同一届入学、相同专业、价值观与兴趣爱好等方面形成认同感，师生关系也并不局限于狭义的学校空间和专业领域，所以大学同学和师生网络具有超出学校和专业范围的扩展性。这一扩展性的同学和师生网络构成了大学生群体特有的社会资本。

物质资本方面。由于大学生群体一般没有固定收入，其学费、生活费用往往来自家庭的资助，所以在物质资本方面相对薄弱。但是从创业的角度来看，高校为大学生提供了诸如图书馆、实验室等公共空间为代表的科研设施，以及宿舍、食堂等低成本的生活设施，这些设施是大学生创业可以依托的物质资本。

时间资本方面。由于大学教育本身的特点，虽然大学生群体也面临不同程度的学业压力，但是相较于"朝九晚五"的工作方式来说相对自主，比如有寒暑假以及可以弹性安排的课外时间，对从事创业活动来说，这些时间都是可资利用的资源。

大学生群体在创业方面的优势在科技创业领域较为突出，当今世界范围内的科技巨头的创业者很多来自大学生群体，如作为硅谷精神的早期代表——惠普（HP）的创始人 Hewlett 和 Packard 均是斯坦福大学的同学[①]。时间回溯到当代，谷歌的双子星——Larry Page 和 Sergey Brin 也是在斯坦福结识，并在大学期间开始搜索引擎的开发，之后休学在车库继续发展 Google。微软和 Facebook 则是另一种情形，盖茨和扎克伯格同是哈佛大学的本科生，也都在学校期间开始了早期创业，可能由于彼时东海岸的名校没有为学生创业提供良好的环境，两人后来为了创业而放弃了学业。[②] 这些当初由大学生创立的公司，如今已经成长为全球科技行业的领军企业。

当前中国的情况也与硅谷类似，从早期互联网科技巨头的 BAT（百度、腾讯、阿里巴巴），再到新生代的三小巨头 TMD（头条[③]、美团、滴滴），它们的一个共同的特点就是当初的创业者都是大学生群体。这些案例都说明了大学生群体在创业特别是科技创业领域扮演着引领者角色。

大学生群体在创业方面虽然有以上优势，但也有明显的劣势，主要包括以下几点：

资金支持方面。创业离不开资金的支持，尤其风险投资更是创业的催化剂，而大学生无论在自有资金还是融资能力和经验方面都有所欠缺。

[①] 惠普（HP）由休伊特（H）和帕卡德（P）于 1939 年创办，两人均于 1935 年毕业于斯坦福大学电子工程系。惠普的创业开始于 PaloAlto 的一个车库，这也成为硅谷"车库精神"的起源。谷歌、苹果最初都是在车库中创业。

[②] 比尔·盖茨和扎克伯格选择了辍学创业。

[③] 头条是对今日头条的简称。2018 年，今日头条的运营主体更名为字节跳动，今日头条成为字节跳动集团运营的 App 之一。这种以首字母简称指代几个科技巨头方式在美国同样存在，美国的科技巨头通常被称为 GAFA，也就是谷歌、苹果、Facebook 和亚马逊，也被称为 FAANG，其中的 N 是 Netflix。参见：五部法案上线，GAFA 好日子到头了么.经济参考报，http://www.eeo.com.cn/2021/0621/492342.shtml；What are the FAANG Companies? Fast Company:https://www.fastcompany.com/90790394/what-are-the-faang-companies.

教育内容方面。高等教育内容和创业需求不完全匹配，中国大学教育以知识教育为主，虽然一些应用型专业也会强调研发等实践能力，但是创业活动除了研发，还涉及成果转化、市场推广、团队管理等内容，这些在之前的大学教育中存在不同程度的欠缺。

考核机制方面。大学的考核要求与教育内容相关，长期以课程学习和学术成果为主，而创业过程的学术色彩相对较弱，可能无法满足大学的各项考核要求。

弹性学制方面。早年大学教育学制缺乏弹性，休学和辍学创业对于大学生可能成本过高，这也增加了大学期间创业的时间成本。

针对这些问题，从中央到地方都出台了支持大学生创业的政策，如以创新创业教育为抓手的高等教育综合改革，推行弹性学制，提供小额担保贷款贴息，实行税费减免等，具体内容将在大学生创业政策部分展开说明。

第三节　大学生创业的特点

北京大学的吴志攀教授通过对部分北大青年校友的创业案例分析，发现这些创业者具有以下特点：（1）创业者和创业团队年轻化；（2）教育背景与创业领域之间的跨度较大；（3）广泛使用互联网技术并与互联网平台紧密结合；（4）借鉴国外成熟的商业模式但也善于"中国化"，并能提出新颖的创意。他指出，这背后不仅是政策扶植、技术进步和高等教育的普及，更是基于本土市场和社会特殊场景的结果（吴志攀，2015）。

第一，创业团队年轻化。与 20 世纪八九十年代的两次创业潮相比，当前大学生创业的群体不仅更加年轻化，而且是接受了完整的高等教育。

第二，教育背景与创业领域的跨度增大。由于当今的创业逐渐转变为以"技术"和"创意"为中心，大学生的人力资本优势日益展现，其创业领域也不再局限于大学所学的专业。

第三，广泛使用互联网技术并与互联网平台紧密结合。得益于传统互联网平台提供的社交、电商等基础设施，互联网尤其是移动互联网在大学生创业中扮演了技术和市场的双重角色——其创业的技术基础和获取用户的方式（如营销方式），都是基于互联网实现的。

第四，借鉴国外成熟的商业模式但也善于将其"中国化"。很多青年创业者会从欧美市场寻找成熟的商业模式。但是商业模式的模仿同时也意味着激烈的竞争，能从中脱颖而出的创业者需要在这种"山寨"的过程中适应中国市场的本土特征，并找到自身的优势。借鉴成熟的商业模式也是后发优势的一种体现。

除了以上四个特点外，本研究还发现大学生创业的一些其他特点，如以同学、校友、同事、朋友为代表的熟人网络是大学生创业者组建创业团队、获取投资主要依赖的社会资本。在本书的第四章和第五章中，将结合创业过程和创业生态系统理论，对大学生创业过程及其影响因素进一步研究，并展现大学生创业者发现创业机会、组建创业团队和获取投资的过程，以及作为创业生态系统的重要组成要素的高校、政府、风险投资者和企业所起到的作用。

第四节　大学生创业政策

随着"双创"工作的推进，国务院办公厅、各部委以及各省市都出台了与"双创"相关的政策、规定文件，中国政府网（www.gov.cn）也建立了"双创"政策汇集、发布与解读平台。[①]本书从这些政策中选摘了部分国务院和各部委发布的大学生创业相关政策文件，具体见表1-1。

表 1-1 中的部分政策由多个部委联合发布，这类政策往往是针

---

① 中国政府网，https://www.gov.cn/zhengce/shuangchuangzck/index.htm.

表 1-1 中央和地方部分大学生创业文件列表

序号	文件层级	发布单位	发布时间	编号	政策名称	备注
1	国务院	国务院办公厅	2013	国办发〔2013〕35号	国务院办公厅关于做好2013年全国普通高等学校毕业生就业工作的通知	第三部分"鼓励高校毕业生自主创业"。
2	国务院	国务院办公厅	2014	国办发〔2014〕22号	国务院办公厅关于做好2014年全国普通高等学校毕业生就业工作的通知	本通知为例行通知，2014年第一次在标题中加上了"创业"两个字。
3	国务院	国务院办公厅	2015	国办发〔2015〕9号	国务院办公厅关于发展众创空间推进大众创新创业的指导意见	推进实施大学生创业引领计划，鼓励高校开发开设创新创业教育课程，建立健全大学生创业服务专门机构，加强大学生创业培训，整合发展国家和省级高校毕业生就业创业基金，为大学生创业提供场所、公共服务和资金支持，以创业带动就业。
4	国务院	国务院	2015	国发〔2015〕23号	国务院关于进一步做好新形势下就业创业工作的意见	深入实施大学生创业引领计划，整合发展高校毕业生就业创业基金，完善市场化运行机制，实现基金滚动使用，为高校毕业生就业创业提供支持。

续表

序号	文件层级	发布单位	发布时间	编号	政策名称	备注
5	国务院	国务院	2015	国发〔2015〕32号	国务院关于大力推进大众创业万众创新若干政策措施的意见	支持大学生创业。深入实施大学生创业引领计划，整合发展高校资源，抓紧落实大学生就业创业基金。引导和鼓励高校统筹资源、场地、人员、经费等。引导和鼓励大学生创业者、知名企业家、天使和创业投资人、专家学者等等担任兼职创业导师，提供包括创业方案、创业渠道等，创业辅导。建立健全弹性学制管理办法，支持大学生保留学籍休学创业。
6	国务院	国务院办公厅	2015	国办发〔2015〕36号	国务院办公厅关于深化高等学校创新创业教育改革的实施意见	以下简称"创新创业教育改革意见"。
7	国务院	国务院办公厅	2015	国办发〔2015〕47号	国务院办公厅关于支持农民工等人员返乡创业的意见	支持农民工、大学生和退役士兵等人员返乡创业，通过大众创业、万众创新使广袤千家镇百业兴旺，可以促就业，增收入，打开新型工业化和农业现代化、城镇化和新农村建设协同发展新局面。
8	国务院	国务院办公厅	2016	国办发〔2016〕35号	国务院办公厅关于建设大众创业万众创新示范基地的实施意见	构建大学生创业支持体系。实施大学生创业引领计划，落实大学生创业指导服务机构、人员、场地、经费等。建立健全弹性学制管理办法，允许学生保留学籍休学创业。构建创业创新教育和实训体系，加强兼职创业导师队伍建设，完善兼职创业导师制度。

续表

序号	文件层级	发布单位	发布时间	编号	政策名称	备注
9	国务院	国务院办公厅	2016	国办发〔2016〕84号	国务院办公厅关于支持返乡下乡人员创业创新促进农村一二三产业融合发展的意见	大学生、留学回国人员、科技人员、青年、妇女等人员创业的财政支持政策，要向返乡下乡人员创业创新延伸覆盖。
10	国务院	国务院	2018	国发〔2018〕32号	国务院关于推动创新创业高质量发展打造"双创"升级版的意见	强化大学生创新创业教育培训。在全国高校推广"创业导师制，把创新创业教育纳入高校必修课程体系，允许大学生用创业成果申请等学位论文答辩。支持高校、职业院校（含技工院校）深化产教融合，引入企业开展生产性实训。
11	国务院	国务院办公厅	2020	国办发〔2020〕26号	国务院办公厅关于提升大众创业、万众创新示范基地带动作用进一步促改革稳就业强动能的实施意见	发挥互联网平台企业带动作用，引导社会资本和大学生创业、返乡能人等开展"互联网＋乡村旅游"、农村电商等创业项目。
12	国务院	国务院办公厅	2020	国办发〔2020〕51号	国务院办公厅关于建设第三批大众创业、万众创新示范基地的通知	深化"放管服"改革，推动在社会服务领域运用"互联网平台＋创业单元"新模式促进创新，有效支撑科研人员、大学生、返乡农民工、退役军人、下岗失业人员以及其他各类社会群体开展创业，促进创业带动就业，多渠道灵活就业，每年带动形成一定规模的创业就业。

续表

序号	文件层级	发布单位	发布时间	编号	政策名称	备　注
13	国务院	国务院办公厅	2021	国办发〔2021〕35号	国务院办公厅关于进一步支持大学生创新创业的指导意见	以下简称"创新创业指导意见"。
14	国务院	国务院办公厅	2022	国办发〔2022〕13号	国务院办公厅关于进一步做好高校毕业生等青年就业创业工作的通知	支持自主创业和灵活就业。落实大众创业、万众创新相关政策,深化创新创业教育改革,健全教育体系和培养机制,汇集优质创新创业培训资源,对高校毕业生开展针对性培训,按规定给予职业培训补贴。支持高校毕业生自主创业,创业担保贷款及贴息,税费减免等一次性创业补贴,创业投资开发的创业载体及贴息,税费减免等政策,政府投资开发的创业载体要安排30%左右的场地免费向高校毕业生创业者提供。
15	部委	教育部①	2013	教学〔2013〕14号	教育部关于做好2014年全国普通高等学校毕业生就业工作的通知	例行通知第三部分,激励高校毕业生自主创业。分为"6.推动完善落实扶持高校毕业生创业的优惠政策;7.加大创业基地建设和创业资金扶植力度;8.加强创业教育和创业服务"三部分。
16	部委	教育部	2014	教学〔2014〕15号	教育部关于做好2015年全国普通高等学校毕业生就业创业工作的通知	第一次将"创业"加入标题,提出"全面推进创新创业教育和自主创业工作"。此后每年发布的通知均为"就业创业工作通知"。

① 教育部"普通高等教育毕业生就业工作"网,http://www.moe.gov.cn/srcsite/A15/s3265/index_2.html,访问时间,2024-04-19。

续表

序号	文件层级	发布单位	发布时间	编号	政策名称	备注
17	部委	教育部	2016	教学厅〔2016〕5号	教育部办公厅关于进一步做好高校毕业生就业创业工作的通知	第二部分，着力抓好大学生创新创业。
18	部委	教育部	2016	教学〔2016〕11号	教育部关于做好2017届全国普通高等学校毕业生就业创业工作的通知	第二部分，深入推进创新创业教育和自主创业工作。
19	部委	教育部	2016	教高厅函〔2016〕90号	教育部办公厅关于建设全国万名优秀创新创业导师人才库的通知	
20	部委	教育部	2017	教学〔2017〕11号	教育部关于做好2018届全国普通高等学校毕业生就业创业工作的通知	第三部分，促进以创业带动就业。
21	部委	教育部	2018	教学〔2018〕8号	教育部关于做好2019届全国普通高等学校毕业生就业创业工作的通知	第二部分，推动双创升级，着力促进高校毕业生自主创业。
22	部委	教育部	2019	教高函〔2019〕13号	教育部关于印发《国家级大学生创新创业训练计划管理办法》的通知	

续表

序号	文件层级	发布单位	发布时间	编号	政策名称	备注
23	部委	发展改革委/教育部/人社部/农业农村部/国资委	2022	发改高技〔2022〕187号	国家发展改革委等部门关于深入实施创业带动就业示范行动促进高校毕业生创业就业的通知	
24	部委	工商总局	2013	工商个字〔2013〕89号	工商总局关于认真做好2013年高校毕业生就业工作的意见	三、完善工商注册登记"绿色通道"，为高校毕业生创业兴业提供便捷高效服务。四、拓宽高校毕业生创业出资方式，为高校毕业生创业兴业提供政策支持。五、放宽对高校毕业生创业兴业的住所（经营场所）限制，降低高校毕业生创业兴业难度。六、减免高校毕业生创业兴业的相关费用，降低高校毕业生创业兴业成本。
25	部委	财政部/税务总局	2013	财税〔2013〕118号	财政部、国家税务总局关于国家大学生科技园税收政策的通知	国家大学科技园（以下简称科技园）是以具有较强科研实力的大学为依托，将大学的综合智力资源优势与其他社会优势资源相结合，为高等学校科技成果转化、高新技术企业孵化、创新创业人才培养，产学研结合提供支撑的平台和服务的机构。自2013年1月1日至2015年12月31日，对符合条件的科

续表

序号	文件层级	发布单位	发布时间	编号	政策名称	备注
26	部委	财政部/税务总局	2017	财税〔2017〕49号	关于继续实施支持和促进重点群体创业就业有关税收政策的通知	一、对持《就业创业证》（注明"自主创业税收政策"）或《就业失业登记证》（注明"自主创业税收政策"）的高校毕业生从事个体经营的，在3年内按每户每年8000元为限额依次扣减其当年实际应缴纳的增值税、城市维护建设税、教育费附加、地方教育附加和个人所得税。 孵化园自用以及无偿或通过出租等方式提供给孵化企业使用的房产、土地，免征房产税和城镇土地使用税；对其向孵化企业出租场地、房屋以及提供孵化服务的收入免征营业税。营业税改征增值税（以下简称营改增）后的营业税改政策处理问题由营改增试点过渡政策另行规定。
27	部委	人社部/发展改革委/教育部/科技部/工信部/人行/工商总局/共青团中央	2014	人社部发〔2014〕38号	人力资源社会保障部等九部门关于实施大学生创业引领计划的通知	提出六类政策措施： 1. 普及创业教育， 2. 加强创业培训， 3. 提供工商登记和银行开户便利， 4. 提供多渠道资金支持， 5. 提供创业经营场所支持， 6. 加强创业公共服务。

续表

序号	文件层级	发布单位	发布时间	编号	政策名称	备注
28	部委	人社部	2013		人力资源社会保障部关于实施离校未就业高校毕业生就业促进计划的通知	对有创业意愿的高校毕业生，各地要纳入当地创业服务体系，提供政策咨询、项目开发、创业培训、融资服务，跟踪扶持"一条龙"创业服务。会同有关部门落实好小额担保贷款及贴息、税费减免、落户等各项自主创业扶持政策。对实名登记的非本地户籍的自主创业高校毕业生，各地要给予与本地户籍相同等的政策扶持，大力支持高校未就业高校毕业生从事网络创业。积极推进大学生创业孵化园建设、大力支持高校未就业高校毕业生从事网络创业。
29	部委	人社部	2015	人社厅发〔2015〕197号	人力资源社会保障部办公厅关于进一步推进创业培训工作的指导意见	实施大学生创业引领计划和技能就业行动，鼓励高等院校、职业院校、技工院校学生在校期间开展"试创业"实践活动和电子商务培训活动，并将其纳入创业培训政策支持范围。
30	部委	人社部/教育部	2016	人社部发〔2016〕100号	人力资源社会保障部、教育部关于实施高校毕业生就业创业促进计划的通知	主要措施的第二部分，创业引领行动。
31	部委	人社部/教育部/公安部/财政部/	2019	人社部发〔2019〕72号	人力资源社会保障部、教育部、公安部、财政部、中国人民银行关于做好当前形势下	鼓励创业带动就业。加强创新创业教育。在符合学位论文规范要求的前提下，允许本科生用创业成果申请学位论文答辩。将创业培训向校园延伸，提升

续表

序号	文件层级	发布单位	发布时间	编号	政策名称	备注
		中国人民银行			高校毕业生就业创业工作的通知	大学生创新创业能力。放宽创业担保贷款申请条件，对获得市级以上荣誉称号以及经金融机构评估认定信用良好的大学生创业者，原则上取消反担保。支持高校毕业生返乡入乡创业创新，对到贫困村创业符合条件的，优先提供贷款贴息、场地安排、资金补贴。支持建设大学生创业孵化基地，对入驻实体数量多、带动就业成效明显的，给予一定奖补。
32	部委	人社部/财政部、农业农村部	2019	人社部发〔2019〕129号	人力资源社会保障部、财政部、农业农村部关于进一步推动返乡入乡创业工作的意见	支持农民工、高校毕业生和退役军人等人员返乡入乡创业，是落实就业优先政策、实施乡村振兴战略、打赢脱贫攻坚战的重要举措。
33	部委	工信部/教育部	2018	工信厅联企业〔2018〕20号	工业和信息化部办公厅、教育部办公厅关于开展2018年中小企业与高校毕业生创业就业对接服务工作的通知	四、各地中小企业主管部门和高校毕业生就业工作部门要围绕创业政策、创业服务、融资服务、培训服务等方面，整合各类服务资源，……为高校毕业生和创业者提供便捷有效服务。五、推动开展各类创业对接活动。各地中小企业主管部门和高校毕业生就业工作部门要加强协调，推荐和遴选各类资金和基金资源予以支持，并提供技术成果转化、孵化基地、推动和举办各类创新创业大赛等项目，对优秀参赛项目，要充分利用好各类资金和场地、基金资源予以支持，并提供技术成果转化、孵化场地、

续表

序号	文件层级	发布单位	发布时间	编号	政策名称	备注
						培训辅导等全方位服务。2019年继续发布该通知。
34	部委	科技部	2015	国科发高〔2015〕3号	科技部关于进一步推动科技型中小企业创新发展的若干意见	支持高校毕业生以创业的方式实现就业，对入驻科技企业孵化器或大学生创业基地的创业者给予房租优惠、创业辅导等支持。
35	部委	科技部	2015	国科发函〔2015〕297号	科技部关于印发《发展众创空间指引》的通知	开展创业教育培训。积极与高校合作，开展针对大学生的创业教育与培训，引导大学生科学创业。鼓励众创空间开展各类公益讲堂、创业论坛、创业训练营等活动，建立创业实训体系。

对一个主题，涉及跨部门的协作。例如，2022 年，国家发展改革委、教育部、工业和信息化部、人力资源和社会保障部、农业农村部以及国务院国有资产监督管理委员会联合就深入实施创业带动就业示范行动力促高校毕业生创业就业下发通知。2015 年，自然资源部、发展改革委、科技部、工信部、住房城乡建设部、商务部六部委对促进"双创"用地发文[1]；财政部、人社部和中国人民银行于 2013 年就小额担保贷款财政贴息管理发文[2]。这种跨部门文件的出台，从侧面说明了政府对"双创"工作的重视程度。

由于各地市的文件有一部分是与国务院文件和各部委文件相对应的，如常见的某某省市关于发展众创空间，推进大众创新创业的实施意见，本节只针对国务院文件和部委（主要是教育部）文件进行分析。对于各地市的特色政策，如户籍政策将在本节第三部分进行分析。

（Lundström et al.，2005）将创业政策分为五个领域：（1）创建良好营商环境；（2）减少行政阻碍；（3）提升中小企业绩效；（4）提升商业支持质量；（5）增加中小企业获得采购机会的能力，并进一步提出了六个领域的政策分类框架，分别为：

第一个领域是创业促进（entrepreneurship promotion），旨在提高创业意识，建立创业文化。

第二个领域是创业教育（entrepreneurship education），提升教育系统对创业的重视程度，培养下一代企业家。

第三个领域是创业环境（the environment for start-ups），减少进入市场的阻碍。

第四个领域是创业融资（start-up and seed capital financing），着

---

① 国土资规〔2015〕5 号，国土资源部 国家发展改革委 科技部 工业和信息化部 住房城乡建设部 商务部关于支持新产业新业态发展促进大众创业万众创新用地的意见。
② 财金〔2013〕84 号，财政部 人力资源社会保障部 中国人民银行关于加强小额担保贷款财政贴息资金管理的通知。

重于增加对新的创业者和早期阶段企业的融资供应。

第五个领域是对初创企业的支持措施（business support measures for start-up），旨在增加对初创企业的商业支持。

第六个领域是目标群体战略（target group strategies），目标是增加代表性不足（under-represented）群体的创业率，或者增加创新性创业的数量（主要是科技创业者）。

针对大学生群体的创业政策可以归类为"目标群体战略"，因此，对于大学生创业政策的分析，更多考虑其他五个维度，肖潇等（2015）根据这一框架，使用了创业文化、创业教育、减少阻碍、资金扶持、商务支持对大学生创业政策进行分析。由于创业文化更多是宏观层面指标，而且对于大学生群体而言，学校层面的创业文化与创业教育存在很强的关联，因此本书将两个维度合并为"创业教育"，从创业教育、减少阻碍、资金支持和商务支持四个维度来对大学生创业政策进行分析。

一、国务院政策文件

在"双创"政策提出之前，大学生创业就已经进入国务院政策文件，如 2009 年国务院办公厅发布的《国务院办公厅关于加强普通高等学校毕业生就业工作的通知》（国办发〔2009〕3 号）中，就提出"鼓励自主创业"，并将"鼓励和支持高校毕业生自主创业"作为单独的一节阐述，其中涉及创业教育、税收优惠、场地扶持以及贷款支持创业指导等创业服务。2014 年，"创业"这一关键词同时被纳入了国务院办公厅和教育部高校毕业生就业工作的通知中（以下简称"就业创业通知"）。2014 年国务院的就业创业通知主要包含创业指导、创业培训、工商登记、融资服务、税收优惠、场地扶持以及要求地方为大学生提供人力资源与档案管理方面的便利等内容，并提出"2014 年至 2017 年，在全国范围内实施大学生创业引领计划。通过提供创业服务，落实创业扶持政策，提升创业能力，帮助和扶持更多高校毕业生自主创业，逐步提高高校毕业生创业比例"。其中"大学生创业引领计划"部分包括六个方面，分别为：（1）普及创业教育；（2）加强创业培训；（3）提供工商登记和银行开户便利；（4）提供多渠道资金支持；（5）提供创业经营场所支持；（6）加强创业公共服务（人社部发〔2014〕38号）。

此后出台的一系列政策文件在政策措施的深度和广度上均有所扩展，出台了针对众创空间、高校创新创业教育改革、返乡创业和大众创业、万众创新示范基地等具体领域的政策文件。其中，关于众创空间的指导意见（国办发〔2015〕9号）不仅针对作为硬件的"空间"提出"构建一批低成本、便利化、全要素、开放式的众创空间。发挥政策集成和协同效应，实现创新与创业相结合、线上与线下相结合、孵化与投资相结合，为广大创新创业者提供良好的工作空间、网络空间、社交空间和资源共享空间"的要求，还包括了一系列的支持服务。针对大学生群体同样涉及创业教育培训、场所、服务和资金等关键要素。针对创新创业教育，"创新创业教育改革意见"包括人才培养质量标准、培养机制、课程体系、教学方法和考核方式、创新创业实践、教学和学籍管理制度、教学能力建设、创业指导服务、资金支持和政策支持体系九个方面的任务和措施。提出了将"创新精神、创业意识和创新创业能力"作为人才培养质量的重要指标，要求学科专业动态调整与经济社会发展和创业需求紧密对接，开发创新创业课程并纳入学分管理，实施弹性学制、允许保留学籍休学创业等一系列的具体措施。此后，进一步提出了"在全国高校推广创业导师制，把创新创业教育和实践课程纳入高校必修课体系，允许大学生用创业成果申请学位论文答辩"（国发〔2018〕32号）等举措，创新创业教育的重要性进一步强化。对于这些政策文件按照"创业教育、减少阻碍、资金支持和商务支持"进行分类，见表1-2。

表 1-2　国务院相关政策文件分类

政策类别	政策内容	备注
创业教育	2021 年，提出将创新创业教育贯穿人才培养全过程，提升教师创新创业教育教学能力，加强大学生创新创业培训。	
减少阻碍	建立创新创业学分积累与转换制度、将获得专利和自主创业等情况折算为学分。建立弹性学制、放宽修业年限，允许调整学业进程、保留学籍休学创业。 科技创新资源开放共享，支持大学生创新创业。 公共就业人才服务机构为大学生创业提供人事代理、档案保管、社会保险办理和接续、职称评定、权益保障等服务。	
资金支持	鼓励各主体为自主创业大学生提供资金支持。各地区、部门整合发展财政和社会资金，支持创新创业活动。高校多渠道统筹安排资金、自主创新创业项目。鼓励社会组织、企事业单位等主体设立大学生创业风险基金。落实科技企业孵化器、大学科技园的税收优惠政策，高校毕业生创业时可享受税收减免政策。发挥财政政策作用，落实税收政策，支持天使投资、创业投资发展，推动大学生创新创业。落实科技成果转换相关税收优惠政策。 高校毕业生在毕业年度内从事个体经营，符合规定条件的，实施增值税、个税等税费减免。对创业投资企业、天使投资人投资于未上市的中小高新技术企业以及种子期、初创期科技型企业的投资额，按规定抵扣所得税应纳税所得额。对国家级、省级科技企业孵化器和大学科技园以及国家备案众创空间按规定免征增值税、房产税、城镇土地使用税。 落实创业担保贷款政策及贴息政策，提升高校毕业生个人贷款额度。	主要包含投融资服务、税收优惠
商务支持	降低创业门槛，深化商事制度改革，针对众创空间等新型孵化机构集中办公等特点，鼓励各地结合实际，简化住所登记手续，采取一站式窗口、网上申报、多证联办等措施为创业企业工商注册提供便利。 加快构建众创空间，构建低成本、便利化、全要素和开放式的众创空间。提升孵化机构和众创空间的服务水平，引导向专业化、精细化方向升级。鼓励各类孵化器向大学生创新创业团队开放一定比例的免费孵化空间，政府投资开发的孵化器等创业载体应安排 30% 左右的场地免费提供给高校毕业生。有条件的地区可对高校毕业生在孵化器创业提供租金补贴。	简化工商登记，提供空间支持

二、教育部相关政策文件

与国务院办公厅发文对应，教育部从 2014 年开始发布的"就业创业通知"至 2019 年也体现了政策的动态演化过程。从 2014 年到 2019 年"创新创业通知"内容来看，创业已经和就业一起构成大学生就业工作的内容。从时间上看，创业内容的篇幅占比有所区别——2016 年着墨最多，之后趋于常态化。常态化的政策包含以下几类：

创新创业教育。将创业实践和创业竞赛也纳为教育内容。对创新创业教育的内容逐年增加或者扩展，并与教育改革结合，融入现有的教育体系。实践方面，包括各类竞赛和创业引领计划。

创新创业优惠政策。分为两个部分：第一，对于其他政策的宣传落实，比如简化公司登记（归口工商总局）、税收减免（归口财政部 / 国税总局）、培训补贴等。第二，针对高校层面具体的政策，整体呈逐年递增趋势，2019 年的文件包括创新创业学分积累与转换、弹性学制管理、保留学籍休学创业、支持创新创业学生复学后转入相关专业学习等政策，允许本科生用创业成果申请学位论文答辩。

场地和资金扶持。细分为三个领域：（1）场地：早期提出建设各类场地，包括大学生创业园、科技孵化基地等，而且建设主体并不仅限于高校。后续的文件提出用好各类场地。（2）仪器设备：提出开放高校现有设备，如工程中心、实验室等。（3）资金：2014 年通知提出积极"推动建立国家和省级高校毕业生就业创业基金"，之后聚焦高校，提出多渠道募集资金。

创业指导与服务。主要有两个渠道：（1）大学生创业服务平台，提供传统教育范畴之外的创业相关服务，如项目对接、财税会计、法律政策、管理咨询等。（2）导师制度：较早的文件提出聘请校外的成功创业者担任创业导师，之后发展为兼职导师，在兼职导师之外增设了专职的教师。到了 2019 年，创业导师的角色更具体，校外有经验的创业者担任创业团队导师，并鼓励校内师资指导大学生创新创业。

这些政策也可以与四个分析维度对应，具体见表 1-3。

表 1-3　教育部相关政策文件分类

政策类别	政 策 内 容	备 注
创业教育	推进创新创业教育，并与教育改革结合，融入现有的教育体系。 创业实践方面，实行大学生创业引领计划。	
减少阻碍	学制改革：弹性学制管理，保留学籍休学创业；创新创业学分累计与转换，允许本科生创业成果申请学位论文答辩。	教育部特色内容
资金支持	推动国家和省级高校毕业生就业创业基金建立，高校多渠道募集资金。	
商务支持	提供创业空间，包括建设大学生创业园、科技孵化基地。开放高校仪器设备，如实验室、工程中心。	

由于没有固定收入来源和缺乏创业经历，大学生在创业时面临资金和融资能力不足、创业活动和既有的学历教育要求有所冲突等问题，现有的政策可以看作是对这些问题的回应。比如资金和场地方面，为大学生创业提供小额担保贷款、贷款贴息和税收减免，融资方面鼓励募集专项基金、建设大学生创业园、孵化器等措施。针对现有教育体系，政策提出了创新创业教育改革，并和高等教育改革相结合，为大学生提供创业教育课程和实践活动，引入创业导师制度。另外，针对高校现有学制，政策提出了弹性学制，允许学生休学创业，并将创业课程纳入学分管理，创业成果甚至可以作为毕业设计内容等。这些措施通过资金、场地、教育体制等方面的政策支持，降低了大学生创业的各类成本，为大学生创业提供了多维度支持。

三、各地市政策

由于中国的各级城市——特别是大城市和超大城市的社保、子女教育等社会福利乃至购房条件等都与户籍相联系，所以能否在当地落户也是毕业生选择在某地就业创业需要考虑的重要因素。解决户籍问题可以认为是一种"减少阻碍的政策"。根据地方的社会经济状况，各地实施了差异化的户籍管理政策。对于创业人才的落户政策也不尽相同。以北京、天津和上海这三个传统的直辖市为例[1]，天津和上海都在 2015 年出台了对于创业人才的落户政策，具体见表 1-4。

表 1-4　天津、上海和北京的创业落户政策

序号	地市	出台时间	文　件　名　称	内　　容
1	天津	2015	天津市人民政府印发关于发展众创空间推进大众创新创业政策措施的通知。（津政发〔2015〕9 号）	外地高校毕业生在津创业的，准予落户，并给予相应政策扶持。
2	上海	2015	上海市人力资源和社会保障局、上海市科学技术委员会、上海市发展和改革委员会、上海市经济和信息化委员会关于印发《关于服务具有全球影响力的科技创新中心建设实施更加开放的国内人才引进政策的实施办法》的通知。（沪人社力发〔2015〕41 号）	对创业人才的落户，采取设定积分条件（可积 120 分），缩短社保累计年限。
3	北京	2016	中共北京市委关于深化首都人才发展体制机制改革的实施意见。[2]	制定实施北京市积分落户管理办法，研究设立创新创业指标。

从表 1-4 可以看出，天津对大学生创业者的政策较为宽松[3]，上海则提出了具体的指标要求，可以视为是针对创业人才的定向优惠政策。另外，自 2018 年以来，各地也出台了人才新政（见表 1-5）。这些人才新政并不局限于创新创业人才，表 1-6 列出了部分涉及创新创业人才的政策。

---

[1]　北京、上海和天津三个直辖市有着较为丰富的教育资源，高考整体的录取率相对于其他城市有较为明显的优势。

[2]　北京市人民政府，https://www.beijing.gov.cn/zhengce/zhengcefagui/201905/t20190522_59288.html.

[3]　天津在 2018 年开放了全日制大学生落户。

表 1-5　出台人才新政的城市或省份 [①]

城市级别	出台人才新政的城市或省份
一线城市	深圳、广州、北京、上海
二线城市	成都、福州、贵阳、杭州、宁波、合肥、济南、昆明、兰州、南昌、南京、青岛、厦门、沈阳、石家庄、太原、天津、武汉、西安、长沙、郑州、重庆、呼和浩特、无锡、东莞
三四线城市	济宁、聊城、临沂、潍坊、烟台、淄博、保定、沧州、承德、廊坊、秦皇岛、唐山、邢台、张家口、新余、洛阳、徐州、扬州、滁州、佛山、中山、珠海
省份	海南、江西、吉林、四川、山东、云南等

除去超大城市，很多出台人才新政城市的落户条件已经放宽到大专或者普通本科学历，这些城市针对创新创业的政策主要以其他维度呈现，如资金支持和空间支持。表 1-6 汇总了部分城市人才新政中与创新创业相关的内容。

表 1-6　部分地市人才新政中创新创业内容 [②]

序号	城市	内　　容	备　　注
1	济南	为人才和创新创业提供载体和资金支持。实施"创客之都"人才集聚计划，支持区县联合高校、科研院所、知名公司等建设各类创业空间，为在校或毕业 5 年内的大学生提供低成本或者免费创业工位。实施"创客精英工程"，遴选优秀项目、给予跟投补助。建立志愿创客导师队伍，提供创业辅导咨询。	关于印发《关于支持人才创新创业发展的若干政策》的通知（济组发〔2019〕17 号，简称"双创"19 条）

---

① 来源：恒大研究院。

② 所列城市来源于各地抢人大战继续济南加入战局 . 财新网，http://datanews.caixin.com/2019-09-12/101461898.html.

续表

序号	城市	内 容	备 注
2	西安	实施"5531"计划，5年内引进和培养国内外在西安创办企业或实施科技成果化的各类人才，D类人才10万名（其中"双创"人员不少于2万名），实施以"5531"计划和城市合伙人为核心的"西安丝路英才计划"。对在西安创办企业和开展成果产业化活动的各类人才提供项目配套奖补，参与双创的D类人才，根据项目规模给予一次性项目资金资助。	关于印发《西安市深化人才发展体制机制改革打造"一带一路"人才高地若干政策措施》的通知[1]（市字〔2017〕47号，简称"人才新政23条"）
3	南京	实施大学生创业"宁聚计划"，每年吸纳20万以上大学生在宁就业创业，实施一条龙服务，积极落实就业创业扶持政策。	关于建设具有全球影响力创新名城的若干政策措施（宁委发〔2018〕1号）[2]
4	长沙	对高校毕业生创业者，给予创业培训补贴、一次性开办费补贴和经营场所租金补贴。每年遴选100个优秀青年创业项目，按不超过其实际有效投入的50%，给予最高50万元无偿资助。	关于印发《长沙市建设创新创业人才高地的若干措施》的通知（长发〔2017〕10号，简称"人才新政22条"）
5	成都	毕业5年内在成都创业的大学生，给予最高50万元、最长3年贷款期限和全贴息贷款支持。	关于印发《成都实施人才优先发展战略行动计划》的通知[3]
6	郑州	高校毕业生初始创业，正常经营3个月以上的，可享受1万元一次性创业补贴；初创企业可申请参加我市举办的创业大赛，优秀企业可获得2万至10万元创业奖励。	关于实施"智汇郑州"人才工程加快推进国家中心城市建设的意见（郑发〔2017〕23号）

---

① 市级政府的发文一般以市委和市政府作为前缀，为内容简洁，表格中略去了这一前缀。

② 南京大学，https://ttc.nju.edu.cn/96/2b/c11305a235051/page.htm.

③ https://cdhrss.chengdu.gov.cn/cdrsj/c109846/2017-07/21/content_d29f779a84064fa580f7a4f9a271634d.shtml.

续表

序号	城市	内　容	备　注
7	沈阳	首次在沈阳就业创业的全日制博士、硕士和创业的本科毕业生，在我市无任何形式自有住房的，分别按每月800元、400元和200元标准，给予最多3年租房补贴。大学生初创企业首次入驻孵化器、众创空间的实行2年"场租全额补贴"，未入驻孵化器、众创空间的，给予2年每年6000元创业场地补贴（困难家庭高校毕业生按年1万元给予补贴）。大学生在高新技术领域实现自主创业的，给予最高20万元创业担保贷款扶持；创业项目可纳入财政贴息范围，符合规定条件的，按基准利率给予100%贴息。鼓励博士创业，技术或专利达到国内外领先水平的，给予10万至50万元创业启动资金。	印发《沈阳市建设创新创业人才高地的若干政策措施》的通知①（人才新政24条）
8	宁波	全日制普通高校本科及以上学历毕业生、全日制技师学院取得技师以上职业资格证书的毕业生，来甬就业创业，由市级相关部门及县（市区）、开发区制定政策，可给予本科、技师每月不低于300元、硕士及以上学历每月不低于600元的租房补贴或生活津贴，连续补贴不少于24个月。毕业10年的创客人才、基础人才在宁波首次购买住房的，可享受购房总额最高2%的购房补贴。在甬高校、职业院校、技工院校学生和宁波生源在校学生，在毕业学年参加技能培训、创业培训，并取得相应证书的，按规定给予培训资助。	宁波市委市政府关于实施人才发展新政策的若干意见②

从表 1-6 可以看出，各个城市的资金支持方式多样，不仅有直接资助、贷款贴息，也有对优秀创业项目的资金奖励。空间支持不仅限于对于入驻各类创业空间的租金减免，还包括面向居住空间的

---

① https://www.lncc.edu.cn/chx/info/1007/1552.htm.
② https://rsc.nbut.edu.cn/info/1005/1967.htm.

住房补贴。除了针对大学生的资金和空间支持外，各地的"人才新政"中还包括对于创新创业的普遍性政策，如以创业导师制度为代表的创业服务，以及通过补贴等方式促进创新创业平台的建设等。这些多样性的支持政策为大学生创业提供了"真金白银"的帮助，降低了他们在资金、空间与服务方面的阻碍。

第五节　部分高校的实践

参照教育部每年的"创业就业通知"，各高校对推进大学生创新创业也有各具特色的安排。本节以《大众创业万众创新示范基地双创经验汇编》中的高校为例[①]，结合各高校的"毕业生就业创业质量报告"中涉及创业的内容，展示这些高校关于大学生创业的工作实践。

一、清华大学

作为最早在国内开展创新创业教育的高校之一，清华大学在创业教育的理论和实践方面进行了积极探索。2008 年，清华大学获教育部批准建立创业教育创新试验区，成立了清华大学创业教育工作小组，整合校内外多方资源，逐步构建起了以"创业启蒙—创业课程—创业赛事—创业实践"为内容，以"全过程累进支持、全方位匹配资源、多方协同支持、强化实践训练"为机制特征的创业教育体系。2015 年，清华大学在教学委员会下专门成立"清华大学创新创业教学（专项）委员会"，邀请各方专家学者参与其中，为创新专业教育工作提供学术咨询。结合教学改革和创业引导，开设了《创办新企业》《科技创新理论与实务》《创业机会识别与商业计划》

---

① 　发改高技〔2016〕2143 号，国家发展改革委办公厅关于印发《大众创业万众创新示范基地双创工作经验汇编》的通知，https://www.gov.cn/xinwen/2016-11/10/content_5130844.htm。本节内容主要来自这一报告以及各高校的"毕业生就业创业质量报告"，其他来源已注释说明。

《大学生创新创业基础》《创业导引——与企业家面对面》等创业课程，并通过开办课程、举办竞赛等方式启蒙学生的创业意识，开设"创客"项目以培养学生的创新能力。

2016 年，清华大学创建了"创新创业领航计划"，通过学校"三位一体，三创融合"的创新创业平台，整合社会创新创业资源，通过创新创业指导与支持项目进行资源对接，实现政府、企业、高校和投资者共赢。制定了深入创业企业、院系、学生、社会、校友的定制化创新创业指导模式，分院系、阶段开启进阶式创新创业指导。陆续建立了"创客空间（i Center）""X-Lab""创 +"等一系列创新创业支持服务机构，并依托清华科技园在创新创业方面的资源优势，构建了集教学、研究、辅导、实训、孵化为一体的创新创业平台。

清华大学还聚焦创业赛事，举办"昆山杯"创业大赛、"校长杯"创新挑战赛、"北极光"大学生公益创业实践赛等赛事活动，以创业赛事来营造创业氛围、带动创业实践。学校积极鼓励学生参与创业实践，开展"创业启程一日行"活动，关注行业领先、特点突出的创新创业实体，组织系列创新创业企业交流参访，让同学们能够走进创业团队，真实感受创业。

2016 年，清华大学入选全国首批 28 个"大众创业万众创新示范基地"，还获批成为首批教育部"全国创新创业典型经验高校"以及获得首批"北京市示范性创业中心"称号。

二、上海交通大学

从 1999 年开始，上海交通大学就持续推进创新创业教育，积极探索构建研究型大学的创业教育模式。2002 年，上海交通大学被列为全国首批创业教育试点高校。结合"双创"形势与需求，多管齐下，对人才培养、环境氛围、制度建设进行综合性、系统性的改革和再造，通过"市场主导、优势互补"零号湾建设、上海创业研究中心成立、"四师制"双创师资队伍建设、创业学院建设等,构建创新创业生态体系。

上海交通大学在布局上坚持"面上覆盖"和"点上突破"相结合,2016年,开设包括"创新思维与现代设计"等在内的18门、38学分创新与创业核心通识课,"创业机会识别"等34门、71学分创新与创业公选课,以及2学分的"创新方法(TRIZ)"慕课。明确本科生和研究生可有1到2年时间休学创业,其间可享受学校的创业教育资源和支撑服务,保证"离开课堂其实不离校园创业圈"。根据创业项目的发展阶段,搭建"创业专项工作室"——"创业加油站"——"国家大学科技园"——"零号湾"分层分类创业项目孵化体系,形成全阶段的创业孵化链。

通过"无形学院、有形运作"的办院机制建立创业学院,该学院经上海交大党委常委会决策成立,拥有机构代码以及完备的班子体系。其招收学员不涉及学籍和院系调整,在与其他学员合作时是"双赢"关系。创业学院充分发挥校内优秀师资和海外资深学者,以及产业界领袖和创新创业实践者的各方优势,共同组建了一支学术与实务相结合、创新与创业相结合、本土与国际相结合的课程教授和创业、创投导师团队。这一团队包括本校的"创业教师"和企业界、资本界的"创业讲师""创业导师"和"创投导师"的"创业四师"队伍,促进了校内外、海内外、专兼职、学界和产业界在创业教育与实践中的结合,推进了协同创新培养创业人才的进程。

上海交通大学联合上海地产集团、上海市闵行区人民政府,共同建设"零号湾——全球创新创业集聚区",集聚了创业要素、创新人才、孵化主体、功能平台、初创项目、科技研发、四新产业、国际元素等多种资源。这一举措将交大创新创业资源辐射至周边数公里地带,与交大南侧的紫竹国家高新区形成掎角之势,形成了环交大知识创新经济圈。上海交通大学还与上海市人力资源和社会保障局以及上海银行共同发起成立了上海创业研究中心,这是上海市首个由高校、政府、企业共同发起筹建的创业研究智库平台，是实现政府与校企资源共享、优势互补的一种全新尝试，旨在探索创新创业教育内在规律，破解创新创业教育症结，构建研究型大学创新创业教育的新模式。

学院还举办上海交通大学创业计划大赛、"海峡杯"两岸大学生创业计划邀请赛、智慧海工创业大赛等各类创意设计、创业实践专题竞赛，以增强创新创业教育的实践性和现场感。通过创新创业训练营、大学生创新创业训练计划、暑期创业见习等活动，全方位提升学生创新创业实践能力。

三、南京大学

南京大学依托"大类培养、专业培养、多元培养"三个培养阶段，以及"学术专业类、交叉复合类、就业创业类"三条个性化发展路径的"三三制"教学改革 ①，在全国高校中率先构建了创新创业教育体系。并创建了"五四三"双创体系，即课堂、讲堂、训练、竞赛、成果孵化的"五位一体"的创新创业教育体系，创新、创意、创造、创业"四创融合"的成果转化孵化平台，以及学校协同、校地协同、校企协同的"三个协同"体制机制。在此基础上，重点建设了四个运行平台：产学融合的"校园众创实训平台"、校地共建的"科技成果转化平台"、校企协同的"文化创意产业平台"、国际合作的"创新创业支持平台"。自 2017 年至今，南京大学先后获得"首批深化创新创业教育改革示范高校""全国大学生创业示范园"等荣誉称号，2022 年，获批成为首批国家级创新创业学院。

创业教育方面，南京大学建立了"五位一体"创新创业教育系。以创新创业课程为基础，结合通识教育、专业教育和多元培养改革并开设新生导学慕课、创新创业慕课、翻转课堂等不同形式课程，

---

① 扩宽学生个性化成才通道——南京大学本科教学"三三制"改革采访纪行.中国教育报，http://www.moe.gov.cn/jyb_xwfb/s5147/201305/t20130502_151429.html.

创新创业课程分为创业平台（通识）课、创业行业课和嵌入式专业课三种类型。平台课面向各专业学生开放，涵盖企业家精神、组织与管理、人力资源管理、金融与财务、市场影响等五个方面。创业行业课程针对特定行业或领域的创业而设置，嵌入式专业课则要求在专业课程中融入与未来工作或该专业就业创业相关的学习内容。2022 年度，南京大学开设校级创新创业课程 111 门次，累计建设双创课程 348 门，开设双创课程 1031 门次，其中 4 门双创慕课累计选修人次超 10 万。

作为创新创业教育的拓展，南京大学每年举办创新创业教育讲座、沙龙、论坛、工作坊等活动，邀请知名企业家举办创业讲堂和创业沙龙。精心打造了"创响中国"系列讲座、"南小创工作坊""创业集市""遇见南小创"等校园知名"双创"文化活动品牌。以创新创业训练为抓手，开展国家级、省级和校级创新创业训练项目，举办创业夏令营、冬令营、创业市集等各类创业活动，营造浓厚的创业文化氛围。在完善创业人才培养和流动机制方面，制定了《南京大学大学生创业弹性学制和休学管理办法》，帮助创业实践的学生实现灵活的就学和创业。此外，通过校地合作的方式推进创新创业师资建设，成立了由知名企业家与投资人组成的创新创业教育专家咨询委员会，对学校创新创业教育战略规划、实施方案进行咨询和论证，并组建一支由专家构成的创新创业导师库，以多种形式为创业学生提供专业辅导，传授实践经验。

在空间支持方面，建设以"南京大学大学生创业园"为主要基地的大学生创业平台，以及学士后流动站、创新创业工作站、青创孵化园、"科创之星"大学生众创空间，面向师生、校友搭建创新创业全方位实训平台。平台内设有 3D 打印室、智能硬件实验室、创业培训室、创业沙龙室、路演大厅等体验空间。"科创之星"创业空间还开设创业课程、举办创业培训和沙龙研讨会，组建 3D 打印、机器人、智能家居等各类兴趣小组（学生团队）。并发挥"双创"

示范基地和示范高校的示范辐射作用，面向周边高校、中小学和社会各界开放众创空间。此外，践行"三个协同"的育人机制，通过校地协同推进创新创业实践基地建设，利用江苏各地共建的政产学研结合作平台、研发机构及创新创业联盟建设学生创业实践实训基地，旨在服务地方社会经济发展中提升学生的创新创业能力。截至 2023 年 3 月，南京大学大学生创业园累计支持学生创业项目 914 个，带动大学生就创业人数 3500 余人。[①] 此外，学校还制定了《南京大学学生创业扶植基金管理办法》等文件，构建从导师、资金、园区等多方面给予大学生创新创业的政策支持体系。2014 年下半年，南京大学大学生创业园制定实施《大学生创业园资助管理办法》，使用"创业券"来支持创业团队。创业券可以租用园区各类设施、校园创业市集的摊位，也可以支付参加各类创业比赛的费用。

南京大学以创新创业竞赛为平台，自 2014 年下半年起，学生就业创业指导中心联合教务处、团委、科技园发展有限公司，开始每学期举办全校性的学生创业计划大赛，并给予参赛团队后续支持，在团队建设、技术研发、产品优化、市场开拓等方面给予辅导帮助，协助优秀创业企业获得天使投资，将符合条件的团队纳入"南京大学创业英才计划"，直接安排入驻南京大学大学生创业园。2015 年 5 月到 10 月间，南京大学参加全国首届"互联网＋"大学生创新创业大赛，并在当年承办首届江苏省"互联网＋"大学生创新创业大赛暨首届中国"互联网＋"大学生创新创业大赛江苏省选拔赛。通过这些竞赛展示和交流创新创业成果，遴选和发掘有潜力的创业团队和项目。

四、四川大学

四川大学成立了以校长、书记为组长的创新创业工作领导小组，

---

① 南京大学 2022 届毕业生就业质量年度报告。

出台了《四川大学创新创业教育改革行动计划》《四川大学激励学生创新创业多元化学籍管理办法》《四川大学大学生创新创业训练计划项目管理办法》《四川大学校外创新创业导师聘任管理办法》《四川大学创新教育学分管理办法》《四川大学大学生创新创业竞赛与学科竞赛管理办法》等系列文件，旨在鼓励交叉复合型创新人才的培养。

积极探索"创新创业意识培养—创新创业知识积累—创新创业能力提升—创新创业成果孵化"一体化的创新创业人才培养新模式，致力于"学术研究型""创新创业型"和"实践应用型"三大类课程体系建设，截至 2015 年，已打造"创新创业型"和"实践应用型"课程 2000 余门，开设《大学生创业设计与规划》《创业管理》《创业融资研究》等创业类课程。针对研究生群体，四川大学将创业教育纳入文化素质教育体系，开设创业工作坊，开展 SYB（Start Your Business）培训[1]，提供系统的创业知识课程培训，为研究生创业提供管理及创业知识讲解，并为研究生毕业后创业提供日常咨询服务；为研究生开设"创业沙龙""创业大讲堂"等职业能力提升和创新创业讲座。邀请行业精英、社会贤达、杰出校友到校开设"创新创业型"和"实践应用型"课程，并引入"东西部高校课程共享联盟"优质课程，实现优质创新创业教育课程共享。此外，与世界一流高校共同建设创新创业人才培养共同体，打造国际化创新创业教育实践平台。构建学生创新创业联合培养"双导师"制度，在学业导师的基础上，建立了由海内外知名企业家、高管和创业成功者等构成的学生创新创业联合指导教师队伍。此外，四川大学还以科教结合促进创新创业实践能力培养，推进"三进、三结合"改革，即鼓励学生从大三开始进课题组、进实验室、进科研团队，鼓励教学与科研、课程与课题、研究团队和教学团队相结合，让学生更多地参与科研训练和创新实践；推进"大学生创新创业计划、科研训练计划、科学探索实验计划"三大计划，将学校的科研强势转化为创新创业育人优势。

---

① SYB 是一类创业培训的简称。

　　四川大学通过实施多元化学籍管理制度以及考核制度，鼓励大学生创新创业。制定《四川大学激励学生创新创业多元化学籍管理办法》，颁布"创新创业的学生修读年限不受限制""学生可多次申请休学创新创业""创新创业的在校学生每学期课程学分修读不受最低修读学分限制"等鼓励学生创新创业的政策，为学生提供宽松的创新创业条件。创业期间，创业学生可以随时回校修完学分、申请学位；对在异地创业的学生，可选择网络课程或异地高校课程修读，学校认定相应学分。实行创新创业学分与实践教学学分有效融合，学生创新创业成果经学校认定合格可计入创新创业教育学分。创业学生可免修实习培训、创新创业教育等实践类课程，为学生休学创业或办公司给予政策支持。将学生创新创业情况作为评优、表彰、保研等重要依据。设立创新创业奖学金，定期表彰优秀的创新创业学生。

　　在资金支持方面，四川大学与知名企业签订合作协议，共建"双创基金"，助力师生创新创业，并汇聚全球校友资源，成立校友创业家联谊会，打造校友共创基金及"双创"公益基金。在此基础上，四川大学还联合华西医院、生物治疗国家重点实验室等六方发起设立医学与健康"双创"基金，引导各学科师生在医学与健康领域创新创业及成果转化。

　　开展政校企、校地企合作，实现三类示范基地的共建共享，形成可复制可推广的"校、地、企双创合作"模式。2014 年，建成"四川大学学生创新创业就业能力培育与孵化中心"，主要用于学生创业初期需要的孵化、指导等。中心配备了设施完备的办公及学术交流场所，同时还设立了金融咨询室、法律咨询办公室等，为学生创新孵化提供指导服务。为提升学生的创新创业能力、培育创新创业精神、增强创新创业意识，四川大学在望江、华西、江安三个校区建设了学生创新创业项目培育和企业孵化平台，打造了学生创新创业"一条街"——川大 i 创街，通过设立创业服务区、双创商业区、校友企业区、青创魔方、智造梦工场主题工坊等功能模块，实现多学科优势的交叉，创新创意的汇聚，校友资源的参与以及创业实践的支持保障。一条街引导学生进行规范有序的自我经营、自我管理，培育提升他们的创新创业能力。在创业空间的基础上，通过建立覆盖全产业链的学生创新创业实训体系，充分利用和依托大学科技园、软件园、产业园、就业基地、实习基地等现有条件建设了大学生创业园、创业孵化基地和小微企业创业基地，四川大学为学生创新创业提供高水平的实习实训平台，成立"学生创新创业一站式服务中心"，为学生创新创业提供全方位、个性化、全过程的一站式服务，还举办了"四川大学大学生创新创业论坛""四川大学学生科技节""互联网＋创新创业竞赛"等讲座论坛与竞赛，通过这些平台建设，提升大学生的创新创业实践能力。

表 1-7 从创业课程、创业空间、创业赛事和创业实践这四个维度，对部分"双一流"高校的推动创新创业工作进行了分类。

表 1-7 部分高校推动大学生创业实践情况

序号	高 校	创业课程	创业空间	创业赛事	创业实践
1	清华大学	2015 年，成立了"清华大学创新创业教学（专项）委员会"，隶属校教学委员会。开设《创办新企业》《科技创业理论与实务》等课程。	做大做强"三位一体，三创融合"的创新创业平台，相继建立"创客空间（iCenter）""X-lab""创＋"等一系列创业支持和服务机构，并依托清华科技园在创新创业方面的优势资源。	举办"昆山杯"创业大赛、"校长杯"创新挑战赛、"北极光"大学生公益创业实践赛等赛事活动，鼓励支持学生参加国内外各类创业大赛，并取得优异成绩。	开展"创业启程一日行"活动，关注行业领先、特点突出的创新创业实体，组织系列创业企业交流参访活动。

续表

序号	高　校	创业课程	创业空间	创业赛事	创业实践
2	上海交通大学	建立创业学院，开设《创新思维与现代设计》《创业机会识别》等课程。组建来自各个领域的创业导师和创投导师队伍。	形成"创业专项工作室—创业加油站—国家大学科技园—零号湾"分层分类的创业项目孵化体。	参加"创青春"全国大学生创业大赛"互联网+"大学生创新创业大赛等赛事。	参加大学生创新创业训练计划、"海峡杯"两岸大学生创业计划邀请赛等活动，提升学生创新创业实践能力。
3	南京大学	包含"创新创业类"发展路径的"三三制"培养，"五位一体"创新创业教育体系，以创新创业课程为基础，开设创业平台（通识）课、创业行业课和嵌入式专业课三种类型的创新创业课程。每年举办创新创业教育讲座、沙龙、论坛、工作坊等活动，邀请知名企业家举办创业讲堂和创业沙龙。	建立"南京大学大学生创业园""科创之星"大学生众创空间，面向师生、校友搭建创新创业全方位实训平台。	举办南京大学创业计划竞赛，参加"创青春"全国大学生创业大赛"互联网+"创新创业大赛。	精心打造"创响中国"系列讲座、"遇见南小创"等校园知名"双创"文化活动品牌。开展国家级、省级和校级创新创业训练项目，举办创业夏令营、冬令营、创业市集等各类创业活动。
4	四川大学	开设《大学生创业设计与规划》《创业管理》《创业融资研究》等创业类课程。针对研究生群体，开展 SYB 培训、开设"创业沙龙""创业大讲堂"等职业能力提升和创新创	建成"四川大学学生创新创业就业能力培育与孵化中心"，打造学生创新创业"一条街"。充分利用和依托大学科技园、软件园、产业园、就	举办"四川大学大学生创新创业论坛""四川大学学生科技节""互联网+创新创业竞赛"等讲座、论坛与竞赛。	打造学生创新创业"一条街"，引导学生进行规范有序的自我经营、自我管理，培育提升创新创业能力。

续表

序号	高　校	创业课程	创业空间	创业赛事	创业实践
4	四川大学	业讲座。构建学生创新创业联合培养"双导师"制度。	业基地、实习基地等现有条件建设大学生创业园、创业孵化基地和小微企业创业基地。		

从表 1-7 可以看出，这些"双一流"高校根据教育部要求，成立了委员会或创业学院，开设各类课程，并建立了创业空间，与现有的科技园等创业空间结合，通过参加各级赛事和创业训练、讲座等活动，推动大学生创业。

第二章 理论与研究框架

本书主要基于社会网络和社会资本、创业过程以及创业生态系统理论，分析大学生创业的特征、过程以及外部环境。因为创业是一项具有高度不确定性的活动，创业者早期难以聚集到创业所需的各类资源，对于缺乏创业经历和经验积累的大学生创业者而言，他们在创业初期面临更为严峻的资源约束。通过社会网络积累社会资源，是大学生缓解创业资源约束的重要方式。在本书第四章和第五章的案例分析中将可以看到，基于同学、舍友、校友关系构建的社会网络，是大学生创业团队的重要来源。创业团队的组建属于创业过程的范畴，创业过程理论是对创业机会识别、创业团队组建、创业资源获取等过程一般规律的归纳总结。大学生创业的过程嵌入大学、创业空间、风险投资、企业等一系列的相互联系的要素之中。由于这些要素通常在特定的地理空间聚集，组成了一个类似于生物学意义上的生态系统，因此学者使用"创业生态系统"来描述和分析这些要素之间的联系和互动关系。

第一节 社会资本

一、社会资本的概念

布迪厄（Pierre Bourdieu）将其定义为"一组实际或者潜在资源的综合，这些资源与一个持久的网络相连接，该网络是一个可以不同程度制度化并相互了解或认可的网络"，布迪厄对于社会资本概念的处理是工具性的，聚焦在个体进入某个群体所能获取的资源。洛里（Loury）在对新古典经济理论收入不平等的批判中，提出个体贫乏的连接状态会影响其关于机会信息的获取。科尔曼（Coleman）

发展了洛里的思想，将社会资本根据其功能定义为"具有两类共同点的各种实体：它们均由一些社会机构组成，并且促进结构内特定行动者的行动，这些行动者可以是个体，也可以是组织"。将社会资本与通过社会资本可以获得资源等同，容易陷入循环论证的困境，因此重要的是区分资源与不同社会结构成员身份获得这些资源的能力，并区别以社会资本为媒介的交换活动中接受者和捐赠者的动机。因为捐赠者无法获得即时的回报，其动机更为值得分析。因此，系统性地处理社会资本的概念，需要区分三个因素：（1）社会资本的所有者（提出要求方）；（2）社会资本的来源（同意要求方）；（3）资源本身。此后，又有多种关于社会资本的理论分析，比如贝克尔（WE Baker）将这一概念定义为"行动者从特定社会结构中得到的资源，并将其用于自身利益相关的目的，这些资源产生于行动者之间关系的变化"。Schiff 的定义是"影响人与人之间关系的社会结构的一组元素，这些关系是生产函数和 / 或效用函数的投入或者参数（arguments）"。Burt 将其视为"朋友、同事或者更一般意义上的联系人，通过他们，人们可以得到使用个人经济和人力资本的机会"。虽然这些定义更多体现了社会资本的多样性，但是对于这一概念的共识也在与日俱增，即社会资本代表行动者从社会网络的成员身份中或者其他社会结构中获取收益的能力（Portes，1998）。普特南（Putnam）从组织和连接的两个视角界定了社会资本：组织的视角的社会资本是"组织的特征，例如信任、规范和网络，这些特征可以通过协调行动来提升社会的效率"；从连接的角度看，社会资本是人与人之间的连接——社会网络以及社会网络中产生的互惠和信任的规范（Bhandari et al.，2009）。

根据特征和功能，社会资本可以分为多种类别：

结构和认知社会资本（structural and cognitive social capital）：结构社会资本与社会网络的形式以及其他组织结构——比如协会、俱乐部、文化团体以及机构有关，并由治理它们的治理规则、程序和先例补充。认知社会资本主要由个体共享的，与信任、互惠和合作有关的一组规范、价值观、态度和信念构成。

纽带、桥接与连接型社会资本（bonding，bridging and linking social capital）：纽带社会资本指的是那些非常亲密且彼此熟悉的人之间的联系，例如直系亲属、亲密好友和邻居。处于纽带网络中的人在关键个人特征上通常具有相似性（如阶级、种族、民族、教育、年龄、宗教、性别和政治归属）。纽带社会资本是更加内向、具有保护性的，并联系紧密的成员关系，因此有利于加强特定的互惠性和动员非正式的团结。桥接社会资本类似于人与人之间的相对疏远的联系，如松散的友谊和共事的人，在桥接网络中的人一般具有不同的关键个人特征。桥接社会资本是更加外向的、公民参与的，缩小了不同社区之间的差距并实行开放的成员关系，因此对于组织团结和追求共同目标至关重要。连接社会资本指的是社会地位和权力方面差异较大的个人和群体之间的联系和网络。它可以触达处于不同情况下的个体，比如那些处在共同体之外的个体。①

强关系和弱关系（strong and weak ties）：强关系指的是紧密、持续且具有约束力的关系，例如与亲朋好友之间的关系；与之相对应，弱关系指的是更加非正式、临时和偶然的关系，例如与来自不同背景的人和来自不同社会生态位（niche）的朋友之间的关系。强关系通常与紧密的社会关系和情感联系有关，为个体提供休戚相关的关系和支持。而弱关系则涉及更多的信息性支持，将个体连接到更广阔的信息和潜在社会资源网络上，并可以作为资源、想法和信息的通道，以促进共同体的一致行动。

水平与垂直网络（horizontal and vertical network）：水平社会资本指的是社区中地位和权力相似的个体之间的横向联系，而垂直社会资本指的是不同层级和权力不对等的个体之间的联系。水平社会

---

① Community 既可以翻译为社区，也可以翻译为共同体，本节根据具体语境会同时使用这两种翻译方式。

资本通过共享的规范和价值观来运作，但是垂直社会资本则通过正式的科层制结构运作。

社会资本的分析领域广泛，可以划分为个体与集体层面以及微观、中观和宏观层面这两个类别。

（1）个体与集体层面的分析主要来源于对社会资本的认知，即社会资本是个体属性还是社区属性。个体属性主张个体是社会资本的创造者和维护者，并且是其获益者，而且个体也是观察和测量社会资本的自然单位。而集体社会资本的支持者认为除个体属性外，社会资本也具有社区层面的特征，并且主要从社区层面来考察社会资本。集体社会资本强调社会资本是集体产生、集体所有的物品（goods），社区整体都可以从中获益。这个"集体"是宏观层面的，可以是团体、社区或者国家。其主要前提是社会资本来源于社会关系，这一关系需要两个或者多个个体相连接，因此社会资本不只是个体的资本。

（2）社会资本在微观层面关注个体、家庭和邻里之间的关系，涉及这些行动者之间的规范、价值观和水平网络关系，这些关系促进了行动者之间的互动。中观层面的社会资本关注的是社区、群体、机构和组织之间的关系，涉及的是促进中观行动者之间的垂直关系网络以及关联网络（network of associations），这些网络促进了群体、社区、企业以及非政府组织之间的互动。社会资本在宏观层面关注国家或地区的制度和政治环境类型，涉及正式的制度关系以及治理政体、公民社会、法律和政府的治理结构（Bhandari et al.，2009）。

二、创业研究中的社会资本

因为社会资本是嵌入社会关系之中的个体或集体的价值，学者已将社会资本应用在创业研究的多个领域。比如创业意愿、创造性、增长与绩效、创新、家族企业、新创企业融资等。这些研究表明，无论是新创企业还是已有组织，获取和管理社会资本在个人和集体的创业中都具有重要作用（Gedajlovic et al., 2013）。创业学中的社会资本分为微观和中观两个层面。微观的个体层面，已有研究表明创业者的个人网络可以使其获得内部所不具备的资源。探索社会资本的影响是将新创企业面临的社会情境纳入分析视野，也是人力资本情境下的补充，因为本质上社会资本是人与人之间产生的、被称为机会的一种要素。从过程的角度来看，对于企业家随时间建立的社会资本的性质与关联模式的研究，可以提供理解企业孕育、生存和发展问题的线索。如果将创业孕育视为知识创造的过程，企业家的社会资本则可以视为影响知识扩散和组合的不同前置条件，包括知识的可获得性、学习的可接受性、适当性以及组合或吸收能力。在中观的企业层面，创业研究突出了社会资本在理解公司如何创建和管理网络，以及这些网络所带来的结果方面的重要性。普遍的共识是，建立在良好的声誉、相关过往经验以及直接个人关系基础上的高水平社会资本，经常帮助企业家获得接触风险投资者、关键竞争信息源、潜在客户以及其他资源的机会。通过创业网络所获得的资源可用性极大地增加了新创企业生存和增长潜力（Liao et al., 2005）。

不同类型的社会资本在创业中扮演的角色有所区别。已有研究表明，新生企业家的结构中心性可以使其激活总体网络适当的组成部分。因此，结构社会资本定义了新生企业家对于创业至关重要的信息、资源和支持的获取能力的潜力或可能性。研究人员普遍认为，这类社会资本鼓励合作行为，促进了新的联合和创新形式的发展。强关系（强社会互动和连带）在信息交换、商业机会识别以及资源共享和交换方面对于企业家来说是有益且富有成效的资源。创业网络文献还发现网络规模与新组织的创立和初始绩效呈正相关。此外，新企业的孕育也是一个获取组织合法性的过程，这种合法性增加了顾客接受企业作为供应商的机会，同时促进新生企业家获取外部资源。但是新企业很容易陷入一个悖论[①]：为了增强生存和发展的机会，它们需要获取资源和信息，但是它们经常缺乏资源信息以至于难以实现这一目标。新创企业破解这一悖论的关键策略是利用企业家个人的关系和社会互动。总而言之，结构性社会资本可以通过增加识别商业机会的可能性和获取必要资源的方式来提升企业家的创业能力。认知社会资本涉及规范、价值观、态度和信念，这种个体间共享的规范和制度具有同构性。社会网络中的规范和模仿的力量形塑了新生企业家的行为，如果共同体强调企业家精神，这一共同体将会更愿意接受失败，并更倾向于向共同体成员开放信息和资源获取权限。

关系社会资本在创业中涉及信任、尊重等特定关系，对于处于相似网络结构中的企业家与网络中其他成员关系的区别可能带来信任和信任感的区别。这一类型的社会资本刻画了可获取性，也就是企业家在创业过程中可以获取到的信息、物质和情感方面支持的程度。互动程度更强、可用沟通渠道更多的新生企业家也相应地更容易发展出信任和信任感，企业家网络内部也更容易出现信息、资源和其他形式的交换。信任是获取资源、知识组合和交换的前提，当参与者之间建立信任时，他们更愿意参与到合作的活动之中，通过这些活动又可以进一步增进相互信任。因此，发展出更高信任和信任感的行动者，适当地使用其自身社会网络中可获得的知识、信息以及其他形式资源的可能性也更高（Liao et al., 2005）。

社会资本对于创业的影响也并非只有积极的一面。一些研究指出，社会资本过多可能会扼杀企业家精神，因为这会导致保护平庸、降低客观性、对整体群体施加思想上的束缚，或者阻碍企业家从失败的盟友、伙伴关系中脱离。社会资本对于创业的促进作用也可能依赖于一系列其他因素，比如文化资本（cultural capital）。文化资本

[①]　原文为陷阱（trap），这里翻译为悖论。

包含影响职业选择和绩效的文化因素，包括惯习（habitus），以及可以改变惯习的价值观、技能、态度和信仰（Light et al.，2013）。

三、社会资本与社会创业

社会创业（social entrepreneurship 或 social venture）是使用经济手段解决社会问题的一种实践。其特征是结合了市场要素和社会目标，通过创业的方式实现社会价值的创造（Bacq et al.，2022）。社会创业的目标之一是扩大社会影响力（social impact），例如缓解特定的社会和经济问题，创造和维护社会资本对于提升财务资源获取能力以及社会创业组织扩大社会影响力在内的组织绩效存在高度的相关性（Mohiuddin et al.，2023）。

Daskalopoulou et al.（2023）将社会资本对于社会价值创造的影响分为中介效应（mediating）和调节（moderate）效应。中介效应是对关系的说明和解释，解释了更好的公共机构、服务和政府运行所产生的积极的增长效应。调节效应是对关系的方向和（或）强度的影响，作为社会价值创造的调节器，社会资本可以解释创新扩散、降低交易成本以及降低投资风险的积极增长效应。中介效应和调节效应由社会资本的存量所引发，其中，中介效应涉及社会资本与社会价值创造之间的制度质量关系，调节效应则对应社会资本与社会价值创造之间关系所产生的生产力收益。这种社会资本和社会企业之间相互关系产生的社会价值创造路径可以分为三类，分别为生产力、社区韧性以及制度发展。运行良好的社会网络可以促进生产力的发展，因此对于经济意义上的可持续性至关重要，并且是确保社会企业产出之外的积极社会影响（比如公共物品的提供）的方式之一。这些影响包括广泛的社会经济利益，例如工作整合（work integration）、缓解贫困以及社会凝聚力等。在社区成果方面，因为存在如何解决当下需求的共同认识，已有的社会结构可以对要素进行动员，这些要素是社会企业方案获得成功的必要条件。在制度方面，需要改善监管框架的质量，以便社会物品能更好地反映民众的偏好议程。在这三条路径中，社会资本在社会企业、社区成员和国家机构之间的水平和垂直连接之中起到了中介／调节的作用。

第二节　创业过程理论

创业是一个动态的过程，包括不同的行为或者阶段，Gartner（1985）将这一过程分为了六种行为，分别为寻找创业机会、积累资源、产品和服务的营销、产品生产、构建组织以及对政府和社会的响应。创业过程理论的研究对象是创业者从最初的创意到创建企业，再到企业成长为成熟企业的过程。这些理论模型是对创业过程一般规律的归纳总结，按照组织发展的不同阶段，代表性的有 Galbraith 的模型、Churchill & Lewis 模型以及 Timmons 模型（林嵩，2004）。

一、Galbraith 模型

Galbraith 将创业过程分为六个阶段（见表 2-1）：（1）原理验证阶段（proof-of-principle stage）；（2）原型阶段（prototype stage）；（3）模型销售阶段（model shop stage）；（4）初步量产阶段（volume start-up stage）；（5）自然增长阶段（natural growth stage）；（6）战略机动阶段（strategic maneuvering stage）。

原理验证与原型阶段在组织意义上是类似的，通常涉及相对较少的技术人员，人员数量从原理验证阶段的几个人到原型阶段的几十个不等。这些阶段的组织的设立是为了首次完成某项任务。模型销售阶段会生产和测试一定数量的产品，这一阶段的目标是在技术和经济的双重意义上实现更好的生产。产品在生产、销售和使用阶段都需要进行测试。这一时期人员数量会增加，并且更为专业化。企业依然是以技术为主导的，但专业化程度会大幅增加。初步量产阶段侧重于实现大规模生产已经经过验证的产品，并交付这些产品。

此时企业更需要一个运营的组织,以实现规模性的可重复生产。组织规模的增加、新任务的加入都要求管理方式作出改变,创业者需要转换为管理者。自然增长阶段的组织增长速度取决于所在行业的整体增长率,这一时期主要任务是实现盈利。由于自然增长阶段会面临产品的迭代,因此需要发展对于组织功能和产品类型的多样化的管理能力。战略机动阶段面临的是长期生存问题,组织需要发现并主导一个细分领域。这种主导地位是通过识别组织的特有竞争力,并通过多元化、国际扩张和(或)垂直整合的方式实现的。这一阶段的主要问题是确定战略增长的方向,组织的高管必须保证有时间专注于战略规划(Galbraith,1982)。

Galbraith 模型根据组织发展的阶段线性展开,从原型开发到批量生产的阶段分类方式也意味着这一模型更多是针对产品导向的创业活动。

表 2-1　组织发展模型 [①]

阶段要素	原理验证与原型阶段	模型销售阶段	初步量产阶段	自然增长阶段	战略机动阶段
任务	发明与制作(产品或服务)	改善与测试	批量化生产与交付	实现盈利	占领细分领域
人员	万事通(Jacks-of-all-trades);风险承担者	万事通与一些特殊的风险承担者	非技术类新创企业专家	商业人士、规划师	规划师与战略专家
回报	股权;非官僚气氛;获得认可(make a mark)	非官僚气氛;早期加入优势(Ground floor advancement)	早期加入优势;职业发展	职业生涯;工资	职业生涯;工资;奖金
过程	非正式;当面沟通;个人化控制	非正式;人际沟通;会议	正式;系统与过程;预算	正式控制;计划与预算;信息系统	五年计划;利润中心;多维度计划

①　Galbraith J. The Stages of Growth[J]. The Journal of Business Strategy,1982,1(3):70-79.

续表

阶段要素	原理验证与原型阶段	模型销售阶段	初步量产阶段	自然增长阶段	战略机动阶段
结构	非正式	开始功能化与科层化	功能组织；劳动分工的集中化管理	有重叠的功能化；分工；去中心化	矩阵形式；利润中心；去中心化
领导（角色）	四分卫形式（quarterback）[①]	教练／运动员	教练	管理者	战略家

二、Churchill & Lewis 模型

在论文《小企业增长的五个阶段》（"The five stages of small business growth"）中，Churchill et al.（1983）提出了一个同样按阶段划分的模型。这一模型将创业过程分为生存（existence）、存活（survival）、成功（success）阶段、起飞（take-off）阶段和资源成熟（resource maturity）五个阶段。

其中，生存阶段面临的主要问题是获取客户以及交付产品或者服务。这一时期组织结构简单，企业所有者直接管理所有下属，企业的策略只有保持生存。进入存活阶段的企业已经证明了其作为商业实体的可行性，该阶段的关键是收益和开支之间的关系。通过现金实现盈亏平衡，有足够的现金流以维持业务并实现增长是这一阶段的主要问题。存活阶段的组织结构依然简单，但一些业务可能会实行有限的分权，如销售经理会管理部分员工。成功阶段的企业需要在发掘已有成就并进行扩张与保持公司的稳定和盈利之间进行权衡。此时的企业已经实现了经济上的可持续性，在规模、市场渗透率以及利润方面均具备了经济成功的条件。因为企业规模的增加，需要功能管理者（functional managers）承担部分管理职能。起飞阶

---

① 在橄榄球比赛中，四分卫是比赛中负责进攻的球员，是球队进攻的指挥官。

段企业面临的主要问题是如何快速增长，并为增长提供资金支持。这一时期管理方式会进一步分权，现金和人员需求也在增加，而且需要建立信息系统在内的精细化管理系统。在资源成熟阶段，企业主要关注巩固和控制快速增长带来的收益，并保持较小组织规模带来的灵活响应和企业家精神等优势。企业所具备的规模、财务和管理能力的优势可以帮助企业巩固行业和市场地位。管理团队在资源成熟阶段需要进一步去中心化，员工规模需要与日益复杂的业务环境相适应，管理系统也需要进行适应性改进。

　　Galbraith 模型与 Churchill & Lewis 模型都是按照阶段划分的线性模型，但是在阶段划分的形式上有所区别。Galbraith 模型更关注产品或者服务的开发与生产流程，前三个阶段都是以产品的开发与生产的周期作为分类标准。但并非所有企业都会经历这些过程，例如软件行业的产品开发、生产和交付过程是同步进行的。Churchill & Lewis 模型更关注企业在不同阶段所面临的主要问题，因此该模型的适用性相对更为宽泛。这一模型使用了更多指标来细化每个阶段的特征，虽然模型更为复杂，但还是一个线性模型（林嵩，2004）。

三、Timmons 模型

　　与 Galbraith 模型以及 Churchill & Lewis 模型的线性发展视角不同，Timmons 模型采取的是"平衡"视角。在《创业学》（*New Venture Creation*）一书中（Timmons JA et al., 2005）[①]，Timmons 指出，企业、创业者、地理环境和技术都千差万别，但是一些核心主题或驱动力主导了高度动态的创业过程。这些核心动机或者驱动力包括：（1）商业动机驱动；（2）创始人（lead entrepreneur）和创业团队驱动；（3）节约和创造资源驱动；（4）依赖性以上因素的匹配和平衡；（5）综合性和整体性。综合、整体的平衡也是 Timmons 模型的核心

---

① 本文主要以中文版为基准，并参考英文影印版。英文影印版为：Timmons J A，Spinelli S. *New venture creation：entrepreneurship for the 21st century*[M]. 北京：人民邮电出版社，2014.

之一。Timmons 创业过程模型如图 2-1 所示。

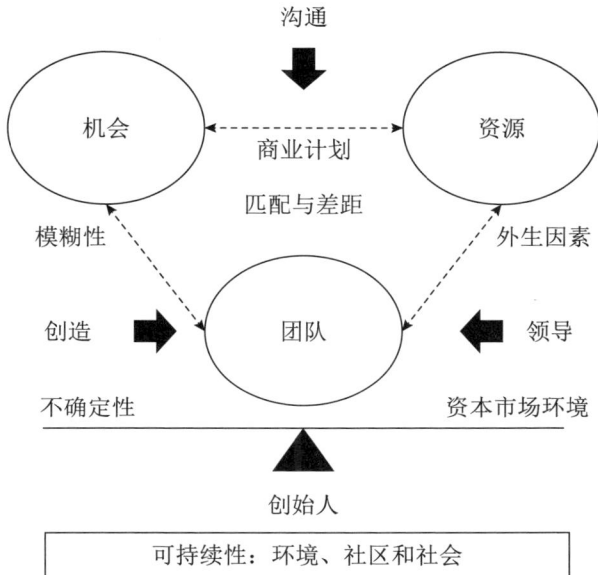

图 2-1　Timmons 创业过程模型 [①]

在 Timmons 模型中，创业过程的起点是创业机会，而非资金、战略、社会网络、团队或者商业计划。创始人和创业团队所扮演的角色是将这些要素整合在一个变化的环境中。这一模型将创业者比喻为在蹦床上跳跃的杂技演员，蹦床则在速度和方向都不断变化的传送带之上。创业者还要同时扔出机会、资源和团队三个小球，并保证这些球不能落地。这一比喻刻画了早期创业企业所面临的动态环境以及创业者需要在这一环境中找到动态的平衡。

在这一模型中，商业机会的形式、大小和深度决定了资源与团队对应的形式、大小和深度。商业机会是创业过程的核心，但是好的思路并不等于好的商业机会。市场需求是衡量商机的关键因素，潜在的市场需求驱动着价值创造的潜力，而市场需求是因为产品和服务具有的增值特征。对待资源需要开源（creative）和节流

[①]　蒂蒙斯，斯皮内利. 创业学（第 6 版）[M]. 北京：人民邮电出版社，2005：31.

（parsimonious）并举，重要的是认识并合理支配资源，而不要被资源所支配。为合理利用和控制资源，成功的创业者一般都设计了构思精巧且集约使用的战略。创业团队作为高潜力创业的关键要素已经成为普遍的共识，优秀的创业团队由一位能力突出的创始人建立和领导。作为企业领跑者和企业文化创造者，创始人是团队的核心，其业绩记录不仅展示了个人成就，也体现了团队所必须拥有的品质。创始人拥有的这种能力和技巧是投资家最为看重的要素之一。贯穿在 Timmons 模型中的是这些驱动因素的匹配与平衡，在图 2-1 所示的模型中，团队位于三角形的底部，企业创始人位于团队之下，其面临的挑战是要平衡好三角形顶点上的小球，以避免这些小球掉落。因为机会、资源和团队三种要素之间很少能互相匹配，在创办企业时必须不断地维持这些要素之间的平衡。这种动态的匹配和平衡带有"反复试验"的特征，这一过程可能是直觉驱动，也可能是有意识计划的结果。

可持续性是创业过程的基础，建立可持续性的企业意味着在不损害未来世代机会的前提下实现经济、环境和社会目标。理解气候变化、全球变暖等可持续性相关的问题可以帮助企业家建立更为坚实的基础，为长期创业做好准备。（Timmons et al.，2014）。创业过程中的时机同样重要，有效识别并抓住商业机会可以产生重大的影响。对于商业机会来说，事实上并没有"最佳时机"，多数新创企业在尚未找到充足的客户和组建起远大抱负的团队之前就已经耗尽了资金。

本研究主要依托 Timmons 的创业模型，考察商业机会、团队以及资源对于大学生创业的影响。其中，资源部分主要关注创业资金。原因是在创业开始阶段，资金资源至关重要。美国中小企业管理局（SMB）调查显示，创业初期的资金链断裂是导致 80% 创业企业倒闭的原因（胡贝贝等，2015）。对于大学生群体——尤其是那些在校创业的大学生群体而言，资金约束是最为主要的资源约束之一。

第三节　创业生态系统

　　一些国家、地区或者区域是否更具有创新性或者创业精神是学者和政策制定者共同关心的问题，因此许多研究将落脚点聚焦在区域层面，认为区域是解释创新创业行为最合适的尺度。一个区域内的知识基础、劳动力的技能和质量，是实现知识溢出、价值链和供应链发展的关键组成部分（Carayannis et al.，2022）。创业生态系统（entrepreneurship ecosystem）正是从空间的视角出发，解释为什么某个区域会有更高水平的创业活动。虽然有明确的研究目的，但是文献对创业生态系统的定义纷繁多样，这些研究聚焦在决定企业家精神的"地方性"因素，包括生态系统中的社会、制度和关系要素。创业生态系统的概念提供了一个潜在新颖且有洞察力的理论框架，可用于分析新企业形成的潜在动态过程，以及创业活动在某些地理位置更加繁荣丰富的经验现象。也正由于这个原因，这一概念有很大的解释弹性（Brown et al.，2017）。本节将对创业生态的定义、历史、局限以及应用进行简要说明。

一、创业生态系统的定义

　　尽管没有普遍性的定义，但是多数关于创业生态系统的研究都基于两种视角：一种基于 Isenberg（2010）的视角，将创业生态系统视为相互依赖的元素，另一种基于 Stam et al.（2017）提出的行动者视角，将创业生态系统视为一些行动者（包括企业家、其他经济参与者，以及利益相关方）与特定的区域环境及其资源和制度之间的互动。广义上的创业生态系统是组织和制度实体或者利益相关方在生态系统意义上的集合体（agglomeration），这些组织或者行动者在社会—技术、社会—经济和社会—政治方面存在冲突的同时，也寻求通过创业发展、探索、发掘以及部署的行动、反馈和互动，通过协作竞争（co-opetitive）来追求趋同的目标、优先级、期望以及行为（Carayannis et al.，2022）。

Isenberg（2010）将创业生态系统界定为一系列相互依赖的元素以复杂的方式结合，这些元素包括领导力、文化、资本市场以及心态开放的客户。虽然这些元素每个都有利于创业，但它们并不足以对创业提供持续的支撑。Mason et al.（2014）将创业生态系统定义为一组相互联系的要素和过程，包括（潜在或现有）创业参与者、创业组织（例如企业、风险资本、天使投资人、银行）、机构（例如大学、公共部门、金融实体）和创业过程（例如新企业创办率，高增长企业数量，成功创业水平，连续创业者数量等），这些要素和过程通过正式与非正式的结合，实现对本地创业环境的连接、调节和治理。

相对于其他概念对于技术要素的偏好，创业生态系统强调了社会要素的作用，凸显了以往未曾发现的利益相关者和本地社区的角色。与已有的创新创业模型主要关注组织间的联系不同，创业生态系统识别了那些旨在促进生态系统参与者和利益相关方连接性的个体和组织的重要性（Carayannis et al.，2022）。

二、概念历史

创业生态系统研究的脉络可以追溯到马歇尔提出的集聚经济（agglomeration economy）的概念，这一概念反映了经济活动会在特定的地理位置集聚的趋势，而且这种集聚与该地区的卓越经济表现相关（Brown et al.，2014）。萨克森宁沿着新马歇尔主义（neo-Marshallian）的视角，对美国 128 号公路地区和硅谷进行了对比分析（Saxienian，1996）。[①] 两个地区在 20 世纪 70 年代都作为世界领先的电子行业创新中心而闻名于世，两者也都因其技术活力、创业

---

① 本书引用的为中译本，萨克森宁，A. 区域优势，硅谷和 128 号公路的文化和竞争 [M]. 上海：上海科学技术出版社，2020.

精神和高速的经济增长而声名远播。虽然 20 世纪 80 年代初两个地区的企业都经历过危机，但是到了 20 世纪 80 年代末，这两个区域经济体的表现开始出现分化。对于硅谷，一方面新一代的半导体和计算机初创公司开始兴起，另一方面，惠普和英特尔等老牌企业依然风头不减，这些都成了硅谷重拾活力的证据。而 128 号公路则是继续其颓势，一些老牌的电脑公司——如著名的王安电脑持续裁员，而新创公司不足以提供足够的岗位来吸纳下岗人员。萨克森宁指出，硅谷是一个基于区域网络的工业体系，公司之间既有竞争，也有基于正式和非正式关系的合作。横向的团队结构鼓励公司内部各部门之间以及与外部供应商和客户之间的横向沟通，因此公司与公司之间、公司与当地的大学等其他机构的边界变得非常模糊。这种基于各种关系的网络系统是硅谷的竞争优势。这一体系不仅激发了其中的生产者之间的学习和适应能力，而且密集的社交网络和开放的劳动力市场也有利于尝试与创业。而位于波士顿的 128 公路是由少数几家相对一体化的公司主导的集中化系统，要求保守公司秘密以及对公司的忠诚决定了公司与客户、供应商和竞争对手之间的关系，从而强化了鼓励稳定和自力更生的区域文化。但是在这一体系中，公司之间、公司内部以及公司与当地机构之间的界限却愈加清晰。

斯托尔珀（Storper，1995）提出的"非贸易依存性"（untraded interdependencies）概念是对创业生态系统的另一个贡献。斯托尔珀指出，区域内的一些关系构成了该区域特有的生产性资产，表现形式为惯例、非正式的规则以及习惯，以在不确定性状态下协调经济参与者的行为。这些要素是当代资本主义的一种核心稀缺形式，这些本质上非标准化的非贸易依存性资产有着惊人的标准化产出能力。与创业生态系统相似，区域创新系统（regional innovation systems）同样强调了地方性的系统性因素在促进当地企业知识发展中的角色。创业生态系统中许多"新的"工作与区域创新系统有紧密的对应关系，特别是对区域内创新和创业治理要素的关注方面。另一个相关的概念是"本地气氛"（local buzz）（Storper et al.，2004），本地气氛指的是城市中因面对面的接触，共现（co-presence）以及同地（co-location）而产生的一种交流生态。这与马歇尔的"产业氛围"概念相似，气氛中包括了特定的信息以及这些信息的持续更新、组织化或者偶然会议、预期和非预期的学习过程、对新的知识和技术的双向理解以及特定的技术领域内共享的文化传统和习惯。这些都刺激了惯例和其他制度安排的建立。个体仅仅通过"在那里"就可以持续贡献并受益于信息、八卦和新闻的传播（Gertler，2003）。此外，"在那里"也使得企业以有用和有意义的方式理解本地气氛（Brown et al.，2014）。总而言之，创业生态系统的概念虽然看起来新颖，但是实际上有丰富的概念继承性（Carayannis et al.，2022）。

三、概念局限

创业生态系统也存在一些局限，Stam（2015）将这些局限归纳为三类：首先是创业生态系统所解释的现象看起来像是同义反复（tautological）——创业生态系统是产生成功创业的系统，但产生大量创业成功的地方显然拥有一个良好的创业生态系统。这种同义反复式的归因，导致创业生态系统对于公共政策只能提供很少的洞见。其次，创业生态系统只是提出了长长的相关因素清单，却没有给出清晰的因果机制。这些因素虽然提供了一些重点，但是没有提供这些因素之间的一致性、它们对于创业的相互影响的效应，以及最终对于总福利影响的一致性解释。最后，该方法的分目标分析层级并不明确。从地理上来看，分析层级可以是城市、地区或者国家，也可以是空间属性不那么严格的系统，比如部门或者企业。因此，要实现这一方法更好的解释力，就需要对必要条件和偶然条件进行区分，在政策思考中也需要明确定义政府和其他公共组织的角色。

四、应用研究

区域创业生态系统及其分析方法是当前生态系统研究的主要领域之一（熊鹏等，2021），这些研究往往需要识别创业生态系统对应的维度，如陈凤等（2015）以杭州梦想小镇为例，将创业生态系统分为了众创精神、创客生态圈、资源生态圈、基础平台与众创政策四个维度。在对中国城市层面创业生态系统的对比研究中，Xie et al.（2021）将影响区域创业数量和质量的因素概括为创新能力、市场潜力、人力资本、金融资本、物理基础设施、互联网基础设施以及政府规模几个方面，研究发现创新能力、互联网基础设施以及政府规模对创业的质量和数量有重要影响，但是政府规模的影响存在不对称性，在不同条件下，较大和较小的政府规模都可以有利于创业的数量和质量。本书以北京的区域创业生态系统为例，通过案例分析展示了政府、高校、风险投资和企业这些创业生态系统的组成要素在大学生创业过程中所起到的作用。

第四节　本书研究思路

本书采用定量分析和案例分析相结合的方法，综合了社会资本、创业过程和创业生态系统理论，从中观和微观两个层面对大学毕业生的创业率、创业过程、返乡创业和社会创业等议题进行分析。在定量研究中，聚焦于创业生态系统的影响，从城市和高校这两个层级出发，研究创业生态系统对于大学毕业生创业率的影响。作为高等教育的主要载体，高校即是区域创业生态系统最重要的组成元素（Isenberg，2011），高校本身也可以视为一个潜在的创业生态系统（Fetters et al.，2010）。高校所提供的创业课程、孵化器、创业基金等创业支持服务，以及大学生在高校中所建立的师生、同学等正式和非正式网络，都为大学生创业提供了支持。同时，本书结合已有的研究，将微观层面的专业、创业机会成本等因素也纳入了分析范围。在案例分析方面，选取了典型的创业企业和部分独角兽作为案例，根据创业过程理论，将创业过程分为创业机会、创业团队和资金获取三个维度，从技术和市场变化的视角，对当代大学生创业过程进行了研究。在此过程中，考察了政府、高校、风险投资和企业四类主体对于创业过程的影响及其作用机制，为进一步优化创业生态系统，构建良好的创业环境提出了政策建议。在政策和技术的共同推动下，返乡创业、社会创业和基于平台的创业已经成为大学生创业的重要形式，这些大学生创业者在创造经济价值的同时，也实现了社会价值的创造，推动了社会经济的发展。因此本书也聚焦这些创业议题，分析大学生创业者创业过程的影响因素，助力大学生创业和价值创造方式的多元化。

第三章　大学生创业率研究 [①]

为了了解大学生创业的基本情况，本书分析了部分高校 2018 年的高校毕业生就业质量报告。分析发现，本科生是创业的主要群体，其平均创业率高于硕士研究生，博士研究生平均创业率最低。如果将高校划分为一流大学建设高校、一流学科建设高校和普通本科高校三类 [②]，本科和硕士毕业生的平均创业率中，普通本科高校最高，一流学科建设高校次之，一流大学建设高校最低。本科平均创业率的排序和不同类别高校的升学率有关，一流大学建设高校的升学率（包含出境深造）较高，如果排除这一因素，一流大学建设高校的本科生创业率会高于其他本科院校。从院校类别来看，艺术、体育类高校的毕业生创业率最高，而农业、医药和财经类高校的创业率较低。本报告还考察了分省份（省级行政单位）和分城市级别的创业率情况，具体内容见本章第五、六节。

第一节　高校毕业生就业质量报告

根据教育部办公厅 2013 年发布的《教育部办公厅关于编制发布高校毕业生就业质量年度报告的通知》（教学厅函〔2013〕25 号），部分高等院校从 2013 年开始，陆续发布了毕业生就业质量年度报告（以下简称"就业质量报告"）。这一报告是对高校毕业生就业情况的全面总结，包括毕业人数及其构成，就业去向及比例等内容。本研究主要关注的是就业去向中的创业部分，包括创业人数、比例等。

[①]　本章主要内容已经作为论文发表，参见：郑路，陈臣. 高校类型、创业环境与大学毕业生创业率 [J]. 青年研究，2022（02）：52-61+95.
[②]　一流大学建设高校和一流学科建设高校名单见：http://www.moe.gov.cn/srcsite/A22/moe_843/201709/t20170921_314942.html. 一些高校的分校、医学院单独发布毕业生就业质量报告，为了数据的可比性，这类高校仅收集本部数据，不包含医学院和分校。

本章选择的高校样本全集为教育部 2019 年公布的全国高等学校名单中的非民办本科高校，共计 831 所[1]，包含中外合作办学、内地与港澳台合作办学机构，数据收集年份选定为 2018 年。[2] 由于部分高校数据缺失等原因，共获取 567 所高校的毕业生就业质量报告，覆盖总体比例的 68.2%。如果按照一流大学建设高校、一流学科建设高校和普通本科高校三个类别区分，一流大学建设高校覆盖率最高，为 78.6%，覆盖率最低的是普通本科高校，为 66.8%，不同类别高校的数据覆盖情况参见表 3-1，可见高校类别越高，数据的覆盖率就越高。[3] 需要说明的是，由于部分高校的就业质量报告中无法提取到有效的创业率数据，所以分析创业率的样本数量少于实际覆盖的高校数量，具体的样本数量信息参见表 3-1。

表 3-1 不同类别高校的样本覆盖率

序号	高校类别	总　数	覆盖数量	覆盖率	备　　注
1	总体	831	567	68.2%	
2	一流大学建设高校	42	33	78.6%	仅本部，不包含医学院，分校
3	一流学科建设高校[4]	98	75	76.5%	不包含分校
4	普通本科高校	689	460	66.8%	

本章关注的核心变量是创业率，创业率的统计方式为：

$$创业率 = \frac{创业人数}{毕业人数}$$

---

[1] 见教育部，http://www.moe.gov.cn/jyb_xxgk/s5743/s5744/201906/t20190617_386200.html.

[2] 数据收集期间（2019 年 11 月），部分高校的 2019 年就业质量报告并未发布在主页的相关栏目。

[3] 数据缺失原因有多种：部分高校不发布此类报告（比如一些非教育部和地方教育厅直属的高校），还有一些高校是 2018 年度的报告未找到，或者无法获取（下载）。

[4] 本章收集资料时（2020 年），教育部公布的一流学科建设高校 95 所，但是三所学校有两个独立的实体，分别为：中国矿业大学、中国矿业大学（北京），中国石油大学、中国石油大学（华东），中国地质大学、中国地质大学（北京），这 6 所学校各自独立发布就业质量报告，所以这里的一流学科建设院校是 98 所。

第二节　不同学历层次创业率

从学历层次来看，本科和硕士研究生是高等教育阶段中创业群体的主力。其中，本科生的平均创业率最高[1]，为 0.77%，硕士研究生次之，为 0.61%，博士研究生最低[2]，仅为 0.27%（图 3-1）。即使将高校分为同时具有本科和硕士研究生创业率数据的高校以及仅有本科创业率数据的高校两组，这一排序依然成立。

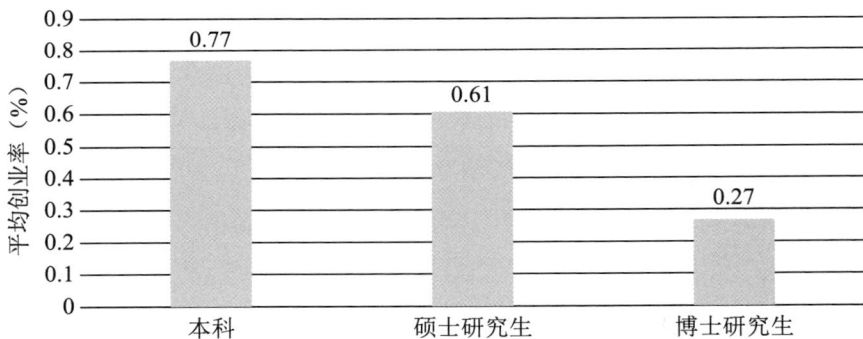

图 3-1　不同学历层次创业率

需要说明的是，有创业率数据的样本数量少于总体样本数，且不同学历层次的创业率样本数量也存在差异（见表 3-2），呈现以本科、硕士和博士的顺序递减[3]的趋势。这些样本数量的不同表明有超过半数（173 所）的高校仅有本科生的创业率数据，而无研究生创业率数据[4]，所以需要分析本科生和研究生的创业率差异是否由于

---

① 平均创业率的计算方法为算数平均。
② 从样本的分布来看，博士研究生的创业率不仅平均值较低，而且分布不均衡，其 0.5 分位数也是 0，说明至少在 50% 的样本中，博士研究生的创业率为 0。
③ 样本的差距原因在于：（1）部分高校的就业质量报告没有创业人数或创业率数据；（2）部分本科高校 2018 年尚无本科毕业生；（3）具备硕士和博士研究生教育资格的高校相对少；（4）一些高校公布数据时，颗粒度仅到研究生级别，不区分硕士研究生和博士研究生。
④ 还有高校仅找到了研究生的就业质量报告，未找到本科生的数据，但是由于这些报告中未找到创业率的信息，所以对样本量无影响。

高校层面的差异所导致的。为此将数据分为两组：组别 1 是同时拥有本科和硕士研究生创业率数据的高校，组别 2 是仅有本科生创业率数据的高校，各组的情况参见表 3-3。从表 3-3 中可以看出，即使仅比较组别 1，本科生的创业率依然高于硕士研究生的创业率。

表 3-2　学历层次样本及平均创业率

学历层次	样本数量	平均创业率（%）	备　注
本科	326	0.77	
硕士研究生	169	0.61	部分高校未区分硕士、博士，统称为研究生
博士研究生	39	0.27	

表 3-3　不同组别的本科生、硕士研究生创业率

组　　别	样本数量	本科生平均创业率（%）	硕士研究生平均创业率（%）
组别 1：同时具有本科生和硕士研究生创业率的高校	153	0.79	0.66
组别 2：仅有本科生创业率的高校	173	0.75	/

第三节　不同高校类别创业率

本书将高校分为一流大学建设高校，一流学科建设高校和普通本科高校三类。在本科平均创业率方面，一流学科建设高校和普通本科高校较为接近，分别为 0.77% 和 0.79%，而一流大学建设高校最低，为 0.55%；硕士平均创业率的排序与本科平均创业率相同，普通本科高校为 0.73%，一流学科建设高校为 0.56%，一流大学建设高校为 0.51%；在博士平均创业率方面，普通本科高校的博士平均创业率为 0%，一流学科建设高校为 0.45%，高于一流大学建设高校的 0.17%（图 3-2）。

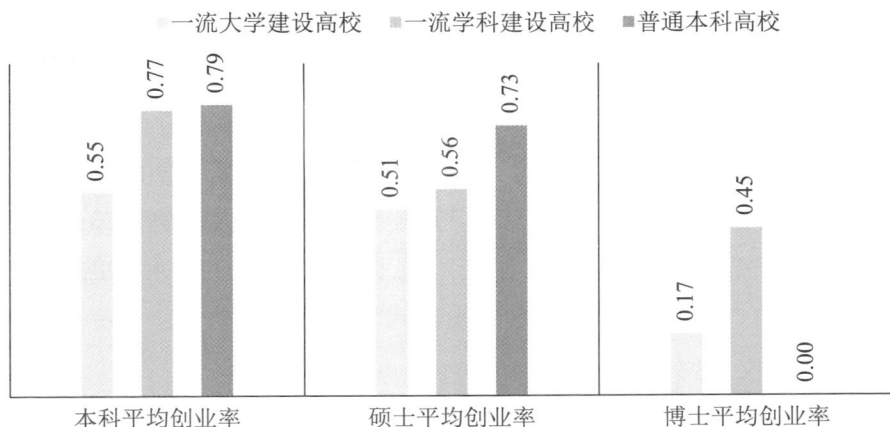

图 3-2　不同高校类别平均创业率（%）

　　造成一流大学建设高校就业率相对偏低的一个原因，是不同类别高校之间的升学率差异。由于毕业生需要在升学（包括出境深造，以下用"深造"表示出境）和就业之间作出权衡[①]，选择升学的毕业生群体并不进入就业市场，而现有的毕业生创业率计算方式是以总的毕业人数为分母，没有体现出不同高校毕业生进入就业市场比例的差别。根据就业质量报告得到的三类高校升学深造率数据见表 3-4。

表 3-4　不同高校类别的升学深造率

高 校 类 别	本科平均升学深造率 （%）	硕士平均升学深造率 （%）
一流大学建设高校	54.14	8.41
一流学科建设高校	33.70	5.92
普通本科高校	15.15	4.98

---

① 各高校对"深造"这一项目的定义不同，有的称为"深造"，有的叫作"出国/出境"，还有的合并在升学率中。这里使用"深造"的概念，加总了高校的升学率和深造率。"升学"指的是攻读境内高校的研究生，"深造"指出国/出境，出国/出境包含攻读研究生和工作两种。但由于无法进一步区分出国/出境的具体方式，所以统一归为深造。部分高校将博士后作为博士的升学，但博士后本身是一种就业形式而非学历层次，所以这里没有列出博士的升学深造率。

从表 3-4 可以看出，无论是本科还是硕士阶段，一流大学建设高校的升学深造比例均高于其他高校类别，且这一现象在本科层面更为显著。一流大学建设高校本科生毕业选择升学深造比例的平均值超过 50%（54.14%），是普通本科高校（15.15%）的三倍多。为了体现这种差异对创业率的影响，这里引入"调整创业率"的概念。调整创业率指的是创业人数和进入就业市场的毕业生人数的比例，即分母排除了升学和深造人数，用公式表示为：

$$创业率（调整）= \frac{创业人数}{毕业人数 - 升学人数 - 深造人数}$$

调整后的创业率的情况见图 3-3[①]。

分高校层级平均调整创业率（%）

■一流大学建设高校　■一流学科建设高校　■普通本科高校

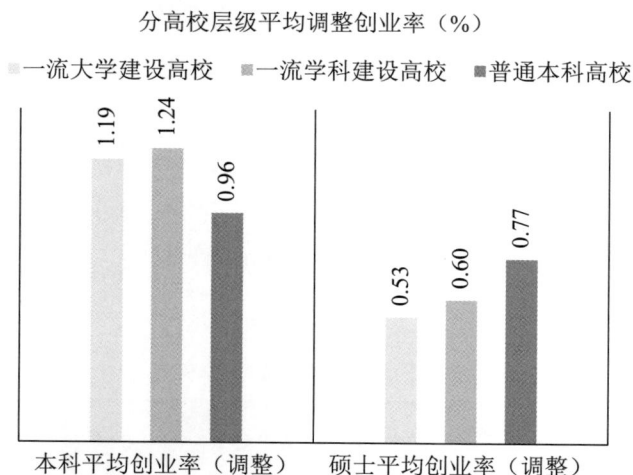

图 3-3　不同高校类别平均调整创业率（%）

从图 3-3 可以看出，经过这一方式调整后，一流大学建设高校的本科创业率超过了普通本科高校，而硕士阶段的排序并未改变，原因是不同类别高校硕士的升学深造率差异相对小。

---

① 博士为最高学历教育类别，无"升学"选项，创业率不做调整，因此不在图中表示。

第四节　不同高校类型创业率

根据学信网的高等院校数据库[1] 显示，中国高校的院校类型分为综合、工科、农业、林业等 12 个类别。由于博士创业率数据样本较少，这里仅给出本科和硕士阶段的不同高校类型平均创业率，各类型高校的平均创业率排序见图 3-4 和图 3-5。

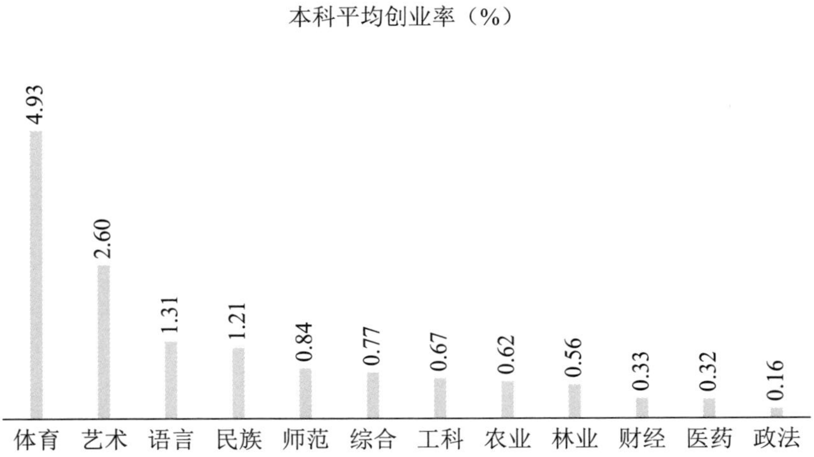

本科平均创业率（%）

图 3-4　不同高校类型本科平均创业率

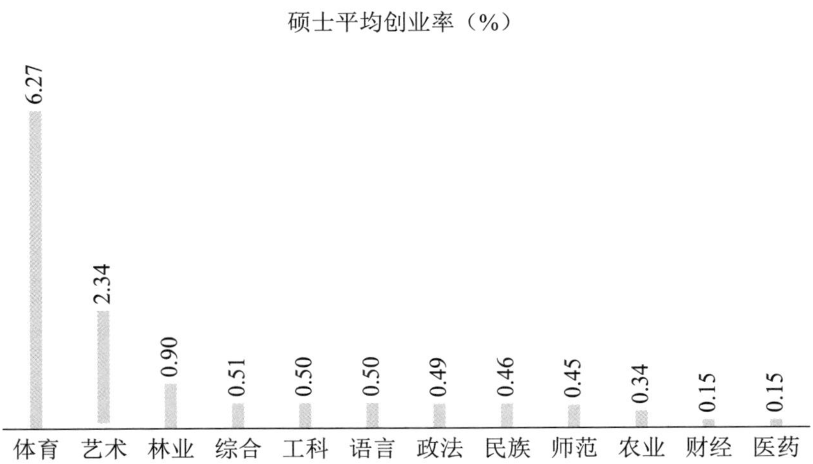

硕士平均创业率（%）

图 3-5　不同高校类型硕士平均创业率

---

[1]　学信网院校库，https://gaokao.chsi.com.cn/sch/search--ss-on,option-qg,searchType-1,start-0.dhtml.

从图 3-4 和图 3-5 可以看出，无论本科阶段还是硕士阶段，体育和艺术类高校的创业比例都是最高的，这可能和体育、艺术类的创业可以更多地依靠人力资本，而对其他资源如资金和场地的要求较低有关。以艺术类毕业生为例，研究发现，这类毕业生的专业实用性相对独立（如工作可以采用"计件制"），具有较高的自由度，这为其提供了创业上的优势（李志强，2008）。对体育舞蹈专业毕业生创业的研究也有类似发现。体育舞蹈作为技能应用型专业，具有实践能力强的特点，毕业生可以将就业与创业相结合（陈雨生，2017）。

农业、林业和医药类的本科毕业生创业率相对低的原因之一是这些高校毕业生更多地选择了升学深造，这三类高校的本科升学深造率较高，林业类高校平均有超过三成（31.01%）的本科生选择升学深造，农业和医药类院校这一比例也在 1/4 左右（分别为 27.37% 和 24.77%）。政法类本科的平均创业率排名最低，可能与就业形势较好和创业成本较高都有关，政法类高校本科平均升学深造率仅为 10.9%，说明多数毕业生选择了就业。而如果选择创业——如开办律师事务所，会面临各项硬性要求，如设立人需要有律师执业经历，且三年内未受过停止执业处罚，法律系的应届本科毕业生很难符合这些要求。

第五节　各省（自治区、直辖市）创业率

考虑到省份的维度，在本科平均创业率中，宁夏、重庆和浙江位居前三位[①]，分别为 2.11%，1.98% 和 1.56%，排名前十的省份（自治区、直辖市）见图 3-6。

硕士平均创业率中，西藏（1.63%）、重庆（1.47%）和辽宁（1.19%）的比例最高，排名前十的省份（自治区、直辖市）见

① 宁夏有四所具备研究生教育资格的高校，有创业率数据的为其中两所。

图 3-7。需要说明的是，西藏具有研究生培养资格的高校共有三所，但是只找到其中一所高校的数据，因此该样本的代表性存在局限。

本科平均创业率（%）

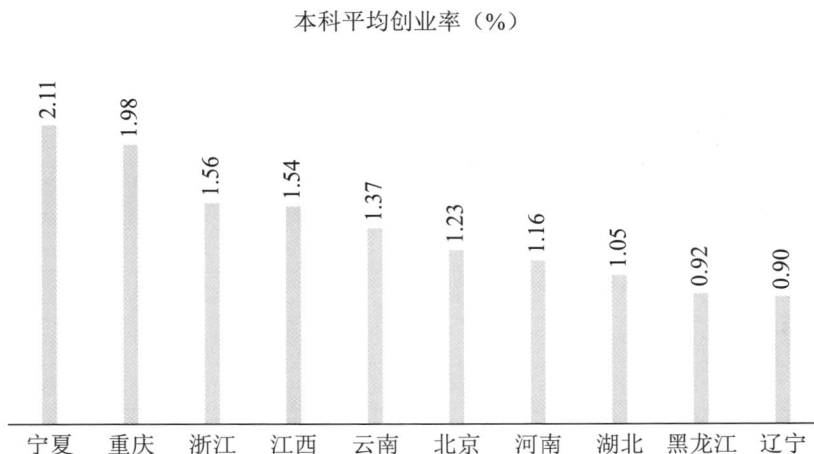

图 3-6　不同省份（自治区、直辖市）本科平均创业率（前十）

硕士平均创业率（%）

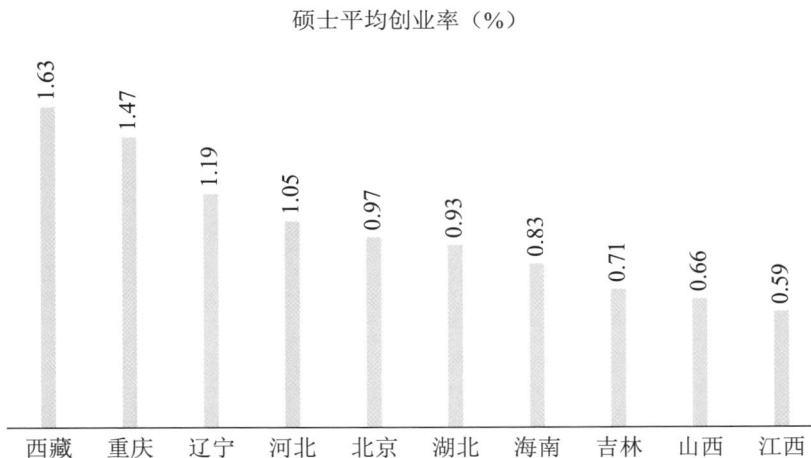

图 3-7　不同省份（自治区、直辖市）硕士平均创业率（前十）

博士创业率数据由于仅有 39 个样本，导致一些省（自治区、直辖市）可能只有 1 到 2 个样本，因此同样存在样本的代表性问题，所以仅列出博士创业率数据，并不做进一步分析，完整的不同省份创业率参见表 3-5。根据 2018 年的各省份人均 GDP 的排名，除浙

江、北京与湖北外，其他在本科和硕士平均创业率排名前十的省份
人均 GDP 排名均处在中下游。[①] 这说明在经济发达的省份，高校的
本科和硕士毕业生选择创业的比例相对较小。

表 3-5 不同省份（自治区、直辖市）本科、硕士和博士的平均创业率

排序	本　科		硕　士		博　士	
	省份	平均创业率（%）	省份	平均创业率（%）	省份	平均创业率（%）
	宁夏	2.11	西藏	1.63	山西	2.38
	重庆	1.98	重庆	1.47	湖北	0.66
	浙江	1.56	辽宁	1.19	陕西	0.55
	江西	1.54	河北	1.05	浙江	0.36
	云南	1.37	北京	0.97	上海	0.35
	北京	1.23	湖北	0.93	黑龙江	0.29
	河南	1.16	海南	0.83	北京	0.26
	湖北	1.05	吉林	0.71	甘肃	0.16
	黑龙江	0.92	山西	0.66	天津	0.14
	辽宁	0.90	江西	0.59	江苏	0.09
	青海	0.80	云南	0.58	西藏	0.00
	新疆	0.59	浙江	0.56	辽宁	0.00
	安徽	0.53	黑龙江	0.56	海南	0.00
	山西	0.53	福建	0.56	江西	0.00
	西藏	0.51	陕西	0.47	云南	0.00
	广东	0.51	湖南	0.42	福建	0.00
	贵州	0.48	四川	0.42	河南	0.00
	福建	0.48	宁夏	0.39	山东	0.00

[①] 根据 2018 年各省（自治区、直辖市）人均 GDP 数据，人均 GDP 排名前十为北京、上海、天津、江苏、浙江、福建、广东、山东、内蒙古、湖北，包含在创业率排名前十的有北京、浙江和湖北三个省级行政单位。其他本科和硕士创业率前十的省份中，人均 GDP 排名分别为：重庆11 位，辽宁 13 位，吉林 14 位，海南 17 位，河南 18 位，河北 21 位，江西 24 位，山西 25 位，黑龙江 27 位，云南 30 位。省级行政单位人均 GDP 来源为 EPS 数据平台中国宏观经济数据库。

续表

排序	本　科		硕　士		博　士	
	省份	平均创业率（%）	省份	平均创业率（%）	省份	平均创业率（%）
	吉林	0.48	上海	0.32	内蒙古	0.00
	广西	0.48	河南	0.27	重庆	\
	海南	0.47	广西	0.23	河北	\
	湖南	0.45	贵州	0.23	吉林	\
	四川	0.40	山东	0.22	四川	\
	甘肃	0.33	天津	0.22	湖南	\
	河北	0.32	江苏	0.21	宁夏	\
	陕西	0.30	广东	0.17	广东	\
	江苏	0.24	安徽	0.15	广西	\
	天津	0.24	甘肃	0.14	贵州	\
	上海	0.17	内蒙古	0.05	安徽	\
	山东	0.15	青海	\	青海	\
	内蒙古	0.07	新疆	\	新疆	\

第六节　不同城市级别创业率

当前对我国城市的常用分类方式之一是根据经济发达程度、人口规模等维度，将城市分为一、二、三线等级别。2013 年，《第一财经周刊》提出了"新一线城市"的概念，现已经成为较为广泛采纳的分类方式。本节旨在考察不同城市级别创业率的差异，所使用的级别划分标准来源于《第一财经周刊》2019 年发布的《城市商业魅力排行榜》。① 这一报告将全国 337 个地级以上城市划分为一线城

---

① 第一财经，https://www.yicai.com/news/100200192.html. 有三个城市不在分级名单中，由于这三个城市各自仅拥有一所高校，加上数据本身存在缺失，所以排除了这三个城市的高校。

市、新一线城市、二线城市至五线城市六个等级。其中一线城市为北京、上海、广州、深圳四个城市，新一线城市包括成都、杭州、重庆等 15 个城市，一线到二线城市列表见表 3-6。

表 3-6　一线到二线城市列表

城 市 级 别	城 市 名 称
一线城市 4 个	北京、上海，广州，深圳
新一线城市 15 个	成都、杭州、重庆、武汉、西安、苏州、天津、南京、长沙、郑州、东莞、青岛、沈阳、宁波、昆明
二线城市 30 个	无锡、佛山、合肥、大连、福州、厦门、哈尔滨、济南、温州、南宁、长春、泉州、石家庄、贵阳、南昌、金华、常州、南通、嘉兴、太原、徐州、惠州、珠海、中山、台州、烟台、兰州、绍兴、海口、扬州

　　由于博士创业率的数据量较少，因此这里只分析本科和硕士的平均创业率。本科平均创业率最高的是四线城市（0.96%），其次是新一线城市（0.89%）和五线城市（0.84%），一线城市则排到第四位（0.79%）。硕士平均创业率最高的也是四线城市，达到 0.94%，新一线城市（0.81%）和一线城市（0.67%）分别排名第二和第三位，参见图 3-8。

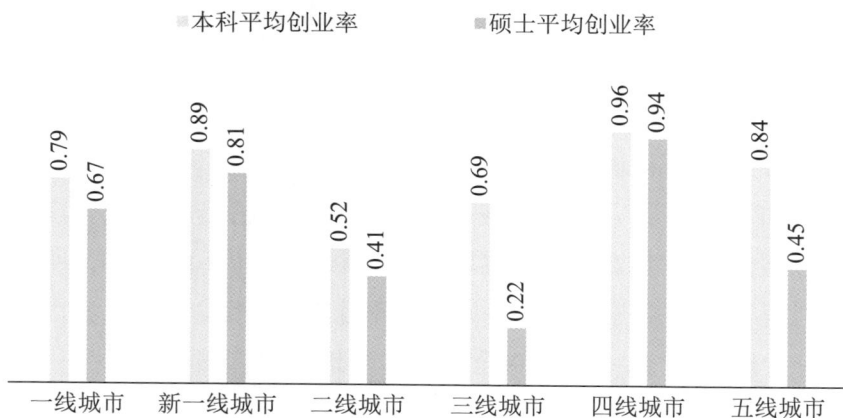

图 3-8　不同城市级别平均创业率（%）

　　一线城市的本科和硕士创业率较低可能与创业的机会成本有关，因为大学毕业生的毕业去向主要包括创业、升学深造以及就业三种类型，因此，升学深造与就业构成了创业的主要机会成本①，这里使用升学深造率和平均薪酬两个指标来衡量机会成本。各级城市的平均升学深造率和平均薪酬数据如表3-7所示②，本科平均升学率随城市级别而递减，本科和硕士的平均薪酬也随城市级别递减，四线城市的硕士平均薪酬低于新一线城市的本科平均薪酬③。从表3-7中可以看出，一线城市本科生的升学率和平均薪酬都较高，本科平均薪酬甚至超过了二线城市的硕士毕业生，这在一定程度上减少了创业人数（由于升学深造人数多）并降低了创业意愿（由于就业收入高）。此外，一线城市的硕士毕业生的平均薪酬较高（几乎是四线城市的两倍），这同样可能降低这部分硕士毕业生群体的创业意愿。

表 3-7　不同城市级别的升学深造率和平均薪酬

城市级别	本科平均升学深造率（%）	硕士平均升学深造率（%）	本科平均薪酬（年薪，万元）	硕士平均薪酬（年薪，万元）
一线城市	37.86	6.14	8.80	10.95
新一线城市	24.69	5.84	6.24	8.84
二线城市	22.13	6.99	5.79	7.84
三线城市	15.22	6.34	5.12	6.38
四线城市	11.27	3.79	5.00	5.87
五线城市	9.13	4.78	4.80	/

　　利用调整后的本科、硕士平均创业率可以进一步说明本科升学深造率因素的影响（见图3-9），此时，本科平均创业率的顺序变为了一线城市、新一线城市和四线城市，分别为1.41%、1.14%和

①　根据定义，机会成本是所有放弃的成本中最大的一项，但是在毕业生决策时，很难整体确定哪一项是"最大的"，因此这里同时列出这两项成本。
②　只有少部分高校披露毕业生薪酬数据，平均薪酬的计算方式是这些数据的算数平均。
③　硕士升学率没有表现和城市级别的线性相关。

1.09%，而硕士创业率的顺序则保持不变。

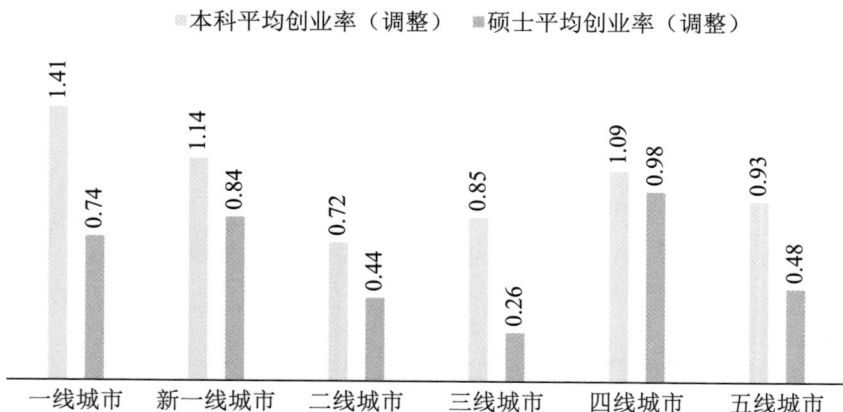

图 3-9　不同城市级别调整后的创业率（%）

以上分析均为单变量统计。为更进一步分析各种因素对大学毕业生创业率的影响，第七节使用高校和高校所在城市两个层面的数据作为自变量，对大学生创业率进行回归分析。由于硕士研究生和博士研究生创业率的样本量较少，因此在回归分析时，使用本科毕业生创业率作为因变量。

第七节　大学生创业率的回归分析

本节运用就业质量报告的数据，对大学本科毕业生创业率的影响因素进行了经验研究。这一研究与已有经验研究存在两个主要区别：其一是已有的经验研究多针对创业意愿[①]，而本研究的研究对象是大学毕业生的创业行为；其二，本研究基于高校层面，属于中观数据，而已有的经验研究多采用基于个体的调查数据，属于微观层面。

---

① 创业意愿的英文 "intention" 在论文中有多种翻译，有的翻译为 "创业倾向"，也有的用 "创业意向"，这里统一使用 "创业意愿"。

一、文献综述

国内关于大学生创业的经验研究，可以分为两个主要的研究方向。

第一个方向是对大学生创业意愿的研究，多基于 Ajzen 的计划行为理论（Ajzen，1991），该理论认为行为态度、主观规范和感知行为控制共同影响个体的行为意愿（王新焕等，2016）。Lüthje et al.（2003）指出创业环境和环境因素会影响创业意向，个人特征则影响创业态度。针对国内大学生创业意愿研究的典型模型有创业意向—主观因素—客观因素（ISO）模型（向辉等，2013），该模型认为主观因素和客观因素共同影响创业意愿，且客观因素会影响主观因素。其中，主观因素为广义的创业态度，即研究对象（也就是大学生群体）对于创业的看法、认识和喜好程度，具体包括创业相关要素的认知、创业的动机以及对创业环境条件的感知。客观因素则是个体背景，作者将个体社会背景和所接受的创业教育都归为这一范畴。

其他经验研究基本遵循了主观因素和客观因素共同影响创业意愿的分类方式，区别是对主观和客观因素的具体定义及其互动的方式。有研究指出主观和客观因素直接影响创业意愿（范巍等，2004），另外一些文献（叶映华，2009；王新焕等，2016；向辉等，2013）则认为，客观因素（如创业教育、个体背景等）会同时影响主观因素和创业意愿。在研究方法上，由于"意愿"是一个心理学的概念，所以在进行研究的时候多采取的是量表和结构方程（SEM）的方式。如叶映华（2009）在已有文献的基础上编制了量表，而向辉等（2013）使用的是 7 分 Likert 量表。

第二个方向是研究聚焦创业教育的影响。这类研究的背景是教育部 2015 年下发的"就业创业通知"，通知要求"2016 年起所有高校都要设置创新创业教育课程"，之后一些文献对创新创业教育和大学生创业的关系进行了经验研究（王心焕等，2016；郑刚等，

2017;郑刚等,2018)。其中,王心焕等(2016)继承了向辉等(2013)的研究模型,将创业教育归为主观因素,并作为主效应进行分析,这一研究使用了 2015 年"在校大学生创业态度和创业意向"调查数据,研究了创新创业教育对创业意向的影响,而且比较了本科和高职两类学生之间的差异,对这一差异的分析是该研究的主要贡献之一。而郑刚等(2017,2019)基于浙江大学国家大学科创园创业企业的实证调查,分别从创业课程、创业讲座、创业竞赛、创业社团四个方面分析了高校创业教育的影响力,探究了高校创业教育对大学生创业实践的影响(郑刚等,2017),探讨了正式和非正式的创业教育对创业绩效的影响(郑刚等,2018)。

由于以上研究对主客观因素的归类有差别,这里仅给出各类因素的影响。首先,一些人口统计学的特征,如个人的学历层次、专业、年龄、家庭背景都对创业意愿有影响。比如在年龄层面,25岁以下和25~30岁的个体创业意愿高于30岁以上的群体(范巍等,2004)。在学历层面,本科生的创业意愿强于研究生(向辉等,2013);本科生中大一学生创业意愿较高,大四学生则较低(叶映华,2009)。专业类别方面,MBA 学历的个体创业意愿高于其他学历的个体,经管专业个体创业的意愿也高于其他专业的个体(范巍等,2004),一些大学设立了创新创业班,研究发现这类创新创业班的学生创业意愿也更强(叶映华,2009),且理工专业高于法律专业。性别方面,男性在创业意愿上强于女性(向辉等,2013),而且男性创业者在创业企业绩效上的表现好(郑刚等,2018)。家庭背景方面,父母拥有企业的学生在一些指标上(如自我认知,风险承担)的得分更高(叶映华,2009),独生子女的创业意愿更强,而在多子女家庭中,排行老大的创业意愿相对较低(范巍等,2004)。

个人因素还可以划分为人格特征和知识结构,这些因素会影响创业认知(叶映华,2009),创业认知包含环境和自我认知,社会资源也会对创业认知有影响。徐小洲等（2010）进一步将创业认知划分为创业自我效能、他人评价和外在评价感知，并发现创业自我效能感知作为主效应对创业意向有显著的正向影响，自我效能和外在评价的感知对创业也存在显著的交叉影响作用。创业合作在外在评价感知影响创业意向的过程中起到中介的作用。创业要素认知、创业环境感知和创业动机可以归类为广义创业态度，这种广义的创业态度和个人背景对创业意向有影响（向辉等，2013）。

虽然整体上创业教育对创业意愿有正面的影响（向辉等，2013），但是这种影响在本科和高职院校之间有区别，王新焕等（2016）指出创业教育对本科生的影响较为显著，而对专科生的影响不显著。在创新创业教育对创业企业绩效的影响方面，正式的创业教育（如创业课程）影响显著，而非正式的创业教育（如讲座）影响并不显著（郑刚等，2018）。

基于以上分析，本节认为现有研究主要有两个可以扩展的方向：首先，现有经验研究的对象主要是创业意愿，但是创业意愿未必能转换为创业行为，而且创业意愿会随时间而改变，一些研究（叶映华，2009；严建雯等，2009）指出大四学生的创业意愿低于其他本科生群体。其次，由于这些研究均基于调查问卷的数据，因此分析样本的不同可能会得出相反的结论，比如性别因素，有研究发现男性在创业意愿上强于女性（乐国安等，2012），且男性创业者在创业企业绩效方面表现更佳（郑刚等，2018）。而基于其他样本的研究则发现女生的创业精神追求态度和创业行动倾向强于男生（向辉等，2011）。基于此，本节研究希望从高校毕业生的创业行为角度出发，使用就业质量报告数据，对影响高校本科毕业生创业率的因素进行研究。

二、理论与研究假设

本文分析主要基于生态系统的理论，创业意义上的生态系统可以定义为一系列支持创业行为的要素在给定地理区域内的聚集，这些要素包括相互联系着的个体、实体和治理机构（Malecki，2011）。高校在创业生态系统中扮演了多重角色，首先，高校是区域创业生态系统的最重要的组成元素（Isenberg，2011），用大学提供的知识创业是知识溢出和推动区域经济发展的重要来源（Belitski et al.，2017）。另外，高校本身也可被概念化为一个潜在的创业生态系统（Fetters et al.，2010）。在高校层面，创业生态系统的组成要素可以包括创业课程，校友企业家的参与，学生创业孵化器，原型开发服务，大学初创企业的种子基金，技术转化服务和学术研究等（Rideout et al.，2013）。这些组成要素可以对应大学生创业政策，比如创业教育，邀请企业家担任创业导师，高校建立创业场地，开放实验室和试验设备，以及为大学生创业提供资金支持等。

另外，由于创业生态系统由正式和非正式的网络要素构成（Neck et al.，2014），大学生在校期间实际上处于一个特殊的社会网络之中，这一网络包括同学网络和师生网络。由于创业活动是一种吸引资源以建立新组织的活动，而企业在创立时往往缺乏必要的资源，所以投资人、潜在的合伙人等相关方在与创业者合作时，难免会预设有一些风险（Stuart et al.，2003）。大学毕业生创业时，由于缺少历史业绩、资金担保等要素，所以更难以获得投资人等相关方的信任，而社会网络作为大学生特有的社会资本，在吸引创业所需的资源（比如寻找合伙人）方面能起到促进作用[①]。

我们关注的一个核心要素是高校的类别，原因在于高校层面的创业生态系统中的要素和高校的类别相关，一般来说，类别越高的高校（如一流大学建设高校）具有更好的软硬件设施，在推进创业教育，建立创业孵化器等方面相较于普通本科高校更具有优势。

以国家"双创示范基地"为例。国务院办公厅 2016 年发布的

---

① 本书第四章的三个案例中，创业合伙人均可以认为是同学关系，分别来源于同宿舍的好友（饿了么）、同城的大学生（Insta 360）和在同一个专业就读的同学（旷视）。

《关于建设大众创业万众创新示范基地的实施意见》（国办发〔2016〕
35 号）、2017 年发布的《关于建设第二批大众创业万众创新示范基
地的实施意见》（国办发〔2017〕54 号）公布了两批共 120 个双创
示范基地，其中包括 19 所高校，这些高校中有 16 所都是"双一流"
高校，14 所为一流大学建设高校。此外，"双一流"高校也较早引
入创业教育。早在 1980 年，上海交通大学就最早开设了创业类选修
课（陈耀等，2019）；1998 年，"第一届大学生创业计划竞赛"在清
华大学成功举办（丁三青，2007）；2002 年，教育部在 9 所高校开
展"创业教育"试点，引导试点高校通过不同方式对创业教育进行
实践性探索（陈耀等，2019），这 9 所试点高校中有 7 所为一流大
学建设高校。可以看出，高校类别很大程度上决定了高校这一创业
生态系统内各种资源的聚集和丰富程度。一般来说，"双一流"高校
为大学毕业生提供了更有利的创业生态系统。

　　另外，高校的类别越高，大学生毕业时会有更多的选择，读研
或者出国 / 出境深造的比例更高（见表 3-4），如果选择直接就业，
工资收入也相对更高（见表 3-8）。换句话说，"双一流"高校毕业
生创业的机会成本更高，所以高校类别对于毕业生创业率的影响同
时具有正负两个方向，两个方向的相对大小并不确定，由此我们提
出的假设 1 包含两个竞争性假设。

　　假设 1a：高校类别越高，毕业生创业比例越高；

　　假设 1b：高校类别越高，毕业生创业比例越低。

表 3-8　不同高校类别平均年薪（万元）[1]

院 校 类 别	本　　科	硕　　士	博　　士
一流大学建设高校	9.43	11.78	13.64
一流学科建设高校	7.31	8.76	12.18
普通本科高校	5.32	7.24	8.74

---

[1]　来自就业质量报告数据。

　　本节还考察高校类型对毕业生创业率的影响。前文提到，高校可以分为综合、工科、农业、林业、医药、师范、语言、财经、政法、体育、艺术、民族 12 种类型，不同高校类型的毕业生创业率有所差异（见图 3-4、图 3-5）。由此提出假设 2：

假设 2：高校类型对毕业生创业率具有显著影响。

　　高校所在的城市也是一个创业生态系统，相较于高校，基于城市的创业生态系统所包含的元素更为丰富。这一生态系统不仅包含了高校等学术机构，政府机关，银行、风险投资等金融机构，企业、产业园等硬件设施，还有各类人才在城市内部聚集。虽然大学毕业生的创业地点不一定是就读高校所在的城市，但是由于大学毕业生的社会资本一般集中在生源地或者就读的高校所在地，所以在进行创业地域的选择时，会倾向于生源地或高校所在地。另外，高校在本科招生指标分配方面有地域偏好，一般会为所在的省份提供更多的招生指标，所以高校的生源地和高校所在地会有不同程度的重合。[①] 从就业质量报告中也能侧面印证这一点，根据北京大学 2017 年的就业质量报告，当年毕业生在创业的地域选择方面，有70% 选择留在北京，其他多数则回生源地所在省份。基于这些原因，本节将高校所在的城市作为影响大学生创业率的另一个维度进行分析。

　　衡量城市有很多个指标，如城市级别、所在的位置、富裕程度等，本文主要关注创业环境，并使用风险投资（VC）环境表征创业环境。原因是风险投资是创业所需的最重要的资源之一，是创业活动的催化剂。从地域的视角来看，已有的研究注意到美国 VC 和创业公司的地域集聚（Zook，2002；Chen et al.，2009），这类研究探讨了 VC 集聚和创业公司集聚之间的关系（Zook，2002；Powell，2002；Chen et al.，2010），尤其是相关性背后的因果关系。有研究

---

① 　一般来说，相较于普通本科高校，双一流高校的生源地更为分散。

指出，对一些类型的科技企业（如生物科技和互联网企业）而言，VC 的集聚导致了创业企业的聚集（Zook，2002；Powell，2002）。基于以上分析，可以看出风险投资和创业公司在地域上存在集聚性，一个城市内部的风险投资和创业公司在数量上存在正相关关系。因此，本研究使用风险投资数量来衡量创业环境。虽然高校毕业生在创业时未必能够获得风险投资，但风险投资所代表的创业环境仍可能会影响大学毕业生的创业决策。由此引出假设 3：

假设 3：高校所在城市的创业环境与高校毕业生创业率正相关。

三、数据及回归结果

本研究的核心因变量（dependent variable）为高校的本科毕业生平均创业率，核心关注的自变量（independent variable）为高校类别、高校类型和高校所在城市的 2018 年创业投资数量，我们这里使用投资笔数来代表投资数量[①]。控制变量（controlvariable）包括高校层面和高校所在城市层面两类，分别为：

（1）高校层面：升学深造情况和高校规模；其中，升学深造情况用本科平均升学深造率来表示，用本科毕业人数来代表高校规模。

（2）高校所在城市层面：所在地区、城市级别、市场化水平、经济发展水平以及城市规模。其中，市场化水平使用省级的市场化指数来表示，衡量城市经济发展水平的变量为市辖区的人均 GDP，采用市辖区的人口数量来表征城市规模。

各变量的数据类型及数据来源见表 3-9。

表 3-9　各变量的数据类型及数据来源

变 量 类 别	变 量 名 称	数 据 类 型	数 据 来 源
因变量	本科毕业生平均创业率	连续变量（%）	就业质量报告

---

① 比如某个时间三家投资公司都对一家创业公司进行了投资，在这里会算作三笔投资。

续表

变 量 类 别	变 量 名 称	数 据 类 型	数 据 来 源
核心自变量	高校类别	分类（category）变量	教育部"双一流"高校名单
	高校类型	分类变量	学信网的高等院校数据库
	所在城市 VC 投资笔数（2018 年）	连续变量	清科数据库（"私募通"）
控制变量（高校层面）	本科升学深造率	连续变量	就业质量报告
	本科毕业生人数	连续变量	就业质量报告
控制变量（高校所在城市层面）	所属地区	分类变量	百度百科七大地理分区
	城市级别	分类变量	第一财经周刊2019 年《城市商业魅力排行榜》
	人均 GDP（2017年市辖区）	连续变量	中国城市统计年鉴（2018）
	人口规模（2017 年市辖区）	连续变量	中国城市统计年鉴（2018）
	市场化指数（2016年，省级）	连续变量	王小鲁、樊纲等，《中国分省份市场化指数报告（2018）》

删除人口、GDP、本科毕业生人数等存在缺失的观测值后，最终的分析样本为 305 个。回归分析选取线性最小二乘法（ordinary least squares，OLS）[①]。在回归时，对市辖区人口规模、人均 GDP 和本科毕业生人数采用取对数形式处理。分别对高校层面变量（模型 1）、高校所在城市层面变量（模型 2），以及两个层面变量（模型 3）进行了 OLS 回归，结果见表 3-10。

----

① 本研究的分析包括学校和学校所在城市两个层级，数据中包含了 124 个城市，其中 78 个城市只有 1 个观测值，99 个城市观测值数量不大于 3 个，不满足使用多层线性回归（HLM）的条件。

表 3-10 回归结果（N=305）

因变量：本科毕业生平均创业率		模型1	模型2	模型3
高校类别（参照组：一流学科建设高校）	一流大学建设高校	0.008		-0.2136
	普通本科高校	0.0277		-0.0260
高校类型（参照组：体育）	农业	-4.0393***		-3.8195***
	医药	-4.6248***		-4.5646***
	工科	-4.0765***		-3.9507***
	师范	-3.9021***		-3.7762***
	政法	-4.9698***		-5.0443***
	林业	-4.0835***		-4.0797***
	民族	-3.9259***		-3.8032***
	综合	-3.9789***		-3.8679***
	艺术	-2.5099***		-2.3492***
	语言	-3.6196***		-3.7142***
	财经	-4.4570***		-4.3334***
平均升学深造率		-0.050		-0.0040
本科毕业生人数（取对数）		-0.2981**		-0.3091**
所在城市 VC 投资数量（笔数，单位：百）			0.0538***	0.0404**
人均 GDP（取对数）			-0.1768	-0.0862
人口规模（取对数）			0.208	0.0006*
市场化指数			-0.0467	-0.0609
地区（参照组：东北）	华东		-0.1111	0.0328
	华中		0.0854	0.1963
	华北		-0.4727	-0.4748*
	华南		0.1246	0.1534
	西北		-0.3579	-0.5205
	西南		0.0773	0.0965

续表

因变量：本科毕业生平均创业率		模型1	模型2	模型3
城市级别（参照组：一线城市）	新一线城市		1.2838**	1.2029**
	二线城市		1.2176*	1.3563**
	三线城市		1.5142**	1.4700**
	四线城市		1.7373**	1.6202**
	五线城市		1.7399*	1.5033*
	其他		1.1028	1.0240

符号 * 代表显著性水平，* 表示 $p<0.1$，** 表示 $p<0.05$，*** 表示 $p<0.01$。

四、研究发现

从表 3-9 可以看出，无论是模型 1 还是模型 3，高校类别的回归结果均不显著，假设 1 没有得到验证，原因可能是毕业生所拥有的创业资源和机会成本两个因素相互抵消。在模型 1 和模型 3 中，高校类型的回归系数均呈现统计显著性。这表明，高校类型对创业率具有显著影响。由此，假设 2 得到验证。从具体系数看，除参照组外，所有类型高校的系数均为负。这表明，这些类型高校的创业率均显著低于作为参照组的体育类高校。回归系数的比较还显示，体育类、艺术类、语言类本科毕业生的创业率最高，系数的相对排序与描述性统计结果（见图 3-1）基本相符，这也进一步验证了本章第四节发现的高校类型和创业率之间的关系。[①] 由此，假设 2 得到验证。

所在城市 VC 投资数量在城市层面的数据回归（模型 2）中显著，且影响为正，在加入了高校层面的变量后，依然显著。这表明，城市创业环境对该城市大学毕业生的创业率具有显著影响。由此，

---

① 回归系数的排序依次为：体育（参照组）、艺术、语言、师范、民族、综合、农业、工科、林业、财经、医药、政法。统计结果的排序依次为：体育、艺术、语言、民族、师范、综合、工科、农业、林业、财经、医药、政法。其中，有 8 个类型的排序相同。

假设 3 得到验证。

控制变量方面，较有意义的发现在于城市级别的影响。在模型 2 和模型 3 中，多数变量都是显著的（除"其他"类变量外）；从具体系数看，一线城市本科毕业生的平均创业率均显著低于其他城市。这表明，在控制其他变量后，处于一线城市的本科毕业生的创业率并不具有优势。

通过对 567 所高校 2018 年毕业生就业质量报告的分析，我们发现中国大学毕业生的创业率总体上低于 1%，且本科毕业生的创业率高于研究生。对本科生创业率进一步进行多元回归分析发现，高校类型、高校所在城市的创业环境对本科毕业生创业率具有显著影响；体育类、艺术类高校的本科毕业生创业率高于其他类型高校；高校所在城市的风险投资数量对本科毕业生创业率具有促进作用。这表明，高校类型、高校所在城市的创业环境显著影响本科毕业生的创业率。此外，本研究还发现，不同高校类别的本科毕业生创业率没有显著差异；相比一线城市，其他城市的本科毕业生创业率更高。

基于这些研究发现，本章提出以下政策建议。

首先，包括创业教育、创业竞赛、资金支持在内的创业资源应向非"双一流"的普通本科高校倾斜。本章对就业质量报告的相关分析表明，"双一流"高校毕业生（无论是本科毕业生还是硕士毕业生）的创业率均低于普通本科高校，其中一流大学建设高校的毕业生创业率最低。回归分析的结果表明，"双一流"高校与普通本科高校在本科毕业生创业率上并无显著差异。

在回归分析的样本中，80% 的高校都是普通本科高校，这些高校的本科毕业生的平均数量仅比"双一流"高校低 6.5% 左右[①]；普通本科高校毕业生平均升学和深造的比例也更低，不及一流大学建设高校的三分之一。这表明，普通高校本科毕业生的规模远大于

① "双一流"高校本科毕业生的平均规模为 4370 人，普通本科高校本科毕业生的平均规模为 4086 人，差距为 6.5%。

"双一流"高校，并且本科毕业生需要就业的比例更高。在数量方面，这些非"双一流"高校的毕业生群体构成了大学毕业生就业和创业的主力军，但是这些高校在软硬件设施、资金支持等创业资源方面往往弱于"双一流"高校。创业资源向非"双一流"普通本科高校倾斜，可以惠及更为广泛的大学毕业生创业者。这不仅有助于提升其创业技能，还可以从整体上促进大学毕业生的就业和创业。

其次，在相关政策措施的制定和实施过程中，要重视高校类型和专业类型的影响。已有的研究也发现专业类型对创业意向具有显著影响；本章的回归分析发现，高校类型是影响毕业生创业率的主要因素之一。

从分析结果可以看出，体育类、艺术类高校的本科毕业生创业率均高于其他类型高校的毕业生，这可能与体育类、艺术类专业的特点有关。这些专业的大学毕业生在校期间所学的专业知识、技能与创业相关性更强。比如，艺术类毕业生可以从事设计、培训等方面的创业，这类创业活动在起步阶段可以更多地依靠人力资本，对资金和场地等其他资源的要求相对较低。这些都可以说明，高校类型、专业类型对大学毕业生创业具有显著影响。在创业政策的制定和实施过程中，建议对不同高校类型和专业采取差异化的政策措施。比如，对体育类、艺术类等创业比例较高的高校和专业投入更多创业资源，加强在校期间的创业教育，使其在创业方面的专业优势得到更好的发挥。

最后，应给予非一线城市的（尤其是四线、五线城市）大学毕业生更多创业支持。"北上广深"这些一线城市集中了较为丰富的风险投资、创业孵化器等创业资源。但本研究却发现，一线城市本科毕业生的平均创业率显著低于其他城市。回归分析结果也显示，本科毕业生平均创业率最高的是四线城市和五线城市。产生这一结果的一个原因是一线城市的一些优势（如经济发达程度、风险投资等）在回归分析中已经被控制；另一个原因可能在于四线城市、五线城市大学毕业生的创业成本和机会成本更低（比如，相比一线城市，四、五线城市的生活成本和场地租赁成本更低）。

在机会成本方面，根据对就业质量报告数据的统计结果，本科毕业生的平均升学深造率和就业的平均工资都随城市级别的降低而呈现下降趋势；其中一线城市最高，五线城市最低。这表明，非一线城市大学毕业生的创业机会成本相对更低。因此，应更加关注非一线城市大学毕业生的创业技能和创业资源的可获得性，帮助其更好地创业。

本章的研究也存在一些不足。首先，就业质量报告仅统计了毕业即选择创业的大学毕业生比例，而一些大学毕业生会在积累了一定的工作经验后才选择创业，对这部分创业群体需要进行专门的研究；其次，创业率数据仅反映了创业的数量情况，未来的研究需要关注创业的绩效等其他方面；最后，本章研究分析的是高校层面因素对大学毕业生创业率的影响，没有涉及毕业生个人层面因素（如性别、家庭背景等）对创业的影响。未来研究应该结合个人层面的数据进行多层次因素的分析。

第四章　大学生创业实践研究：
以在校创业的大学生为例

本章根据大学生开始创业的时间阶段，选取了三位在校期间就开始创业的大学生创业者作为案例。这些案例覆盖了三种创业类型，包括商业模式（饿了么）、智能硬件（Insta360）以及软件和AI（旷视）领域创业。在创业方式上也包括同学联合创业（旷视）、舍友联合创业（饿了么）和连续创业（Insta360）[①]；创业开始时间也从2008年（饿了么）到2014年（Insta360），这一时期是互联网和大数据行业以及大学生创业逐渐兴起的时期。希望通过这些典型案例，能够呈现在校大学生创业的过程及其背后的影响因素。

第一节　外卖平台的先行者——张旭豪

同其他互联网商业模式类似，在经历了萌芽、发展与市场的竞争和筛选之后，目前主流的外卖平台仅有美团外卖和饿了么。其中饿了么的成立时间更早[②]，而且几位创业者在创业时都是在校的大学生。根据创始人张旭豪的自述，创业的缘起来自一次"宿舍夜话"。2008年一个普通的晚上，和当时的很多大学生一样，上海交通大学的硕士研究生张旭豪和三位室友在一起玩游戏。其间，这些建筑节能专业的大学生们谈到了自己的理想，希望做一些能改变世界的事情，但是并没有在本专业领域和其他领域找到机会。此时智能手机尚未普及，移动互联网的概念也没有出现，大学生创业的机会相对较少。后来聊着聊着他们就饿了，却发现没有外卖可点，于是想到

---

① Insta360的创业合伙人并非来自同一所高校，而是来自同一个城市的其他高校。这也侧面说明了城市是一个更大概念的区域创业生态系统，可以为创业提供更多的要素支持。
② 美团外卖成立于2013年，是美团内部创业的产物。

自己能否建立一个外卖平台，并且在半夜三点钟规划了未来三年要做的事情。

这样的聊天也许每天都在发生，但多数可能并没有下文，但是张旭豪和三位室友却表现出了很强的执行力，他们第二天就分头行动，去周边的餐厅调研，查看这些餐厅中午的电话订餐情况。调研的结果是发现这个市场还不错，于是就和一些餐厅的经营者谈合作事宜，这一创业项目也就成了后来的饿了么。虽然饿了么这类平台创业在之后形成了"先发展再盈利"的模式（赵磊等，2023），但是时光回溯到 2008 年，这一模式还未形成广泛的共识，中国数字平台的代表性产品如微博、微信在 2009 年和 2010 年才分别上线。而外卖平台发展所依赖的智能手机和高速移动互联网也尚处在萌芽阶段。① 因此，张旭豪和他的小伙伴们创业之初，还是需要考虑盈利问题，所以与餐厅合作时需要收取一定的费用。2008 年时大学生创业的社会认可度还相对较低，容易和不太靠谱联系在一起，所以寻找合作餐厅的过程面临不少困难。但是张旭豪和室友们通过不断的沟通，终于谈妥一些餐厅。找到合作餐厅后，第二天他们就购买了电动车和配套的装备，这一行动让餐厅老板觉得"这帮人好像跟其他一些大学生创业不太一样，执行力还不错，蛮踏实的"，所以愿意和他们合作。这个时期，公司名字还叫作"饭急送"②。

虽然公司后面改名叫"饿了么"，但是外卖确实是一个时间要求很急的生意，不仅送餐要急，而且发展速度也要"急"——外卖业务实质上是一个平台，如果只是"小而美"，将难以发挥网络效应的优势。虽然是外卖平台，但是创业开始的时候，采取的还是电话订餐的形式，平台的载体是印刷的外卖手册，但与传统餐厅外卖

---

① 2007 年，第一代 iPhone 发布，定义了智能手机的形态。2008 年 10 月，HTC 发布了 Dream 手机，这是第一部安卓智能手机。2009 年 1 月，工信部为移动、电信和联通颁发了 3G 牌照，标志着我国正式开始建立高速移动互联网基础设施。

② 见张旭豪在一席的演讲。

图 4-1　饿了么创业团队——（左起）汪渊、张旭豪、邓烨和康嘉[①]

业务的区别更多地体现在聚合了不同的餐厅。张旭豪在创业之初就组建了自己的物流团队，并招聘了专职的外卖员，但是业务繁忙的时候，为了避免因为送餐晚点导致客户满意度降低，作为创始人的张旭豪也要承担外卖员配送的任务。上海夏天炎热，冬天湿冷，特别是冬天，为了避免鞋被淋湿，张旭豪送外卖时都是赤脚上阵，晒黑的皮肤和冻伤的脚构成了他创业艰辛的见证。创业早期公司并不赚钱，张旭豪说这时候大家是靠谈理想来支撑自己。

2009 年，有感于电话订餐流程复杂、效率很低，以及预收现金方式带来的账目管理等问题，张旭豪和小伙伴们着手开发网络订餐系统，同年 4 月"饿了么"网站正式上线。网站上线之初并不顺利，原因是这个与公司名称谐音的网址"ele.me"虽然看起来简洁明了，但是其后缀"me"其实是孟加拉国的域名。因为 2009 年孟加拉国刚开放域名注册，导致很多用户并不了解这一情况，会不由自主地在这个域名后面加上".com"。一些浏览器也不识别这一域名，以至于输入 ele.me 之后会被当作关键字而进入搜索的页面。这一系列因素都导致了用户的流失，但是基于对未来年轻人喜好的判断，创始团队留下了这个域名。当前，虽然平台用户已经转向移动端，但

---

① 图片来源：苹果日报。

是这一域名依然在使用。[①]

　　和所有数字平台的运营方式一样，外卖平台的收入来源于每单交易的佣金，而前期为了发展用户，平台会采取补贴等策略。饿了么创业初期因为资金有限，所以选择的是收取佣金的方式，而当时的一个竞争对手采取的是补贴用户的策略，导致一些餐厅明确提出，如果没有补贴就会终止合作，这给张旭豪带来了一个难题。经过长时间的思考，张旭豪决定转换经营策略，从商户的其他需求着手。在网站上线5个月后，饿了么推出餐厅运营一体化解决方案[②]，解决了餐厅传统电话订餐业务效率低，容易出错等问题。而且定价方式也有改变，从每单收取佣金的方式变成了每个月收取固定的费用。随着餐厅纷纷使用这套方案，外卖订单也逐渐转移到饿了么的平台，张旭豪和他的小伙伴们靠着经营策略、定价策略和技术优势击败了竞争者，确立了饿了么在外卖平台市场的地位。更令张旭豪欣喜的是，他发现自己的母校所在地——上海交大闵行校区附近的餐厅都在用饿了么的系统，张旭豪说自己找到了当年淘宝的感觉：淘宝让中小商户在网上做生意，而饿了么是让中小餐厅在网上做外卖。[③]

　　随着业务的发展，创始团队也经历了成长的烦恼。他们开始发现工作和学业的冲突开始加剧，对于张旭豪和他的小伙伴们来说，休学创业是更实际的选择，因为这个方式可进可退。但是，即使在2002年就被列为全国首批创业试点高校的上海交大，休学创业在当年也非易事，有两位创始人因为导师不同意而未能休学，而张旭豪因为导师较为开明，同意了他的休学申请。张旭豪回忆说，他是上海交大第一个被允许休学创业的学生。在决定休学创业之前，张旭豪还去找导师咨询意见，导师告诉他一个人的精力是有限的，"要想

---

① 饿了么，https://www.ele.me.
② 新浪财经，http://finance.sina.com.cn/money/lcgh/20150301/180721617623.shtml.
③ 见张旭豪在一席的演讲。

做好某件事,肯定要把全部精力放在上面,两件事情都想做好,那是不可能的"。在毕业时他还去找导师,表示如果创业失败,就回来继续跟导师读博士。此后虽然越来越忙,但是每年的年初,张旭豪还会回去看导师,然而,随着饿了么的发展,导师也觉得张旭豪回来读博士这件事情暂时无法排上日程了。①

饿了么早期的资金并非来源于外部融资,而是来自创始人自筹,张旭豪拿出了自己炒股赚的几万块钱,有合伙人甚至把学费也贡献了出来。为了筹集资金,创始人办了二十多张信用卡。刚开始因为是宿舍创业,资本就是一些电动车,所以成本也低,由于资金也不多,所以一直没有注册公司。休学创业之后,学校推荐饿了么参加了一些创业大赛,张旭豪起初对创业大赛是拒绝的,因为他觉得这些大赛更多的是比拼一个想法。但是为了募集资金,他还是去参加了几场比赛,并靠这些比赛得到了几十万的资金,并且注册了公司,结束了"无照经营"的状态。更重要的是,张旭豪通过一次创业大赛结识了作为评委的朱啸虎,也就是金沙江创投的董事总经理。②

可能受制于当时的环境,在得到第一笔融资之前,饿了么创业团队稳定性较低,因为融资前员工每个月工资只有 800 块钱,过年同事们回到老家,难免会遇到亲戚朋友的盘问和与"别人家孩子"的比较,心态因此可能会发生动摇。临近毕业,这一现象更为明显。上海交大作为名校,毕业生能够获得很多的外部机会,与创业初期的收入较低和前景不确定相比,这些外部机会可能更有吸引力,因此公司面临核心技术人员流失的风险。张旭豪说自己都曾动摇过,甚至有一年春节去一个合伙人的老家考察煤矿行业。2011年饿了么收到了第一笔百万美元融资,这笔融资正是来自朱啸虎的金沙江创投。得到这笔融资之后,员工的稳定性得到了很大的改

① 上海交大创业学院报道,http://chuangye.sjtu.edu.cn/index.php/News/view/id/62.

② 上海交大创业学院报道,http://chuangye.sjtu.edu.cn/index.php/News/view/id/62.

观，因为资本市场的认可本身就是对创业团队很大的激励。此后，公司开始了市场扩展的过程，第一站是距离比较近的杭州，第二站选择了北京。

2013 年，饿了么已经做到了外卖平台的领军企业，之后这一领域也成了创业热点，包括美团和百度等玩家相继入场，外卖行业出现"群雄逐鹿"的局面。此后，美团和大众点评合并，并且独立上市。2017 年饿了么合并了百度外卖，2018 年饿了么被阿里以 95 亿美金收购，张旭豪卸任饿了么 CEO 并加入阿里。至此，张旭豪从宿舍创业开始，用十年的时间带领饿了么成为超级独角兽，也成了互联网时代大学生创业的典范。

第二节 大学期间的连续创业者——刘靖康

影石 Insta360（以下简称"Insta360"）当前已经是全球知名的全景相机企业，其创始人刘靖康是南京大学软件学院 2010 级的本科生，2012 年因为两件事情让刘靖康成了网红。第一件事发生在这一年的 7 月，刘靖康利用南京大学 2010 级 7000 名学生的照片制作了五个院系学生的"平均脸"，并写成日志在人人网发布，这篇日志和五张"平均脸"的照片被迅速转发，不到 20 小时就收获了 3000 次分享和 3 万多次的点击率，第三天还被江苏的省级报刊《扬子晚报》整版报道。[①] 第二件事是，受到电影《社交网络》中扎克伯格盗取哈佛全校女生照片桥段的启发，刘靖康也绘制了南大女生的"标准脸"，所以被网友送外号"标准哥"。

还是 2012 年，因为百度和 360 大战正酣，8 月 30 日，一段记者电话采访 360 董事长周鸿祎的视频片段在网上传开。刘靖康也看到了这段视频，并注意到其中两秒的拨号音，可能是受到了《名

---

① 扬子晚报，http://epaper.yzwb.net/html_t/2012-07/11/node_6.htm.

侦探柯南》的启发，刘靖康想到能不能根据拨号的音频来破解手机号码。之后他将这段音频输入了音频分析软件，并经过频谱分析，推算出了 11 个号码。为了验证破解是否成功，刘靖康紧张地拨打了这个号码，问对方是不是周先生，在得到肯定的答复后就匆匆挂了电话。刘靖康同样将这次破解的经过写成日志，并在各大论坛迅速蹿红。① 这件事情使得周鸿祎再次成为焦点人物。8 月 31 日早晨，周鸿祎发了一个微博"这位同学确实能干，各位就不用验证了，也请大家别在晚上十一点后打电话，谁也不希望刚睡着就被突然的电话铃声惊醒吧，今晚已经有几十个好奇的电话了"，并且他没有忘记给自己的公司做广告，"为了睡觉，决定使用 360 手机卫士来电防火墙，各位打电话如果听到该号码是空号，别以为该同学算错了"。同日，李开复也向刘靖康伸出橄榄枝，邀请其加入创新工场。②

　　网络成名并非没有代价，由于刘靖康的主要精力都在这些"新玩意儿"上，2012 年春季学期的期末考试，他有三门课交了白卷。③秋季学期的情况并没有变得更好，这一年的 12 月，刘靖康根据学校网站的漏洞，破解了学校老师的邮箱，并获得了期末考试的试卷，和之前两次"成名"一样，破解的方法和过程同样写成了日志并在人人网上发布，在以高校学生用户为主的人人网上，这一日志的火爆程度可想而知，虽然日志中说明只是验证技术的可能性，但还是引起了争议，结果是，刘靖康删除了日志并且道歉，而且产生了南大要将其"退学"的传闻，这也让刘靖康在半年内第三次登上了《扬子晚报》。④

---

①　意林，https://www.yilinzazhi.com/2012_22/yili20122231.html.

②　快科技，https://news.mydrivers.com/1/641/641012.htm.

③　扬子晚报，http://epaper.yzwb.net/html_t/2012-07/11/node_6.htm.

④　扬子晚报，http://epaper.yzwb.net/html_t/2012-12/28/content_48108.htm?div=-1.

图 4-2　2012 年下半年，刘靖康三次登上《扬子晚报》

刘靖康在大学期间的另一个"主业"是创业，第一次创业是因为开发了视频内部的动态广告植入技术——xAd，他带着这个项目去参加路演，也拿到了很多投资人的名片，但是均没有下文。之后，刘靖康选择了加入其他创业团队，先后参与了"超级课程表"和"大学助手"两个创业项目，以积累创业经验。[①] 2013 年，大三的他从父亲那里借来了 15 万元，组建创业团队并推出了自己的产品——针对高校讲座、活动等信息直播的"名校直播"，这一项目参加"人人网校园开发者大赛"并获得了天使轮融资。[②] 然而，由于产品体验等原因，"名校直播"项目并不成功[③]，但是为刘靖康日后的创业打下了基础。

2014 年中，在南大一位学姐的引荐下，刘靖康结识了创业帮的 CEO 南立新。南立新对刘靖康的评价很高，并且将知名的风险投资机构 IDG 推荐给刘靖康[④]。与此同时，刘靖康的团队拿到了创业帮和 IDG 的天使轮融资。拿到投资之后，刘靖康很快意识到自己的创业

① 腾讯网，https://kuaibao.qq.com/s/20190426AZMSU000?refer=spider.

② 橙新闻，http://www.orangenews.hk/news/system/2017/09/28/010071546.shtml.

③ 我苏网，http://www.ourjiangsu.com/a/20170926/1506409207481.shtml.

④ IDG 全称 IDG capital，是知名的创业投资机构，1993 年开始在中国开展风险投资业务，参见公司主页，https://cn.idgcapital.com/about-us.

方向不对，凑巧的是，受到谷歌 Cardboard 的启发以及一个俄罗斯团队拍摄的全景视频的影响①，刘靖康想到能否用低成本的方式来一键拍摄之前需要多台相机协作才能完成的全景视频。于是他决定将企业从视频直播转型到 VR 直播和 360 度全景相机领域，并在毕业那年创建了 Insta360。Insta360 的合伙人陈金尧同样是一位创业达人，就读于南京理工大学的他在高中时就开始倒卖当时比较热门的 MP3 和 MP4。② 刘靖康还记得第一次带着全景相机的原型机去见投资人的时候，因为机器无法工作而导致演示失败，这也让他意识到产品质量的重要性。③

毕业后，刘靖康将公司迁往深圳，2015 年，Insta360 的第一部产品上线众筹平台，2016 年公司获得 B 轮融资。同年，凭借 Insta360 创业项目，刘靖康获得了第二届中国"互联网 +"创业大赛江苏省一等奖以及全国决赛金奖（亚军），其创立的深圳岚锋创视网络科技有限公司获得"创青春"全国大学生创业大赛江苏省金奖和全国决赛银奖。④ 如今，Insta360 相机已经远销全球上百个国家和地区，⑤ 并广泛应用在谷歌街景、视频制作和其他虚拟现实行业中，成为这一细分市场的领导者。

第三节 "姚班"诞生的 AI 独角兽——印奇、唐文斌、杨沐

2022 年底 ChatGPT 的出现，带来了人工智能领域的第二波创业热潮，李开复也将其称为"AI 2.0"时代。与之对应，以 CNN 卷积

---

① 谷歌 CardBoard 一种简易的 VR（虚拟现实）头显，因为主体适用纸板构成而得名。
② 创业邦，https://www.cyzone.cn/article/164090.html.
③ 刘靖康接受央视《焦点访谈》的采访，https://v.qq.com/x/page/y05551sl6wt.html?spm=a2h0k.11417342.soresults.dposter.
④ 见南京大学 2016 年毕业生就业质量年度报告，第 41 页。
⑤ 影石 Insta360 主页，https://www.insta360.com/cn/about.

神经网络模型为核心的计算机视觉、自然语言理解为代表的 AI 技术被称为 AI 1.0。① 在 AI 1.0 时代，就出现了一批人工智能领域的创业公司，旷视就是其中的代表。② 旷视的三位联合创始人——印奇、唐文斌和杨沐都来自清华大学的姚期智实验班③，这个由图灵奖得主姚期智院士创建的实验班，目标是培养领跑国际的拔尖创新计算机科学人才④。印奇和唐文斌是同班同学，杨沐比他们低一届。三人的经历虽然各不相同，但是都可以称得上是少年极客。印奇中考时便以芜湖市裸分状元考入芜湖一中，高中尚未毕业就通过了清华大学的自主招生考试。⑤ 唐文斌从初中起就参加信息学编程比赛，先后多次获得 ACM、CodeJam 等各类比赛冠军，并担任国家信息学竞赛总教练长达七年之久。杨沐也曾斩获国际信息编程奥林匹克比赛金牌。印奇从大二就开始在微软研究院实习，参与人脸识别引擎的开发，在实习期间，印奇就对人脸识别技术很着迷，毕业后还专职工作了一年，当时就确定要在这个领域做些事情。⑥

　　唐文斌和印奇的创业之旅始于为 iPhone 开发游戏。2011 年，为了参加清华大学的"挑战杯"比赛，两人开发了一款体感游戏《乌鸦来了》（Crows Coming）。这款游戏可以通过手机的前置摄像头识别人物的运动姿态，从而控制游戏中的稻草人并拦截从天而降偷食的乌鸦。这款游戏不仅一度冲上 Appstore 游戏下载排行榜前五名，还荣获了清华大学第三十届"挑战杯"科技作品、创业计划比赛的特等奖。但是这款游戏仅仅带来了几千元的盈利，这让他们意识到

---

①　从 1.0 到 2.0，人工智能将迎来哪些想象空间. 光明网，https://tech.gmw.cn/2023-03/14/content_36429674.htm.

②　同上。

③　清华大学，https://www.tsinghua.edu.cn/publish/thunews/9649/2015/20150529142819002976825/20150529142819002976825_.html.

④　清华大学，https://iiis.tsinghua.edu.cn/yaoclass.

⑤　直面传媒，https://cj.sina.com.cn/article/detail/2366004917/431382?column=stock&ch=9.

⑥　清华大学，https://www.tsinghua.edu.cn/publish/thunews/9649/2015/20150529142819002976825/20150529142819002976825_.html.

自己是技术起家，游戏公司并非合适的创业方向。① 资本市场在这个时候开始关注到印奇的团队，投资人的到来对印奇是一种激励，使他更认定视觉识别技术必将引来爆发。②

时间转眼来到了毕业季，在本科散伙饭上，印奇向唐文斌提出了一起创业的想法。虽然两人都是技术出身，但是一个偏科研，一个则擅长工程化，这在印奇看来是很互补的。在联合创业的过程中，他们还拉上了比自己低一级的学弟杨沐，三人组成了旷世科技的创始"三剑客"。③ "三剑客"各有所长，唐文斌专攻图像搜索，印奇擅于视觉识别，汤沐的优势领域是数据挖掘。2011 年 10 月，旷世科技正式成立。④ 三人除了担任联合创始人的角色外，还兼任公司管理层，印奇任公司 CEO，唐文斌为 CTO，杨沐是工程副总裁。

印奇为公司设定了"三步走"的发展策略：第一步，搭建"Face++"人脸识别云服务平台，即"识人"；第二步则是"Image++"，目标是"识别万物"；第三步，实现"所见即所得"的机器之眼。之所以从人脸识别入手，是因为其应用最广，也最便捷。2012 年，公司首款核心产品 Face++1.0 版本上市，印奇将其打造为一个开放的平台，上万名开发者在平台上享受免费的服务并为平台提供了 200 多万张照片。借用这些照片机器标注的信息，Face++ 进行算法学习，并不断迭代。2014 年，"Face++ 人脸识别云服务平台连续收获 FDDB、300-W、LFW 三项国际评测的冠军，在互联网新闻图片的人脸识别评测中更是以 97.27% 的准确率力压之前业内第一的 Facebook 人脸团队。截至 2015 年，Face++ 平台图库数量超过十亿级，合作 App 有 1.5 万个，平台上活跃的开发者超过 2.4 万人，

---

① 清华大学，https://www.tsinghua.edu.cn/publish/thunews/9664/2014/20140408165611112173056/20140408165611112173056_.html.

② 同①。

③ 澎湃新闻，https://www.sohu.com/a/160674679_260616.

④ 同①。

并与包括阿里、美图、世纪佳缘在内的企业建立了合作关系。[①]2015年3月的汉诺威工业展（CeBIT）上，阿里巴巴创始人马云在开幕式上作了主旨演讲，在演讲最后，现场为包括时任中国副总理马凯和德国总理默克尔在内的嘉宾演示了支付宝的新技术"刷脸支付"。马云通过"刷脸"在阿里巴巴平台上为汉诺威市长购买了1948年的汉诺威展会纪念邮票，这一技术就是阿里和旷视合作开发的。[②]2017年10月，旷视宣布正式完成4.6亿美元的C轮融资，这一数字打破了当时国际范围内人工智能领域的融资纪录。[③]

作为公司的CEO，印奇一直在持续学习。创业之初，三位创始人发现自己虽然精通云上核心算法，但是机器识别包含"云"和"端"两部分，而"端"这部分所需的硬件技术是旷视的短板。为了补齐这块短板，印奇远赴哥伦比亚大学攻读3D相机方向的博士。然而，由于需要边学习边和大洋彼岸的唐文斌、杨沐处理公司的事务，2013年印奇决定辍学，全职回国创业。[④]因为深知创始人的技术背景对公司的优势和劣势，所以除了技术之外，印奇将大部分精力转向了资本运营、公司战略这些方面，并且成为马云创办的"湖畔大学"的第一期学员。旷视的用户包括阿里巴巴、蚂蚁金服、菜鸟网络、富士康、中信银行、联想、华为、OPPO、vivo、小米、凯德、华润集团等，并且获得了来自联想创投、创新工场、阿里巴巴、蚂蚁金服、富士康、中银投资等国内外投资机构的多轮投资[⑤]，估值一度超过20亿美元，是当时人工智能领域名副其实的独角兽企业。

如今，外卖平台已经融入社会生活，成为一种主流的购买餐饮服务的方式，并且催生了"骑手"这一新就业形态。但是在创业初

---

① 清华大学，https://www.tsinghua.edu.cn/publish/thunews/9649/2015/20150529142819002976825/20150529142819002976825_.html.

② 观察者，https://www.guancha.cn/economy/2015_03_16_312403.shtml.

③ 联想之星，http://www.legendstar.com.cn/news/4052072273738333148?lang=en.

④ 澎湃新闻，https://www.sohu.com/a/160674679_260616.

⑤ 虎嗅网，https://www.huxiu.com/article/298294.html.

期,饿了么和张旭豪面临的外部环境是平台创业热潮将至未至、移动互联网尚在酝酿之中,大学生创业还被认为是"不靠谱"的。但是其创业过程的很多因素对于大学生创业又具有典型性,这种典型性体现在:(1)创业团队来源是同学和舍友,也就是大学生的社会网络;(2)创业初期,资金来源是自筹,为了降低成本,创业地点就在宿舍,且一直没有注册;(3)竞争策略上,发挥了大学生人力资本的优势,开发订餐系统和餐厅一体化解决方案,并采用固定费用以及竞价排名的定价方式,在行业竞争中脱颖而出;(4)企业发展伴随着创始团队学业和创业的时间冲突,创始团队争取休学创业,但并未全部得到批准;(5)通过参加创业大赛获得奖金的方式筹集了一部分资金,才得以注册公司,也因为创业大赛的平台,认识了后来的投资人;(6)随着创始团队毕业季到来,由于名校毕业生面临更多的外部机会,创业机会成本高,团队成员开始流失,获得资本市场的认可帮助公司团队的稳定。

Insta360 的刘靖康作为连续创业者,在创办 Insta360 之前就因为"搞事情"成为网红,并得到了周鸿祎和李开复的注意,但对于当前法律逐渐健全的大环境来讲,不宜于模仿。在创办 Insta360 之前,就已经有影像行业的创业经历,所以很快受到资本市场的青睐。凭借对行业的判断、技术优势和创业经验,成为全景相机细分市场的领导者。与谷歌的"双子星"类似,旷视的"三剑客"在大学期间就获得计算机和创业顶尖比赛奖项,因为同在清华"姚班"而相识,并决定一起创业。凭借人力资本优势,进入人工智能这一技术密集型行业,凭借技术上的领先优势成为 AI 领域领军企业之一。

第五章　大学生创办的独角兽企业：
以北京为例

独角兽企业（Unicorn）的概念来源于风险投资基金 Cowboy Ventures 创始人 Aileen Lee，她在 2013 年发表的一篇 "Welcome To The Unicorn Club：Learning From Billion-Dollar Startups" 的文章中[①]首次在创业领域提出了独角兽的概念。这一概念被用来形容 2003 年以来在美国创办的、在公开或者私人市场估值超过 10 亿美元的软件企业。独角兽的名称寓意这类企业像神话中的独角兽一样罕见。在该文章发表时，这些企业只占到风险资本投资的消费和软件创业企业的 0.7%。独角兽的概念提出后得到了广泛的传播和认可，已经成为衡量初创企业的一条"金线"。另外，由于独角兽多为科技企业，因此其数量也成为衡量一国科技创业发展程度的一个指标。[②]与独角兽企业相对应的另一个概念是瞪羚（Gazelles）企业，这一概念由经济合作与发展组织（Organization for Economic Cooperation and Development，OECD）提出，其定义为成立时间不超过五年、平均三年的就业增长率在 20%，而且在开始时期员工数量超过 10 名的企业（Ahmad，2006）。

独角兽企业（也包括瞪羚企业）被认为是具有高成长性的初创企业类型。在成立之初，很多未来的独角兽企业就展示了高增长率和高市场估值，鉴于这些企业卓越的商业表现，企业家、投资者和政策制定者都希望识别并影响这类企业的形成。已有的研究基于创业生态系统的视角，提出了几个框架来描述产生这些高增长和高估值企业的生态系统要素。一些最新的研究将数字化作为独角

---

① https://techcrunch.com/2013/11/02/welcome-to-the-unicorn-club/.

② 除了独角兽之外，根据估值的不同，还提出了十角兽（decacorns）和百角兽（hectocorns）的概念，对应的估值门槛分别为 100 亿美元和 1000 亿美元。

兽企业兴起的关键因素，并相应使用了数字创业生态系统（digital entrepreneurship ecosystem，DEE）的概念，这一概念结合了创业生态系统的组成部分，并关注创业者、资源、制度以及数字生态系统的组织部分——重点包括数字基础设施和用户。理解数字创业生态系统的绩效和驱动因素对于学者和政策制定者而言都是重要的议题。政策制定者希望促进经济增长与创业，特别是以独角兽为代表的高增长和高价值的创业活动。有研究将独角兽数量作为衡量数字创业生态系统绩效的度量指标，（Torres et al.，2022）在使用这一指标时，识别并单独统计了数字化赋能（digitally-enabled）的独角兽（基于数字技术和平台的独角兽企业）数量。除了数量之外，独角兽的质量还是考察数字生态系统绩效的重要维度（Venâncio et al.，2023）。

因此，对独角兽企业的分析是理解创业生态系统的重要视角。创业生态系统对于创业机会识别、创业团队组建以及创业资金获取有重要的影响。本章以总部位于北京的大学生创办的独角兽企业为例，从创业机会、创业团队和获取投资三个维度展现这些独角兽企业的创业过程，在呈现以移动互联网为代表的技术更替和市场变化，以及同学、校友、同事、朋友等"熟人"关系对创业过程的影响的同时，也借此探讨创业生态系统在独角兽企业的产生与发展中所起到的作用。

第一节　北京的独角兽企业

本章选取了总部位于北京，并且符合大学生创业标准的独角兽企业作为研究样本。选择北京的原因在于这里是我国科技创业的代表性地区，位于北京的中关村，有"中国硅谷"之称①，中关村更是

---

① 　经济学人的一篇报道就将中关村称为"中国硅谷"，http://intl.ce.cn/sjjj/qy/201907/15/t20190715_32613775.shtml.

中国第一个国家级高新技术产业开发区、第一个国家自主创新示范区，以及第一个国家级人才区①。作为文化和科技创新中心②，北京拥有的高等院校数量全国最多③，并且坐拥了全国数量最多的独角兽企业④，可以认为北京是中国创业生态系统最优秀的地区。

由于很多研究机构都发布独角兽名单，如著名的《财富》杂志（Fortune）⑤，创业投资数据库 CrunchBase⑥，还有胡润研究院等咨询机构⑦，中国一些机构（如科技部下属的火炬中心）也会发布中国独角兽名单⑧。本文选择了 CB Insights 的独角兽名单，原因在于作为著名的商业分析机构，CB Insights 的独角兽名单在国际上有较高的认可度。因为独角兽的定义为估值达到或超过 10 亿美元的非上市初创企业，企业因为上市或者经营不善等原因，都会从独角兽名单中删除，因此这一名单是动态更新的。为覆盖尽可能多的案例，在样本选取时追溯了 2015 年 8 月到 2020 年 7 月五年，共找到总部位于北京的独角兽企业 63 家。本书关注大学生群体的创业，因此确定了三个筛选条件：（1）创业者为大学毕业生；（2）创业项目为新创办的企业⑨，且在 2010 年之后成立；（3）创始人从毕业到创业之间的年限不

---

① 百度百科，https://baike.baidu.com/item/ 中关村科技园 /1360849?fromtitle= 中关村科技园区 &fromid=4149388.

② 根据北京城市总体规划（2016—2035），北京的城市战略定位为全国政治中心、文化中心、国际交往中心与科技创新中心，http://ghzrzyw.beijing.gov.cn/zhengwuxinxi/zcfg/zcjd/201912/t20191213_1166677.html.

③ 根据教育部 2020 年 6 月的全国高校名单，北京拥有 61 所公办本科高校，67 所本科高校，均为全国最多。

④ 根据作者整理的 2015 年 8 月至 2020 年 7 月的独角兽名单。这期间中国共有 157 家企业上榜，其中北京有 63 家，占比超过四成，北上杭深合计占比达到了 76%。

⑤ 财富杂志，https://fortune.com/unicorns/.

⑥ https://www.crunchbase.com/lists/the-crunchbase-unicorn-list/1e409c7c-010c-4997-a41e-e2d273437da4/identifiers.

⑦ 胡润百富，https://www.hurun.net/zh-CN/Info/Detail?num=E7190250C866.

⑧ 腾讯网，https://tech.qq.com/a/20180323/010568.htm.

⑨ 新创企业与大公司内部创业对应，CB Insights 的独角兽名单中有部分企业为大公司内部创业企业，如 2018 年 3 月名单中的网易云音乐，这是网易内部孵化的企业。

超过八年。经过筛选之后，得到了 21 家公司作为研究样本。[①]具体的样本情况见表 5-1。这些企业所在的行业涵盖了电商 / 平台、人工智能、金融科技等多个领域，创始人的背景也覆盖了直接创业、工作后创业以及连续创业多种类型，因此可以认为所选的研究样本具有代表性。

表 5-1　独角兽企业样本

序号	企业名称	创始人	出生年月	毕 业 学 校	创立时间[②]
1	滴滴	程维	1983	北京化工大学	2012
2	美团	王兴	1979	清华大学本科，2003 年美国特拉华大学辍学创业	2010
3	蜜芽	刘楠	1984	北京大学	2011
4	猎聘网	戴科彬	1980	中山大学	2011[③]
5	字节跳动	张一鸣	1983	南开大学	2012
6	快手	宿华	1982	清华大学	2011
7	知乎	周源	1980 年	东南大学	2010 年
8	ofo	戴威	1991 年	2009 年考入北大，2014 年硕士在读期间创建 ofo	2014 年
9	美菜网	刘传军	1982 年	中国科学院研究生院硕士，2008 年毕业	2014 年
10	旷视	印奇	1988 年	清华大学，曾去哥大读博，之后回国	2011 年
11	寒武纪	陈天石	1985 年	中国科学院计算机所，硕博连读	2016 年
12	慧科教育	方业昌	1981 年	2000 年考入北航，硕士博士毕业于佛罗里达国际大学	2010 年
13	比特大陆	吴忌寒	1986 年	2009 年毕业于北京大学	2013 年

---

① 为了进一步考察所选企业的代表性，与 CB Insights 2024 年 3 月发布的独角兽名单进行了对照。按以上条件筛选后，新增符合条件的新企业 3 家，与原样本差额在 15% 以内，可以认为本章所选样本依然具有代表性。

② 部分企业为产品上线时间，如猎聘网。

③ 猎聘网戴科彬决定创业时间较早，但是猎聘网上线时间为 2011 年。

续表

序号	企业名称	创始人	出生年月	毕 业 学 校	创立时间
14	老虎证券	巫天华	-	清华大学计算机本硕	2014 年
15	闪送	薛鹏	-	2007 年，伦敦大学皇家霍洛威学院硕士毕业	2016 年
16	Momenta	曹旭东	1986 年	2008 年，清华大学本科毕业	2014 年
17	零氪科技	张天泽	-	2005 年毕业于北京邮电大学	2015 年
18	极智嘉	郑勇	-	清华大学工业工程和德国亚琛大学生产工程双硕士学位	2015 年
19	第四范式	戴文渊	1983 年	上海交通大学	2013 年
20	云知声	黄伟	-	中国科技大学，2006 年获得博士学位	2014 年
21	Keep	王宁	1990 年	北京信息科技大学，2014 年毕业	2016 年

　　下面使用创始人和企业两个维度的特征对样本进行描述性统计。在创始人特征方面关注：（1）创业的类型，包括创始人是毕业即创业，还是工作之后创业，以及是否为连续创业；（2）创始人的学历背景，重点关注就读高校所在的城市。在企业特征方面，主要关注所属的行业以及企业总部所在地。

一、创业类型

　　本研究用两个维度划分创业类型，即创始人在创业前是否有过工作经历，以及是否连续创业，因此可以分为以下四个种类：

1）毕业即创业[①]，连续创业；

2）毕业即创业，非连续创业；

3）工作后创业，连续创业；

4）工作后创业，非连续创业。

四个类别的企业数量及占比见表 5-2。

---

① 这一类型包括在校期间已开始创业的创业者。

表 5-2　样本独角兽企业创业类型划分

		连续创业			
		是	否		
创业时机	毕业即创业	美团、闪送、ofo（数量：3，占比 14%）	旷视、慧科教育，keep（数量：3，占比 14%）	总计：6 占比：29%	
	工作后创业	字节跳动、快手、知乎、美菜网、零氪科技（数量：5，占比：24%）	滴滴、蜜芽、猎聘网、寒武纪、比特大陆、老虎证券、Momenta、极智嘉、第四范式、云知声（数量：10，占比：48%）	总计：15 占比：71%	
		总计：8 占比：38%	总计：13 占比：62%		

根据表 5-2 的数据，在 21 家独角兽企业中，有超过六成的创始人是首次创业。就创业时机而言，超过七成的创始人在创业前有过工作经历，仅有 6 家企业的创始人毕业即创业（或在校期间就开始创业）。需要注意的是，这些毕业即创业的创始人，在正式创业之前具有创业或者工作（实习）经验，如第四章中旷视的案例，创始人印奇在校期间就在微软亚洲研究院实习，并且参与过大学生创业大赛。ofo 的创始人戴威在校期间就是一位连续创业者，方业昌虽然博士毕业之后就创办了慧科教育，但是读博士之前曾经在 IBM 工作。Keep 的创始人王宁创业前并没有正式的工作或创业经历，但是在大学期间曾经有在多家公司的实习经历，并且 Keep 的联合创始人就是他在实习期间认识的同事①。

二、学历背景

学历背景主要关注的是创始人是否有在海外接受高等教育的经历，就读的高校是在北京还是其他城市，具体情况如图 5-1 所示。

---

① 美团网创始人王兴可能是个特例，第一次创业之前并无工作经历，可以说是一个纯粹的连续创业者，他在清华读书期间就加入了当时刚成立的学生创业协会。

学历背景

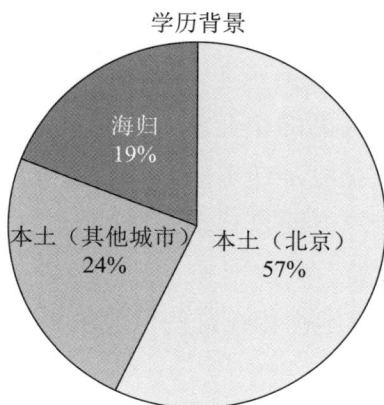

图 5-1　样本企业创始人的学历背景的地域分布

从图 5-1 中可以看出，有超过八成的创始人为国内高校毕业，其中又以北京高校毕业的最多，占比为 57%。有海归背景的创始人有 4 位，占比 19%，其中，又有 2 位创始人本科就读于北京的高校，1 位是北京高校和国外高校联合培养的硕士。因此 71% 的创始人在北京接受过高等教育，表现出了较为明显的地域特征。

三、行业分布

根据企业所在行业的特征（如技术导向还是商业模式导向）以及产品的类型，将这些企业分为了七个行业类型，具体的行业分布如图 5-2 所示。

行业分布

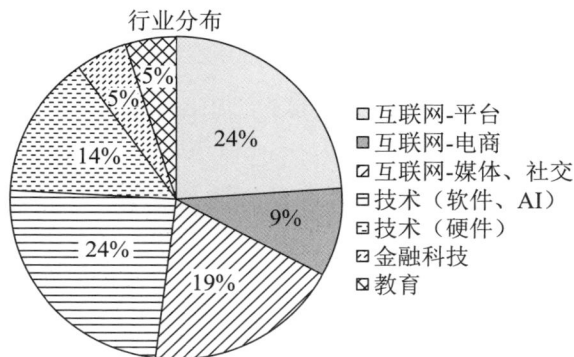

□ 互联网-平台
■ 互联网-电商
▨ 互联网-媒体、社交
□ 技术（软件、AI）
▥ 技术（硬件）
▨ 金融科技
▧ 教育

图 5-2　样本企业行业分布

　　如图 5-2 所示，所选择的独角兽企业中行业占比最高的是互联网平台类企业和软件、AI 类企业，这两类企业各有 5 家，分别占比约 24%。属于互联网大类的企业有 11 家，超过了半数。由此可见，互联网和人工智能类企业是样本中独角兽企业的主要行业类型，产生这一现象的原因，一方面是移动互联网时代的到来，另一方面是资本市场对数字平台类、大数据和人工智能类企业会有较高的估值，大学生群体的高人力资本优势在这些行业也更容易发挥。

四、总部位置

　　如果将企业总部所在地进一步细化到北京的区一级，其分布如图 5-3 所示。

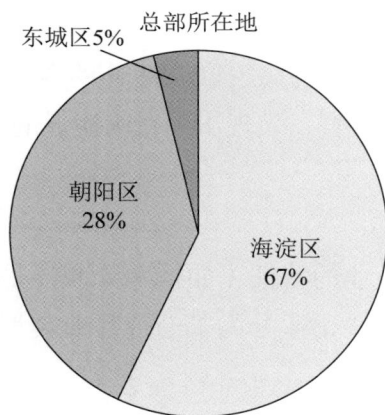

东城区 5%　总部所在地

朝阳区 28%

海淀区 67%

图 5-3　样本企业总部所在地分布

　　和学历背景类似，企业的总部所在地也存在明显的地域特征——总部位于海淀区的企业占比达到了 67%，这可能和海淀区聚集了北大、清华、中国科学院在内的众多高等院校和科研机构[①]，以及以中关村为代表的高科技创业园区有关。如果进一步细分，海淀

[①]　在中国科学院大学成立前，中国科学院也具有研究生培养资格。美菜网的创始人刘传军为中国科学院研究生毕业，美团联合创始人王慧文在创业之前也在中国科学院声学所读博士，后受到王兴邀约，中断学业来创业。

区的企业又集中在中关村—上地—西二旗一带，这一区域隶属于中关村科技园区。一些企业的发展轨迹也与这一区域紧密相连。以快手为例，宿华创业初期在五道口的华清嘉园小区，之后快手搬到清华科技园，随着规模的扩大又迁至西二旗。目前总部位于朝阳区的美团和猎聘网两家企业，早期的创业地点也是在中关村地区。

根据样本的描述性统计，可以发现无论是学历背景还是总部所在地，都呈现出较为显著的地域特征，而地域性（区域性）正是创业生态系统区别于商业领域生态系统的本质特征（蔡莉等，2016）。大学生在高校就读期间会积累师生、校友网络等社会资本，这些社会资本不仅影响创业城市的选择，还可能影响具体创业位置的选择，比如清华大学校友王兴和宿华都曾在清华附近的华清嘉园小区创业，自动驾驶独角兽企业 Momenta 的创始人曹旭东同样毕业于清华大学，而 Momenta 总部就位于清华大学东南门外的东升大厦。

北京的创业生态系统也会吸引其他城市的创业者来京创业，猎聘网的戴科彬在广州的中山大学完成了大学学业，毕业后入职位于广州的宝洁中国总部。但是在决定创业时，他听取了姚劲波（58 同城的创始人）的建议，选择来北京创业，戴科彬创业的第一站是位于海淀区中关村东路的财智大厦。滴滴的创始人程维毕业于北京化工大学，创业前主要在杭州的阿里巴巴工作，在创办滴滴时也将创业地选在了北京。

第二节　创业机会

2007 年 iPhone 的发布不仅重塑了智能手机行业，也开启了移动互联网时代。对于中国的创业者而言，移动互联网具有技术性和市场性的双重特征[1]：从技术角度来看，移动互联网推动了大数据、推

---

[1] 互联网也具有这两种特征，如王金杰等（2017）提出电子商务对于农村而言有技术环境和市场环境的双重特征。

荐算法、云计算等技术领域的发展;从市场的角度来看,一方面,移动互联网推动了中国互联网的普及,"尤其为受网络、终端等限制而无法接入的人群和地区提供了使用互联网的可能性"[①],2013 年上半年农村网民的增长速度已经略高于城镇[②]。网民数量的增加构成了"用户数量"这一网络经济关键指标的基础。另一方面,"手机上网推动了互联网经济的新增长,基于移动互联网的创新热潮为传统互联网类业务提供了新的商业模式和发展空间,如打车应用、电商实时物流、微博商业化均被视为互联网应用的创新典范"。[③]

从智能手机销量和网民数量数据也可以看到移动互联网的直接影响,2009 年至 2015 年间,全球智能手机销量保持了两位数以上的高速增长(图 5-4)。同样是 2009 年,中国发放了第三代移动互联网(3G)牌照,当年手机网民数量增加了近一倍,手机网民占比也超过了 50%(图 5-5)。移动互联网的兴起使得移动支付、共享经

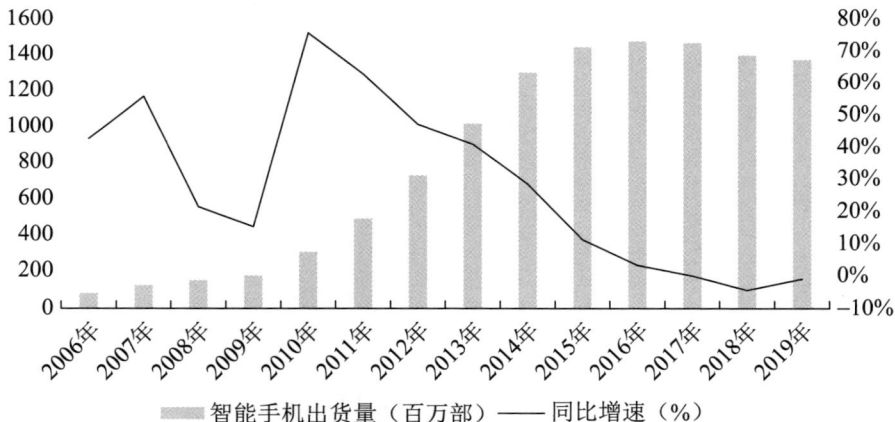

图 5-4　全球智能手机出货量[④]

① 中国互联网发展状态统计报告(2013 年 7 月),第 13 页,http://www.cac.gov.cn/files/pdf/hlwtjbg/hlwlfzzkdctjbg032.pdf.
② 同上,第 14 页。
③ 同上,第 13 页。
④ 2010 年至 2013 年是智能手机高速增长的阶段,2013 年智能手机出货量突破 10 亿部,占比接近 60%,https://36kr.com/p/1061175763707273.

中国手机网民比例及其占网民比例

手机网民规模（万人）　　　　　　　　　　　　　　　　　　占网民比例

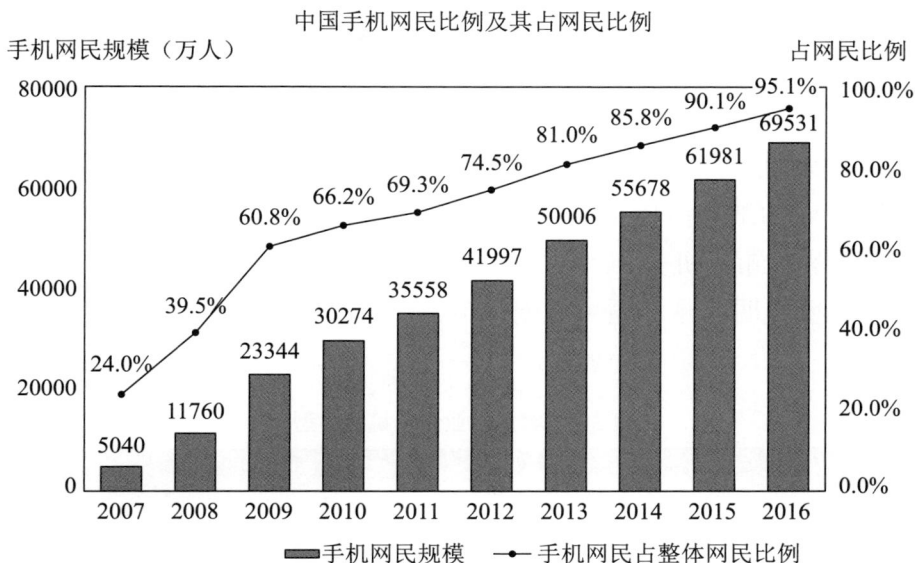

图 5-5　中国手机网民规模及占比（来源见图）

数据来源：CNNIC

济等新的应用场景成为可能，在改变了人们生产生活的同时也产生了很多的创业机会。除了移动互联网为代表的技术更替外，模仿成熟商业模式和细分市场也是案例中创业机会的重要来源，因此本节将创业机会分为以下三类：

（1）模仿成熟商业模式：对发达国家尤其是美国成熟商业模式的模仿，是第一波互联网创业浪潮的主要特征，早期的百度、搜狐和腾讯均可以视为这类创业模式[①]的代表。移动互联网时代这一模式被延续了下来，但是也发生了一些变化，比如在某些领域出现了"青出于蓝而胜于蓝"的现象。

（2）技术更替：手机替代了 PC 成为主要的接入互联网的方式，是移动互联网时代技术更替的具体体现，中国以其庞大的人口基数、强大的网络基础设施建设能力，以及电子信息产业的优势，客观地

---

① 从商业模式角度，百度与谷歌接近，搜狐无论是名称还是模式都与雅虎相似，腾讯的早期产品 QQ 受到 OICQ 的启发。

推动了手机上网的普及。截至 2020 年 6 月，中国网民数量已超过 9 亿，其中使用手机上网的比例达到了 99.2%（9.32 亿 /9.4 亿），而台式机和笔记本电脑上网的比例分别为 37.3% 和 31.8%[①]。

（3）细分市场：本节所指的细分市场不仅包括传统行业或者互联网行业的细分市场（也称为垂直市场），也包括由于消费升级等因素带来的市场机会。

需要说明的是，同一个创业项目所涵盖的创业机会可能不止一种类型。

表 5-3　案例企业创业机会类型

序号	公司	类　别		
		模仿成熟商业模式	技术更替	细分市场
1	头条	-	是	-
2	滴滴	是	是	-
3	美团	是	是	-
4	蜜芽	-	-	是
5	猎聘网	-	-	是
6	快手	-	是	是
7	知乎	是	-	-
8	ofo	-	是	-
9	美菜网	-	是	是
10	旷视	-	是	-
11	寒武纪	-	是	-
12	慧科教育	-	是	-
13	比特大陆	-	是	-
14	老虎证券	-	-	是
15	闪送	-	是	是

① 《第 46 次中国互联网络发展状况统计报告》（2020 年 9 月），https://www.cac.gov.cn/2020-09/29/c_1602939918747816.htm.

续表

序号	公　司	类　别		
		模仿成熟商业模式	技术更替	细分市场
16	Momenta	-	是	-
17	零氪科技	-	是	-
18	极智嘉	-	是	-
19	第四范式	-	是	-
20	云知声	-	是	是
21	Keep	-	是	是

一、模仿成熟商业模式

由于中国的互联网行业起步较晚，模仿海外成熟的商业模式成为早期创业公司的重要特征之一，以张朝阳和李彦宏为代表的海归派，将海外最新的互联网商业模式引入中国，分别成立了"中国版雅虎"的搜狐和"中国版谷歌"的百度①。这一创业模式也延续到了移动互联网时代，但有所不同的是，随着中国与世界联系的日益加深，以及互联网普及带来的信息流动加速，单纯的商业模式模仿已不能构建商业上的"护城河"。新一代的创业者结合了海外成熟的商业模式和本地市场的特征，带领所创办的企业成为各自领域的佼佼者，有些还积极开拓海外市场②，与其最初的模仿对象展开竞争。本节将以美团、知乎为主要案例，介绍大学生创业者如何从成熟商业模式和本地市场特征中发现创业机会，并在激烈的市场竞争中脱颖而出。

1. 美团

美团的创始人王兴 2001 年从清华大学毕业之后赴美留学，2004年，有感于美国社交网络（SNS）的兴起，选择辍学创业，他的第

---

① 第一财经. 从模仿到原创，中国商业模式创新领跑全球. https://www.yicai.com/news/100329047.html.
② 滴滴投资了包括 Lyft、Taxify、Grab 等海外网约车企业，其中 Lyft 是 Uber 在美国的主要竞争对手之一。

一个项目是泛人群 SNS 项目"多多友",有报道称多多友是受到了"Myspace"成功的启发 [1]。之后他又开发了一个针对海外留学生的项目,最终聚焦在大学校园 SNS,并于 2005 年底推出了"校内网"。校内网早期仅面向高校的大学生用户,而且是蓝色为主的界面,有媒体称其为"Facebook 最成功的模仿者" [2]。2006 年校内网被千橡互动收购,2007 年 5 月,王兴又创办了中国最早的类 Twitter 网站——饭否网 [3],2010 年,他开始了美团网的创业。

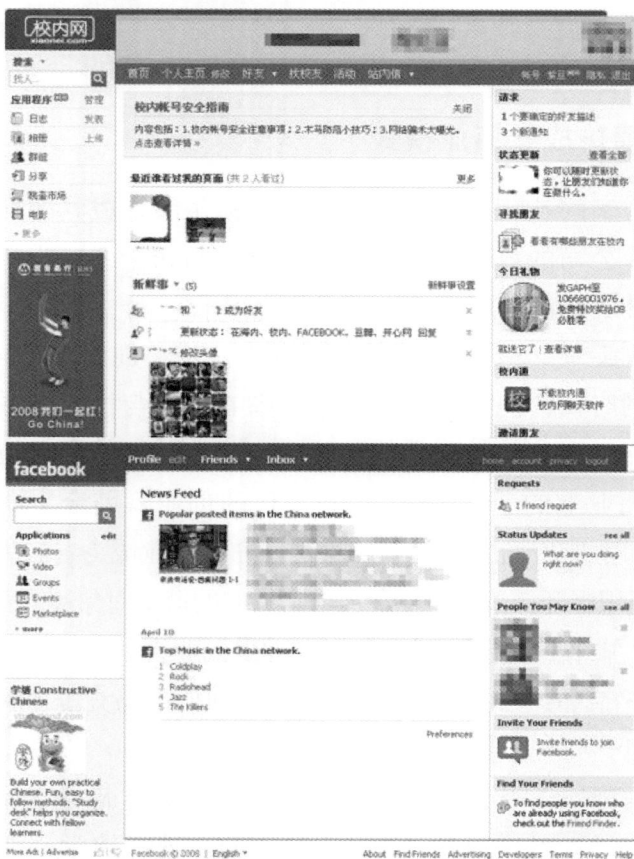

图 5-6　校内网(上)和 Facebook 的页面对比 [4]

①　智通财经网,https://finance.sina.com.cn/stock/hkstock/ggscyd/2018-10-02/doc-ifxeuwws0287287.shtml.
②　新浪科技,http://tech.sina.com.cn/i/2008-07-22/08242342015.shtml.
③　创业壹号榜,https://www.163.com/dy/article/FSF7A92Q0544PB6H.html.
④　新浪科技,http://tech.sina.com.cn/i/2008-07-22/08242342015.shtml.

美团采取的团购模式离不开团购行业的鼻祖 Groupon（中文译为"高朋网"）的影响，但是王兴对这一商业模式有自己的思考。王兴认为，从互联网营销模式的角度来看，门户网站和搜索引擎服务的目标客户分别是大企业和中小企业。但是有一类商家被忽略了，就是没有经济实力在门户网站和搜索引擎做广告，但是又有推广需求的本地中小企业，团购的模式可以帮助这些企业带来交易机会[①]。团购此后一度成为创业风口，但也因其门槛较低，大量的企业参与其中，团购网站的鼻祖 Groupon 也以"高朋网"的名称进入中国[②]市场。到 2011 年 8 月，中国的团购网站数量达到了 5058 家，这些企业为了争夺市场开展了激烈的竞争，被媒体称为"千团大战"。美团采取了品控、节约成本、注重效率等方式突出重围，击败了包括高朋网在内的竞争对手，成了团购领域的佼佼者。[③]

美团并未局限在团购领域的发展，而是更为深入地发掘移动互联网带来的创业机会，2013 年，美团开始内部创业，在多个领域探索移动互联网改变服务业的可能性，此后，孵化出了包括外卖、机票酒店预订、电影演出（猫眼）等一系列业务矩阵，成为本地生活服务的主导平台之一。[④]

2. 知乎

知乎的创始人周源毕业于成都理工大学电子计算机系，在经历了程序员和 IT 记者的工作之后决定创业，但是第一次创业并不顺利。2009 年，Facebook 的前首席技术官（Chief Technology Officer，CTO）创建了在线问答网站 Quora[⑤]，这让周源想起了自己的一次类

---

① 知乎，https://zhuanlan.zhihu.com/p/58794745.

② Groupon 进入中国时选择与腾讯合资成立公司，此时 groupon.cn 网站已经被其他企业占用，所以使用了高朋网的域名。参见百度百科，https://baike.baidu.com/item/ 高朋网 .

③ 第一财经对美团的发展有专题报道，https://www.yicai.com/news/100029674.html.

④ 与 CEO 对话：水滴公司沈鹏谈创新创业 . 香港大学经管学院，https://www.hkubs.hku.hk/sc/media/multimedia-library/hku-business-school-x-waterdrop-inc-ceo-talk/.

⑤ Quora 的维基百科，https://zh.wikipedia.org/wiki/Quora.

似实践。早在 2007 年时，周源曾经和朋友合作开发了一个供苹果产品爱好者交流的平台——Apple4.us，虽然当时看起来只是业余爱好，但是这一实践加上 Quora 的启发，周源决定在这一领域创业。于是周源和同样是 Apple4.us 的发起人张亮一起决定创建知乎。①

知乎最初采用的是邀请朋友加入的模式，初期的用户中包括不少互联网和其他专业领域的"大佬"。作为知乎入驻的孵化器，创新工场也借助自己的人际关系为知乎拓展用户。而且由于周源的坚持，在平台的初创阶段就拥有了一批较高质量的用户，而这种"小而美"的运营方式，知乎坚持了近两年。2012 年下半年，知乎正式开放，在开放注册九个月之后，用户规模就从 40 万增长到了 400 万。知乎的成功离不开创新工场，创新工场不仅是知乎的天使轮投资方，其创始人李开复也是知乎的早期用户②，李开复的影响力和创新工场的社会网络也帮助早期的知乎扩展资源。知乎的合伙人张亮同时也是创新工场的投资经理，他在知乎的回答中提到，知乎选择创新工场的原因是"我们（创新工场）是这个行业对未来的社交服务投入最多、心得最多的 VC 之一。这意味着我们能明确帮助知乎更快地发展"。③

知乎的发展也是中国移动互联网时代的一个缩影，随着后来的 App、短视频、知识变现、社交电商等创业机会的出现，知乎也与时俱进，从最初的知识问答社区变成了包含图文、视频等多种媒体形式的媒体平台。如今的知乎在中文市场的影响力已经将它的"老师"Quora 远远甩在了身后，以至于 Quora 的创始人都要向李开复咨询知乎如何走出小众成为媒体平台的④。

纵观美团和知乎的创业过程，可以看到虽然在创业初期模仿了

---

① 中国日报对周源的报道，http://tech.chinadaily.com.cn/2018-06/08/content_36352216.htm.

② 搜狐财经，https://business.sohu.com/20160128/n436148350.shtml.

③ 张亮在知乎的回答．https://www.zhihu.com/question/19583329.

④ 知乎，https://www.zhihu.com/question/447756525/answer/1764806960.

成熟的商业模式，但是在后续创业过程中通过本土化等方式，在激烈的竞争中击败了曾经的模仿对象，而且超越了自己的"老师"，实现了"青出于蓝而胜于蓝"。滴滴的情况也是类似的，程维创建滴滴的时候参考了 Uber 等企业的商业模式，并结合中国大城市打车难这一用户痛点。在发展过程中滴滴不仅超越了众多国内竞争者，而且通过更为本土化的运营方式击败了 Uber。[①]

二、技术更替

如果说商业模式的模仿还是移动互联网创业的"1.0 版本"，那么技术更替带来的机会则可以视作"2.0 阶段"。在 1.0 版本中，创业者们实现了从模仿到超越的过程，而 2.0 版本则开始出现了商业模式的原创和进军海外市场（也称为"出海"）。本节聚焦短视频和推荐引擎两个领域[②]，以快手和今日头条（字节跳动）为例，介绍技术更替所产生的创业机会及其对应的颠覆性商业机会。

1. 快手：文字到短视频的转变

随着互联网速度的提升，视频逐渐代替文字和图片，成为信息传播的主要形式。视频网站的代表 YouTube 已经位列世界网站流量排名（Alexa100）的第二位，仅次于同门公司 Google。当今中国的主要视频网站优酷、爱奇艺和腾讯视频，均在 YouTube 之后成立，其中最早的优酷成立于 2006 年，其英文名称"YouKu"和 YouTube 的关联也可以看出两者的一些关系[③]。但是作为视频产品的另一个分支，短视频则可以认为是中国的原创。

关于短视频流行的原因，张一鸣在 2016 年的头条号大会上曾经进行过系统的介绍，他指出，由于"生产""分发"和"互动"三

---

① 比如滴滴在运营策略上更照顾司机群体，包括出租车司机和其他网约车司机。
② 推荐引擎也称为"推荐系统""智能分发系统"等。
③ 钛媒体，https://www.tmtpost.com/3977996.html.

个环节都发生了巨大的变化①，短视频将会成为下一个内容创业的风口。不仅如此，2016 年视频已经超过文字和图片成为今日头条最大的内容载体，"其中 93% 的视频长度在 10 分钟以内，74% 的视频长度在 5 分钟以内"。② 2016 年，快手已经在短视频领域耕耘了多年。快手于 2011 年创立，当时的名字还是"GIF 快手"，主要的功能是生成 GIF 动图。有报道称快手的创业团队在成立时就想做视频社交，但是当时网络条件、技术和市场环境都不成熟，视频社交的尝试失败，因此选择了从 GIF 动图作为切入点。③ 宿华在一次采访中也提到，快手创立时还不支持视频上传，是因为手机的技术太差，网速也太慢，无法上传视频，所以只能做动图。相较于图片，动图可以承载更多的信息量，而且是一种记录方式，也是由于网速的原因，动图也只能记录而无法实现分享。2013 年，随着移动互联网网速的提升，快手可以在 App 内直接实现分享的功能，记录的形态也从 GIF 动图升级为了视频，此后公司的名字中也去掉了"GIF"——变成了"快手"。④ 快手的快速发展是在宿华加入之后，2013 年，在快手的投资方五源资本引荐下，宿华加入快手成为联合创始人，之后快手转型为短视频社区。短视频的模式和公平普惠、聚焦普通人的"去中心化，去流量化"的算法，让快手高速而低调地发展。直到 2016 年，一篇刷屏的公众号文章才使得快手进入公众视野⑤，这一年快手用户量已经达到 4 亿，月活跃用户（MAU）已超过 1.1

---

① （1）生产方面：智能手机的短视频拍摄、处理能力已经可以轻松地应对高清视频（1080P）的拍摄，视频剪辑和特效 App 也足够流行，视频创作的门槛已经降得很低。（2）分发方面：随着网络内容的激增，出现了社交分发和智能分发两种方式，社交分发以微信为代表，将喜欢的内容发给朋友或者分享到朋友圈；智能分发的代表就是今日头条，根据个人的观看记录，使用算法推荐相似的内容。（3）互动方面：短视频的特征就是可以充分利用碎片时间，还可以与其他观众进行互动。来源：http://tech.sina.com.cn/i/2016-09-20/doc-ifxvyqvy6859414.shtml.
② 张一鸣在 2016 年头条号大会上的演讲，http://tech.sina.com.cn/i/2016-09-20/doc-ifxvyqvy6859414.shtml.
③ 直播苏尼特 . https://www.sohu.com/a/140910643_753194.
④ 宿华在 2017 年极客公园大会上的讲话 . http://www.cczcc.com/thread-20245-1-1.html.
⑤ 残酷底层物语：一个视频软件的中国农村 . https://xw.qq.com/news/20160609003283/NEW2016060900328301.

亿[①]。此后短视频的用户数量快速增长，根据 2020 年 6 月发布的《第 46 次中国互联网发展状况统计报告》，中国的短视频用户数量已经达到了 8.18 亿，占网民总体的 87%（8.18 亿 /9.4 亿）。而快手和抖音在 2020 年上半年的日活跃用户数量（DAU）分别为 3 亿和 6 亿。[②]

以快手和抖音为代表的短视频 App 在海外市场也是风生水起，根据 Sensor Tower 商店情报数据，2020 年 2 月，抖音海外版 TikTok 登顶美国非游戏类 App 下载排行榜首位[③]；2020 年 7 月，抖音及 TikTok 荣登全球非游戏 App 下载排行榜首位。中东市场排名前十的短视频直播 App 中，有九个都是中国制造[④]，短视频已经成为中国互联网企业"出海"的代表。

2. 今日头条：从搜索引擎到推荐引擎

虽然旗下的抖音在短视频领域后来居上，但是今日头条创业时选定的"赛道"却是推荐引擎[⑤]。随着手机成为人们主要的上网工具，上网的"入口"更多通过 App 而非网站，很多 App 将信息以及流量的访问范围限制在 App 内部，并不对外部网络公开，也就是所谓的"私域流量"[⑥]。私域流量直接冲击的是搜索业务，因为如果某个 App 选择不对外开放，搜索引擎便无法抓取到这些信息。另外，移动互联网还将各类信息切割成各种碎片化的状态，推荐引擎的作用在这时得到了体现，因为主动的推送方式更符合用户碎片化场景需求，是提升信息传递效率、解决用户信息需求痛点的有效方式。[⑦]因此，推荐引擎同样是移动互联网带来的创业机会，最早（或者说

---

① 来自界面新闻的报道，https://mp.weixin.qq.com/s/C9z1JCMiUFosqdtiizcs0w.
② 36 氪 . https://www.36kr.com/p/984838348036997.
③ 36 氪 . https://www.36kr.com/p/817272638002306.
④ 第一财经周刊报道 . https://www.yicai.com/news/100329047.html.
⑤ 也称为智能分发，推荐系统，本文统一使用"推荐引擎"，为了与搜索引擎对应。
⑥ 私域流量的概念见百度百科，https://baike.baidu.com/item/ 私域流量 /236272883.
⑦ 艾瑞网，http://news.iresearch.cn/content/201906/293867.shtml.

最成功）发现这一机会的正是张一鸣。红杉中国合伙人沈南鹏曾在一次论坛中提到,推荐引擎的模式很新,美国也没有做过,市场前景不明。而且包括新浪、搜狐等大公司都准备进入这一领域,市场竞争又过于激烈。① 从这段发言中可以发现,推荐引擎是中国的原创模式,而张一鸣和新浪等大公司在同一时间发现了这个机会。在今日头条 App 发布后不久,张一鸣就决定做个性化推荐引擎,但是面临技术路线不清晰、外界不看好的局面。由于推荐引擎对创业公司来说技术难度较高,所以真正下决定做推荐引擎的公司很少,失败的案例也很多。但是张一鸣认为如果不能解决个性化的问题,虽然可以靠微创新拿到一些互联网的红利,但是产品并不能取得根本性突破。张一鸣几乎是靠自学实现了推荐引擎的开发,当时有一本书叫作《推荐系统实践》,张一鸣联系了该书的作者,但是作者以尚未出版为理由拒绝提供这本书。谈到这段经历时,张一鸣提到"我只能网上找资料,自己想象着写了第一版的推荐引擎"。②

如果说个性化的信息推荐是为了获取用户和流量,那么个性化的广告推荐就是今日头条主要的收入来源。2013 年,整个行业对移动互联网广告并没有信心,原因是感觉屏幕小、承载的信息有限,也正是这一年,今日头条开始了第一次"基于位置服务"(Location Based Services,LBS)的广告尝试。头条的第一份广告客户是国美北太平庄店,采取的广告方式正是 LBS,并且设计了闭环系统。用户在刷到广告后可以点击收藏文章,通过收藏的文章到这家国美店购物超过 200 元就可以获赠一桶食用油。广告刚开始推荐半径是 3公里,但是一个上午都没有用户,后来扩展到十公里,带来了十几个用户,最终覆盖到了从北五环到南二环的区域,用户也扩大到了一百多个。虽然这一结果很难说好,但它实现了移动互联网定向闭

---

① 2017 年香港创科博览会 .CCTV 财经频道《遇见大咖》红杉资本老板沈南鹏特辑.
② 关于字节跳动这 7 年,张一鸣讲了 5 个故事. 界面新闻 . https://www.jiemian.com/article/3024030.html.

环 LBS 广告。① 2018 年，今日头条母公司改名为字节跳动，广告业务也已经成为字节跳动最主要的收入来源。2019 年，字节跳动的广告营收约为 1200 亿元，超过了当年的百度②，这也侧面反映了推荐引擎在商业意义上对于搜索引擎的超越，"头条超越百度"也成为移动互联网取代传统互联网的一个里程碑。

不仅是快手和今日头条（字节跳动），本章的独角兽案例中八成以上的创业机会都和技术更替有关。吴忌寒从比特币论坛中发现了加密货币的前景，创办了比特大陆；印奇在微软接触到人脸识别技术，发现了旷视的创业机会；王兴在上市仪式上特别感谢了乔布斯，他说如果没有 iPhone，没有移动互联网，美团今天从事的一切将变得不可能。同样基于移动互联网的还有滴滴、ofo、闪送、美菜网和 Keep③，即使是教育行业的慧科教育，也是从 IOS、安卓以及云计算这些移动互联网技术课程中发现了创业机会。如果再加上大数据和人工智能领域的 Momenta、云知声，第四范式、零氪科技、云知声，以及机器人领域的极智嘉等公司，技术更替带来的机会在案例中的占比达到了 81%，可以说，技术更替是案例中大学生创业机会的主要来源。④

三、细分市场

2010 年，百度、阿里巴巴和腾讯在中国市场呈现三足鼎立的趋势，在求职、旅游等各个领域，都有大的玩家占据山头，中国的互联网行业似乎大局已定。⑤ 新进入者多数只能从细分市场中起步，在

---

① 张一鸣在头条成立七周年的演讲，http://www.eeo.com.cn/2019/0314/350331.shtml.
② 百度当年的广告收入为 781 亿元，https://www.36kr.com/p/983587601587080.
③ 滴滴、ofo 和闪送都是基于 LBS 服务，美菜网虽然是 2B 电商模式，但是智能手机的普及才解决了 B 端的终端问题 .https://m.sohu.com/n/470495254/.
④ 广义地说，这些案例中所有的创业机会都和技术更替有关，蜜芽网来自电子商务的基础，猎聘网和老虎证券也是基于网络，本章将这一范围限制为移动互联网时代的技术。
⑤ 36 氪 . https://36kr.com/p/995052840325385.

本节研究的案例中，猎聘网和蜜芽网都是从细分市场出发，成为各自领域的独角兽企业。

1. 猎聘网

日后成为高端招聘独角兽的猎聘网于 2011 年上线。创始人戴科彬并非互联网行业出身，2003 年中山大学毕业之后进入宝洁公司。在宝洁公司戴科彬以新人起步，仅用三年时间就做到了市场部品牌经理，其间锻炼了较强的职业能力和职业素养。2004 年到 2007 年间，腾讯、百度和阿里巴巴分别上市，让戴科彬感觉到了互联网行业的力量，此时他也遇到了作为职业经理人的发展瓶颈，创业的想法开始出现。也正是在那个时期，外企的人才开始外流，除了流向本土消费品牌外，也有一部分去了本土的互联网企业，戴科彬更倾向于后者。戴科彬决定进入互联网领域也有他的亲戚——58 同城创始人姚劲波的功劳，当时姚劲波就开始向戴科彬传递互联网的理念，告诉他未来的人们是离不开网络的。[①]

这里需要重点介绍一下宝洁，这家外企为中国本土企业培养和输送了大量的人才，所以有快消界"黄埔军校"之称。虽然宝洁所在的行业看起来和互联网相距甚远，但是在中国的互联网创业领域，宝洁输出的创始人占有一席之地。除了戴科彬之外，"宝宝树"的创始人王怀南，"摩拜单车"的创始人王晓峰都是宝洁出身。宝洁这所创业的"黄埔军校"还有"校友会"，校友会除了组织交流外，还有专门的基金用于创投。[②]

戴科彬最初的想法是跳槽，但是市面上的招聘网站给他推荐的都是消费品领域的工作。此时戴科彬预感到了一种趋势，就是未来像他一样的外企经理人可能会大量流入科技领域。虽然已经有了智联、前程无忧等招聘网站，但是都不是针对工作 3 ～ 5 年以上高端人才的平台，这一细分市场是空白的。于是戴科彬去咨询姚劲波，

---

① 有媒体指出姚劲波和戴科彬有亲戚关系 . 铅笔道报道，https://www.pencilnews.cn/p/19674.html.
② 虎嗅网，https://www.huxiu.com/article/201291.html.

姚劲波支持他进入这一领域[①]，但是也同时建议戴科彬，如果想成功必须来北京创业。2008 年，戴科彬只身北上，在中关村东路的财智大厦租下了一间办公室开始了创业旅程。创业之初正赶上 2008 年金融危机，困难的时候靠着姚劲波给他的域名"lietou.com"活了下来。公司早期希望转型时也遇到了融资困难，2010 年经纬中国联系到戴科彬并提供了 A 轮融资，之后戴科彬决定转型做互联网平台，2011 年猎聘网上线。经纬中国的创始管理合伙人邵亦波是戴科彬的"关键先生"之一，决定投资猎聘网的原因之一是看好戴科彬在宝洁培养出来的职业性，以及猎聘的差异化定位。

猎聘网在发展壮大过程中，也经历过危机。2013 年，由于团队规模激增，戴科彬发现管理的困难，同样是宝洁的经历起了作用，让他意识到互联网虽然是全新的，但是宝洁的文化内涵、组织功底、对消费者和数据的洞察等核心能力一样适用于互联网世界。度过这段危机之后，猎聘网又经历了多轮融资，2014 年获得了华平和经纬中国的 7000 万美元的 C 轮融资，更是创下了当时网络招聘行业五年来的最大一笔融资纪录[②]，后成为独角兽企业[③]，并于 2018 年 6 月 29 日于香港联交所上市[④]。

2. 蜜芽网

在消费升级的背景下，很多领域都产生了创业机会，案例中的独角兽"蜜芽网"所在的母婴行业就是其中之一。蜜芽网创始人刘楠出生于西安的一个高知家庭，父母都是大学教授。2002 年，她以陕西文科第三名的成绩考入北京大学，之后进入外企工作，在工作期间还兼职开了婚纱店。[⑤]

---

① 铅笔道，https://www.pencilnews.cn/p/19674.html.
② 投资界，https://m.pedaily.cn/news/363414.
③ 无法找到确切的猎聘网进入独角兽的时间，但是根据 CBinsights 和科技部的独角兽榜单判断，应是 2017 年之前。
④ 国际金融报，https://finance.sina.com.cn/stock/hkstock/2018-06-29/doc-iheqpwqz1774949.shtml.
⑤ 刘楠. 创造你想要的世界. 长沙：湖南文艺出版社，2018.

　　成为母亲是刘楠人生的一次转折，之后她决定辞去外企的工作，成为全职母亲。和很多妈妈一样，刘楠也有一种天然的"焦虑感"，生怕孩子受到一点伤害。在初为人母的兴奋和责任感的驱使下，她到处研究怎么才能给孩子买到最好的产品，所以开始研究市面上所有的母婴产品。这时候就会开启"学霸"模式，比如会给国外品牌的官网邮箱发信息，询问怎么能证明产品的成分安全。她还把很多产品的资料用电子表格整理、区分，并把这些"较真"的成果分享给其他妈妈们。慢慢地，刘楠的分享和购物心得得到妈妈圈的追捧，很多妈妈非常信任她的建议和推荐，她也因此成为妈妈圈的"关键意见领袖"（Key Opinion Leader，KOL）。刘楠于是萌生了做母婴产品的想法，家里的客厅成了她第一间"办公室"和库房。

　　刚开始创业时，刘楠的父母在京帮忙照顾孩子，但是看到她搬货发货的繁忙场景，觉得心酸和不解。刘楠父母都是大学教授，和很多父母一样，按照自己未完成的梦想来要求孩子。妈妈对她的期待是留在大学工作，因为觉得女孩子应选择稳定，所以对刘楠去外企工作就不理解，更不理解她一边工作一边开婚纱店，更不要提后来辞职成为全职母亲、开淘宝店创业这一系列的经历了。[①] 但是刘楠因为在做自己喜欢的事情，所以是快乐而充实的，在创业过程中也慢慢收获了父母的理解和支持。

　　刘楠的这次创业就是 2011 年成立的淘宝店"蜜芽宝贝"，当时刘楠所在论坛的妈妈们对日本企业"花王"生产的纸尿裤评价很高，但当时国内却没有代理花王行货的网店。[②] 为了与花王合作，刘楠给花王中国的总代理打了无数个电话，但是对方听说她是全职妈妈，又是个体户，所以没有兴趣碰面。"电话里我着急了，说：明早我开车去您家楼下送您上班，路上就可以聊，我有太多问题想要问清楚

---

① 刘楠 . 创造你想要的世界 . 长沙：湖南文艺出版社，2018.
② 鹿鸣新闻，https://t.cj.sina.com.cn/articles/view/6410513871/17e18adcf00100wszd?from=tech&subch=internet&wm=3049_0032.

了，反正您也要在上班的路上花时间嘛。"① 可能是这种锲而不舍的精神打动了花王，最终蜜芽拿下了花王纸尿裤的代理权。靠着在妈妈圈中积累的人气以及淘宝网花王纸尿裤唯一行货卖家的先机，刘楠的淘宝店通过口碑迅速传播开来，创下了两年四皇冠、销售额超三千万的业绩。②

　　2013 年，有人想收购刘楠的淘宝店，她有些犹豫，于是通过北大校友会秘书处要到了徐小平的电话，并通过短信联系徐小平。两人见面之后，刘楠用三个小时讲述了"我为什么离开外企选择'卖纸尿裤'这样一条连我父母都不理解的道路"。徐小平听完后，鼓励她不要卖掉公司，而是应该自己创业，做一个母婴消费品的独立电商，并且愿意给她投资。有了徐小平的鼓励，刘楠当天下午就开始正式地做起了蜜芽，踏上了艰苦的创业之路。③ 蜜芽网先后获得红杉中国、百度等机构的多轮融资，成为母婴电商的独角兽。

　　案例中的闪送网和云知声等企业也是从细分电商中找到创业机会。2014 年，在物流行业学习摸索了七年之后，薛鹏决定创立一个1 小时送达的专人直送平台，也就是后来的闪送网。在谈到创业原因时，薛鹏指出顺丰和"三通一达"等传统物流巨头都在走低成本高规模的方式，而闪送则是反其道而行之，走的是快速和安全的服务，以符合消费升级的需求。④ 云知声的创始人黄伟在摩托罗拉和盛大从事语音识别的工作，2012 年创办了智能语音识别企业云知声，在谈到和 BAT（百度、阿里巴巴、腾讯）的区别时，黄伟指出，云知声针对的是物联网行业的垂直场景⑤。

---

① 创业邦，https://www.cyzone.cn/Article/Article_42422.html.

② 鹿鸣新闻，https://t.cj.sina.com.cn/articles/view/6410513871/17e18adcf00100wszd?from=tech&subch=internet&wm=3049_0032.

③ 刘楠. 创造你想要的世界 [M]. 长沙：湖南文艺出版社，2018.

④ 亿豹网，http://www.expressboo.com/detail_2478_3.html.

⑤ 第一财经，https://m.yicai.com/news/100291138.html. 垂直场景是细分市场的一种，蜜芽网这样的母婴电商，也被称为"垂直电商"，健身应用 keep 如果归入社交的话，也是属于"垂直社交"。

第三节　创业团队

　　20 世纪八九十年代的两次创业浪潮中，创业者对家族、村社集体的依赖十分明显（吴志攀，2015），创始人之间多存在"同乡"背景下的亲戚、朋友关系。一个典型的例子便是中国民营快递的"桐庐帮"，占据中国民营快递半壁江山的"三通一达"均来自距离杭州以南约 100 公里的浙江省桐庐县，而且这些企业的创始人之间除了同乡关系之外，还存在夫妻、兄弟姐妹、同学朋友的关系。[①] 类似的例子还有很多，比如在北京高校打印店的经营者中，湖南新化人占据了多数（冯军旗，2010）。对于本章所选的独角兽企业而言，社会网络在创业团队的组建中同样起到了重要作用。不同的是，创业合伙人之间从过去的亲戚、同乡关系等地缘、亲缘关系转变为更多以同学、校友、同事和朋友等形式体现的"熟人关系"[②]，其中同学、校友和同事关系内生于高校和企业组织之内，而朋友关系则可能来源于这些组织之外，嵌入在区域创业生态系统之中，包括网络社区、微博、微信在内的社交网络也在其中起到了穿针引线的作用。本节将以快手和美团为例，探讨大学生组建创业团队的过程。

一、快手：程一笑和宿华的"六度分隔"

　　快手的四位创始人分别为程一笑、宿华、杨远曦和银鑫。2011年，程一笑带领银鑫和杨远曦在天通苑的一个居民楼里创办了 GIF 快手，银鑫是程一笑的大学校友，而且离职创业前两人同在人人网工作：程一笑做 IOS 系统，银鑫负责服务器。杨远曦则是程一笑在

---

① 艾问人物 . https://www.thepaper.cn/newsDetail_forward_7366874.
② 这里的"朋友"，特指在同学、校友和同事关系之外形成的朋友关系。这些关系并不在高校、企业内部产生，而是产生在范围更大的区域和社会背景，可以认为是在区域创业生态系统内产生的。

大连惠普工作期间的同事，两人同在一个项目组共事。[①] 此时快手创业团队的另一个核心成员宿华和程一笑并不相识。2008 年，在谷歌工作的宿华决定回到北京创业，但他的第一个项目不到半年就以失败告终。2009 年，宿华关闭了公司，进入百度工作，担任百度凤巢系统架构师。后辞去百度的工作，和百度的同事张栋一起创业[②]，开发了 onebox 移动搜索引擎，仅用了 6 个月时间就实现了盈亏平衡，并在 2013 年被阿里收购[③]，此时宿华在创业圈中已经小有名气了[④]。

　　2011 年，因为看到智能手机的摄像头可以产生具有富媒体特征的社交媒体内容，五源资本决定进入这一领域。后来成为五源资本的合伙人袁野当时还是刚入行的新人，他在微博上找到了程一笑，并且通过邮件和程一笑取得联系[⑤]，并将程一笑推荐给合伙人张斐。2012 年 4 月，五源资本投资了 GIF 快手，成为快手的天使投资人。快手在起初的发展并不顺利，到了 2013 年，作为工具性软件的 GIF 快手用户量不大，融资也陷入困境。程一笑一度想卖掉公司[⑥]，张斐建议程一笑找一个 CEO，也就有了后来宿华的加入（图 5-7）。

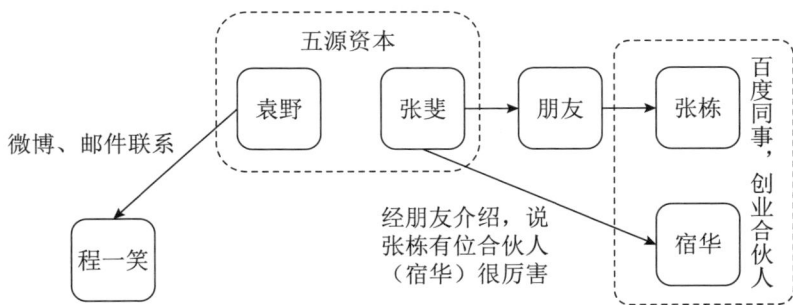

图 5-7　程一笑和宿华关系网络简图

---

①　新浪科技报道 . https://finance.sina.com.cn/tech/2021-02-05/doc-ikftpnny4971527.shtml.

②　界面新闻，https://www.jiemian.com/article/5647683.html.

③　腾讯大学《CEO 来了》节目的采访 . https://www.huxiu.com/article/248857.html.

④　36 氪 . https://www.36kr.com/p/1085278364942600.

⑤　五源资本微信公众号，https://mp.weixin.qq.com/s/C9z1JCMiUFosqdtiizcs0w.

⑥　投中网报道，https://www.huxiu.com/article/392009.html.

张斐是经过朋友介绍认识宿华的，张斐后来回忆说"当时是一位创业者介绍的，说张栋的一位合伙人很厉害，问我要不要聊一聊，所以我就跟 Elwin（袁野）一起去了"。于是张斐去华清嘉园拜访了宿华，当时宿华已经卖掉了 onebox，正在筹划进一步的创业计划，他向张斐介绍了二十多个方向，张斐感觉都不太靠谱，所以提议宿华考虑一下快手。[①] 在张斐的引荐下，宿华和程一笑见面了，据说两人一见面就相见恨晚。为了邀请宿华和他的团队加入，程一笑和五源资本也展示了相当高的诚意，各自出让了手中持有的一半股份。[②] 至此，经过了人际网络的五度分隔，快手的创始人团队成功集结。

二、美团：王兴和他的同学们

和快手的创始人相隔五度不同，王兴创业之路上的合伙人大多是他的同学。在清华的一次分享活动中，王兴提到自己本科毕业之后直接出国读书，因此国内认识的人多数是同学关系。2004 年他决定回国创业时，给小学到大学的同学们写信，询问是否愿意一起创业，第一个回复的是他的大学同学、同时也是舍友的王慧文，当时已在中国科学院声学所读博士。第二封回信来自他的高中同学赖斌强，赖斌强毕业于天津大学，当时在广州的外企北方电讯工作。三人在距离清华不远的学清路海丰园小区租了一个三室一厅，开始了创业。王兴的第一个创业项目"多多友"是 2004 年八九月推出的，但是由于用户增长缓慢，后来转做校内网。[③]

2006 年，校内网被陈一舟的千橡互动收购，此后王慧文和赖斌

---

① 大众新闻，https://tech.163.com/20/1223/15/FUHSM97B00099A7M.html.
② 投中网，https://Ewww.huxiu.com/article/392009.html. 快手上市时，其招股书显示，四位合伙人组成的管理团队合计持股达 25.093%，宿华持股 12.648%，程一笑持股 10.023%，宿华持股超过程一笑（腾讯是最大的外部股东，持股 21.567%）。
③ 主要来源于王兴在"陆向谦领导力论坛"的分享。

强暂时离开了创业团队。[①]2007 年，由于注意到 Twitter 的崛起，王兴决定在这个领域创业，校友穆荣均此时成为王兴的创业伙伴。穆荣均 2002 年从清华大学自动化系本科毕业，比王兴小一届，但是两人在读书期间并无交集。穆荣均之后在本校攻读硕士，和在美国读书的王兴成为"网友"，王兴回国之后两人成为现实中的好友。2005年硕士毕业之后穆荣均进入百度工作，2007 年与王兴一起在华清嘉园小区创建了饭否网。[②]2010 年王兴开始美团网的创业，此时的王慧文和赖斌强已经创办了淘房网，因此并未马上加入美团。2010 年12 月，在王兴的邀请下，赖斌强和王慧文将淘房网出售，并一起加入了美团，至此王兴和他的"老同学"们得以再次聚首。[③]

　　高等教育阶段是大学生自主积累社会资本的关键环节（康小明，2006），同学和校友关系也是案例中创业合伙人的主要社会关系之一，除美团外，ofo、旷视、极智嘉的创始团队都是同学、校友的关系[④]，第四范式的创始团队中，有戴文渊的导师杨强以及师弟陈雨强[⑤]。一个有些特殊的例子是寒武纪，其创始人陈云霁和陈天石既是中国科技大学、中国科学院校友，同时也是亲兄弟。除同学 / 校友关系外，同事和朋友等"熟人"关系也是重要的社会关系，如前文提到的知乎创始人周源和张亮曾在一起创立果粉交流网站 Apple4.us。老虎证券的巫天华和另一位联合创始人因同为美股投资者而结缘，而后又成为朋友；Keep 的王宁在猿辅导实习期间结识了后来的创业合伙人。

---

① 电商报，https://www.dsb.cn/82370.html.

② 本段主要来源，https://zhuanlan.zhihu.com/p/48905301. 在创立饭否网时，张一鸣也在王兴的团队，有报道称当时张一鸣在百度实习，穆荣均将张一鸣引入这一团队。

③ 电商报，https://www.dsb.cn/82370.html.

④ 极智嘉的创始人郑勇和联合创始人李洪波都毕业于清华大学. https://www.qixin.com/company/0c0e62da-fb6a-466e-aff2-5f6e6d424d59.

⑤ 第四范式，https://www.4paradigm.com/ 管理团队. 新华网，http://www.xinhuanet.com//fortune/2017-02/21/c_129488091.htm.

第四节　资金来源

风险投资是创业过程中的催化剂，也是创业最重要的资源之一。不同于传统的贷款等融资方式，风险投资为创业者带来的不仅仅是资金支持，一些风险投资机构或者投资人还为创业者提供了人脉、创业指导等重要的资源，并对企业的发展提出战略建议。例如，前文提到的五源资本不仅是快手的天使轮投资方，而且引荐宿华加入快手团队，助力快手从工具软件转型为短视频社区；创新工场在投资知乎以后，李开复也以入驻知乎的方式增加了知乎的影响力；经纬中国的邵亦波不仅投资了猎聘网，而且还作为猎聘网的代言人拍摄广告；红杉中国是美团的 A 轮投资方，并主导了美团和大众点评的合并。对于创业者来说，获取风险投资也是创业过程中的必修课之一。

创业初期获得投资的方式有多种，一种模式是创业团队主动联系投资机构或者投资人，另一种模式是投资人主动联系创业者。另外，创业者和投资人可能在投资之前就具有某种社会关系，比如彼此可能是校友、同事、朋友关系，即双方处在同一个社会网络之中。下文将这三种方式简称为"创业企业驱动""投资机构驱动"和"社会网络驱动"三种类型，下面分别说明。

一、创业企业驱动

因为缺乏历史业绩等原因，创业项目在早期获取投资并非易事，创业者需要通过路演等方式寻找投资人，但是即使像滴滴这样后来成为独角兽的企业，在最初融资时也遇到过四处碰壁的情况。[①] 相较于它们，曹旭东更像是一个幸运儿，他创建的 Momenta 仅用了一个

[①]　王刚. 滴滴创业三年成长史，http://baixiaosheng.net/5970.

星期，见了不足十家机构，就得到了 500 万美元的 A 轮融资。[①] 但是，纵观曹旭东的经历，会发现这种幸运可能并非偶然。

曹旭东本科就读于清华大学，2008 年毕业时获得了直接在本校攻读博士的机会，但是出于对 AI 的强烈兴趣，他放弃了这个机会，选择加入了微软亚洲研究院计算机视觉组。在微软研究院工作五年之后，加入了日后成为 AI 明星企业的商汤科技，担任执行研发总监，并筹建北京研发团队，2016 年，他离职创业。2016 年对 AI 来说是标志性的一年，这一年的 3 月 15 日，谷歌的子公司 DeepMind 开发的 AlphaGo 围棋程序以 3∶1 的成绩击败了世界冠军、韩国棋手李世石九段 [②]，成为 AI 发展历史上的一个里程碑事件。同样是在这一年，曹旭东离开了商汤科技，创办了 Momenta 公司。创业的念头萌生于 2014 年，那一年，曹旭东希望寻找一个能真正被改造的人工智能领域，在考察了多个领域之后，最终选定了自动驾驶。

对于 Momenta 所要从事的领域，曹旭东目标明确，他绝不试图涉足自己并不擅长的造车业务，而是从团队优势出发研发自动驾驶的"大脑"，也就是基于深度学习的自动驾驶方案。公司创始团队的成员多数来自清华、微软亚洲研究院和商汤科技。诞生于 AI 的里程碑之年，再加上拥有优秀的创业团队，这些因素可能是 Momenta 快速获得投资人青睐的原因。Momenta 之后也快速发展，到 2018 年 10 月已经融资累计超过了 2 亿美元，估值超过 10 亿美元，不仅跻身独角兽行列，也成为当时中国自动驾驶领域估值最高的创业公司。[③]

二、投资机构驱动

投资人主动联系创业企业的情况可能相对少见，所以当五源资

---

① 除其他标注外，对于 Momenta 的信息主要来源于铅笔道，https://www.pencilnews.cn/p/12143.html.

② 财新，https://special.caixin.com/event_0315_1/index.html.

③ 蓝湖资本的报道，http://www.bluelakecap.com/en/news/portfolio-news-en/672.html.

本的张斐第一次去拜访宿华时，宿华感到有些意外，在他的印象中投资人并不会这么主动。[①] 不仅是快手，前文提到的美团、猎聘网都有过早期被投资人主动找上门的经历。美团上线没多久，红杉中国就联系到了王兴。当王兴见到沈南鹏时，两人并没有聊具体的运营，而是讨论了这个产业的远景与未来[②]，这次见面之后，双方很快就决定合作，红杉中国也成了美团唯一的 A 轮投资方[③]。

如果说投资人主动联系宿华和王兴都因为他们是连续创业者，在圈内有一定名气，那么滴滴的程维和猎聘网的戴科彬则是在第一次创业时就接到投资人的电话和微信。前文提到经纬中国联系了戴科彬并提供了 A 轮投资，当时戴科彬由于不了解情况，还问过"经纬"是谁，后来知道经纬投资过科锐、安居客之后，才决定去洽谈。[④] 金沙江创投的朱啸虎在投资滴滴时，和滴滴的创业团队并不相识，只是通过微信联系的，当时滴滴也处在融资并不顺利的时期。后面的故事是，朱啸虎和滴滴一拍即合，金沙江创投成了滴滴的 A 轮投资人，这一投资帮助滴滴成为中国互联网行业新的巨头，滴滴也成了金沙江创投历史上最有价值的投资项目。[⑤]

投资机构主动接触创业企业也并非偶然，背后的原因除了创业者背景以及优秀的创业团队之外，另一个重要的因素在于投资人看好某个创业领域或者创业方向。王兴曾提到，"红杉的投资原则是'Bet on the racetrack, not the jockey'，直译过来就是一赌赛道，不赌赛手，但我更喜欢孙子的说法'求之于势，不责于人'"[⑥]。五源资本因为看好视频社交而联系了程一笑和宿华，沈南鹏则因为对团购商业模式的认知选择了王兴，金沙江创投的朱啸虎是共享经济的坚

---

① 五源资本微信公众号，https://mp.weixin.qq.com/s/MD586tD7d4y81nITFTrFhQ.

② 中国企业家杂志，https://m.gelonghui.com/p/207539.

③ 美团上市时，沈南鹏写的公开信. http://www.nbd.com.cn/articles/2018-09-20/1256785.html.

④ 铅笔道，https://www.pencilnews.cn/p/19674.html.

⑤ 王刚. 滴滴创业三年成长史. http://baixiaosheng.net/5970.

⑥ 砺石商业评论，https://m.thepaper.cn/newsDetail_forward_21815158.

实支持者①，投资的企业中包括滴滴、ofo 等共享经济领域的代表性企业。

三、社会网络驱动

社会网络是获取投资的重要因素，投资人和创业者之间的社会关系不仅包括同学、校友等关系，也包括经由论坛、微博、微信群等社交网络形成的朋友关系，老虎证券的案例就兼具了这两类关系。

老虎证券的创始人巫天华毕业于清华大学计算机科学与技术系②，上学期间，曾在位于学校东门清华科技园的网易实习。毕业之后他即加入网易有道，而此时网易有道还是网易的一个内部孵化项目。在网易有道的 8 年时间里，巫天华跟随公司经历了从 0 到 1 的创业过程，用他自己的话说，"踩过了所有创业公司踩过的坑，相当于一次创业"③。由于在网易期间拥有期权，巫天华接触到了美股，他通过自学股票、期权等金融类知识，并利用自己的计算机专长写代码跑数据，还做一些小工具来方便对股票的分析。除了自己炒美股外，巫天华在业余时间还会在线上小范围免费讲授美股知识，每周五中午还会在五道口举办美股爱好者"午餐会"。通过这些活动，巫天华积累了一些人脉资源，其中不仅有老虎证券最初的种子用户，还有早期的投资方，李剑威就是其中之一。李剑威和巫天华在一个美股交流社区认识，当时李剑威就感觉到巫天华是期权交易的顶级高手，2011 年，巫天华在微信群中定期举办收费的期权交易课程培训时，李剑威还花 3 万元购买了课程，成为微信较早的一批知识付费学员。当巫天华发现市面上已有的美股软件并不友好，提出要自己开发美股交易软件时，李剑威立即把他带到徐小平的

---

① 澎湃新闻，https://www.sohu.com/a/350635457_260616.

② 清华企业家协会官网，http://mobile.teec.org.cn/member/member-detail?id=2582.

③ 铅笔道，https://www.pencilnews.cn/p/28981.html.

家中，在没有产品的情况下获得了徐小平旗下真格基金的天使轮融资。[①] 此后李剑威创办的投资机构也连续两轮给予了老虎证券大额支持。老虎证券的另一笔天使轮融资，来自清华学长王兴，2014年下半年，巫天华仅凭一通电话，就说服了王兴成为老虎证券的天使投资人。[②]

作为创业者的王兴，其合伙人多为清华同学，而作为投资人的王兴，"校友、同事和朋友"则构成了他投资的主要群体。除了巫天华之外，王兴投资的麦步科技、航班管家背后的创始人都是清华校友。一些曾经和自己一起创业的美团"兄弟"出去创业，王兴也会参与投资。2017 年，美团的联合创始人，也是王兴多年的合伙人赖斌强离职创业，当时的项目是知识兴趣类工具"小打卡"。在赖斌强离职时，王兴和王慧文就给予了这位老友天使轮融资。水滴互助的创始人沈鹏曾经是美团的 10 号员工，在 2016 年离职创业时，美团（当时还叫美团点评）和王兴便是水滴互助从天使轮到 A 轮的投资方。[③]

滴滴的发展之路，也离不开程维在阿里巴巴的同事兼上司王刚的支持。创立滴滴的启动资金由程维和王刚分别出资 10 万和 70 万元组成。王刚在回忆这段经历时，说起 2012 年他和程维先后离开阿里准备创业，当时决定支持自己曾经带过的兄弟做 CEO，滴滴便是他们孵化的第一个项目。虽然创业方向明确，国外也有成熟的模式，而且移动互联网也使得手机定位这一功能变得日益重要。但是初期的产品粗糙，加之没有创业经验，所以融资过程并不顺利，四处碰壁也没有拿到投资，后来王刚又借给了滴滴几十万元[④]。

① 东方财富网，http://finance.eastmoney.com/a/201903231077618076.html.

② 创业邦，https://posts.careerengine.us/p/5c934174f742dd61f98c1f7a.

③ 36 氪. https://www.36kr.com/p/991890016527494. 水滴互助 A 轮投资的主体是龙珠资本，龙珠资本是王兴个人的投资基金。

④ http://baixiaosheng.net/5970.

　　这些同学、校友、同事和朋友等创业前就已经建立的社会关系作为一种重要的社会资本，在资源缺乏且不确定性较高的创业早期阶段，可以帮助创业者获得合伙人和投资人的信任（Stuart et al.，2003）。这些"熟人"关系同时也是在商业信用和契约精神相对缺乏的中国市场中青年创业者得以成功的"本土资源"（吴志攀，2015）。

第六章　大学生创业的生态系统

本章从创业生态系统的角度出发，对第四章和第五章中大学生创业过程的案例进行分析与总结。在这些案例中，创业生态系统的作用已经得到了部分展示。同学、校友、同事和朋友等熟人关系在大学生组建创业团队和获取投资时发挥了社会资本的作用，而这些关系既可以产生于高校和企业，也可以嵌入在更广泛的创业生态系统之中。本章从政府、高校、风险投资和企业这四个生态系统的重要组成部分的视角，探讨大学创业生态系统和高校创业生态系统之间如何通过互动实现相互嵌入，共同助力大学生创业。

第一节　大学创业生态系统

大学生创业者同时处在大学创业生态系统与区域创业生态系统的复合体中，其创业过程体现了两个生态系统的互动与融合。在当今基于知识的创业生态系统中大学扮演着多面角色，不仅是知识的生产者，还是经济的推动者。在承担传统的教学和研究职能之外，大学还逐步承担起更多的创业职责，以响应"第三使命"，即大学应为地区和国家的经济发展作出贡献。这一使命代表了大学与社会之间的一种契约关系（Link et al.，2019）。大学在创业社会中的角色比狭义的创业教育更为宽泛。在创业社会中，大学不仅是专利生成和技术转移的中心，更重要的是，大学通过培养创业思维、行动、组织以及创业资本来贡献和提供领导力，这些创业资本是对创业活动产生积极影响的社会资本（Audretsch，2014）。

大学创业生态系统在文献中通常被称为基于大学的创业生态系统（University-based Entrepreneurial Ecosystem，U-BEEs）或大学创新创业生态系统（university innovation and entrepreneurial ecosystems，

UIEE）。大学创业是创业生态系统的重要组成部分，是知识和技能、网络构建、机会、经验乃至创业所需的金融资本的丰富来源，这使得大学可以被描述为创业生态系统（Secundo et al.，2021）。Fetters et al.（2010）将基于大学的创业生态系统界定为由多重利益相关者所组成的环境，主要包括创业课程、学生创业者参与、孵化器、原型服务、资金支持和技术转移服务。这一定义基于 Moore（1993）的商业生态系统概念，大学生态系统的组成要素——如孵化器本身就是一个创业生态系统，而大学创业生态系统则嵌入在一系列创业生态系统之中（费特斯，2018）。

　　与大学创业生态系统相关的概念包括创业大学生态系统（Entrepreneurial University Ecosystem），Hayter（2016）将其定义为"为了最大化大学在创业和创新中的贡献，由多种组织部分通过策略和集体行动所组成的系统，这些组织部分被称为知识中介（knowledge intermediaries）"。学术创业（Academic Entrepreneurship）是另一个相关概念，这一概念侧重于与大学科技成果转化相关的创业活动，Siegel and Wright（2015）将其界定为大学为促进内部及周边地区商业化所进行的活动。与其他类型的创业相比，学术创业具有许多鲜明的特征，比如创业企业来自非传统商业背景、创业的学者通常继续在大学任职、部分或全部的知识产权归大学所有（Siegel et al.，2015）。学术创业也可以被概念化为学术创业生态系统（Hayter et al.，2018），其中促进创业的关键要素包括：（1）支持技术转移和创业的产权机构的兴起（比如孵化器、加速器和科学 /技术 / 研究园区）；（2）校园内创业课程和项目的显著增长；（3）创业中心的建立和发展；（4）校园内代理（surrogate）创业者的增加，以激励商业化与创业企业的创建；（5）校友对创业生态系统的日益支持，包括校友商业化基金与学生创业计划竞赛的设立。

　　这些概念显示了大学在创业中角色的演变，以美国为例，1980年的《拜杜法案》（*Bayh-Dole Act*）允许公共资金资助的创新成果商业化，这标志着大学和其他非营利研究机构的转变。除基础的教学与科研之外，大学已经更多地面向应用研究，并关注建立溢出机制，创业型大学、学术创业、学生创业公司等概念、术语也应运而生，并得到广泛传播。随着大学内不同组成部分参与到创新、技术转化以及其他知识产权的运作之中，并通过学生、教职员工以及大学发起的创业企业，这些机构联合起来形成了大学创业生态系统的形态[①]。这一系统的组成和结构包括：（1）创业课程；（2）课外创业活动；（3）创业研究；（4）利益相关方（教职工、员工、学生和校友）；（5）资源（资金、技术、设施、社会资本、合作伙伴、能力与技能，特别是发明、创新、新产品等相关资源）；（6）先进的实验室、技术转移办公室、孵化器/加速器和其他基础设施；（7）文化（象征新的规范、价值和传统）（Audretsch et al.，2024）。

作为创业生态系统的一部分，大学也同样面临一些挑战，首先是大学更擅长知识生产，但是知识的转移需要扩展位于边缘的活动，并与生态系统的利益相关方建立深层次的联系。这些边缘活动包括加速器、孵化器、技术转移办公室和创业中心。但是这些扩展活动受到系统限制，一个主要的挑战是学生创办的企业经常遇到可扩展性问题，这些企业在扩展业务时需要更多的资源和专业投入，这些挑战限制了企业的成功机会和影响力。大学自身的惯性也决定了其难以迅速适应创业过程。基于这些原因，有必要理解大学和大学创业生态系统所处的更为广泛的背景，以帮助大学成为创业社会中的区域领导者。因此，需要根据大学创业生态系统不断变化的需求及其与更为广泛的区域生态系统互动[②]，以发展动态能力。多数情况下，大学创业生态系统处于更为广泛的区域创业生态系统之中。由于大学创业生态系统通常是一个独立自主的生态系统，即使嵌入在更为广泛的区域生态系统之中，并与区域生态系统的某些组成要素

---

① 原文为大学创新创业生态系统，为了整体一致，这里统一使用大学创业生态系统。
② 原文为创业大学生态系统，统一为大学创业生态系统。

建立联系，但是这些联系可能不会达到需要或者期望的程度。也就是说，关键是如何将大学创业生态系统和区域创业生态系统进行整合与协同，并通过连通性促进创业（Audretsch et al.，2024）。大学和区域创业生态系统之间的参与和互动是基础性的（Siegel et al.，2015），这些参与和互动使学生可以扩展社会网络、测试想法并获得反馈和支持，以提升创业经验。支撑性环境会促进大学生的创业之路，而创业生态系统是描述这种环境的一种方式（Morris et al.，2017）。根据创业教育的准则和特点开发的创业课程，是创业相关知识和技能发展的源泉，影响了信念、识别机会的能力、创造力以及创业知识（Link et al.，2019），这些要素及其互动是生态系统成功的主要决定因素（Secundo et al.，2021）。

第二节　政　　府

有学者指出，中国科技创业在中国经济现代化工作的政策举措中应运而生（Baark，2001），这些举措可以分为三类：第一类的目标是提高科学知识生产的数量和质量，例如"火炬计划"和"973"项目；第二类旨在提高潜在创业者的数量和质量，例如"985"项目和国家自然科学基金杰出青年科学家基金；第三类是尝试建设更好的制度场域来支持初创企业的创立和发展，例如北京中关村科技园和各类大学科技园。2014年以来的"双创"政策也创造了大量的创业机会（YouWu等，2020）。从本书第一章的创业政策以及第四、五章的创业案例中，可以发现政府在促进创业的过程中承担了多重角色。政府不仅通过举办创业大赛，直接为大学生创业搭建国家级的平台，还以政策引导的方式推进大学创新创业教育改革，鼓励大学成立创业园、孵化器等创业空间，以促进大学生创业生态系统的构建。政府还通过税收优惠等创业政策，优化大学生创业的外部环境，比如地方政府可以使用资金、住房补贴等形式，推动本地区域创业生态系统的构建。

一、创业赛事

大学生创业计划竞赛得以从清华走向全国，离不开政府的推动。作为级别最高的大学生创业大赛之一[①]，"创青春"大学生创业大赛最早可以追溯到 1998 年清华大学举办的首届大学生创业计划竞赛。1999 年，该竞赛由共青团中央、中国科协、全国学联主办，清华大学承办，赛事名称也改为"挑战杯"全国大学生创业计划竞赛，与著名的"挑战杯"全国大学生课外学术科技作品竞赛齐名[②]。"挑战杯"大学生创业计划竞赛的举办使"创业"的热浪从清华园向全国扩散，在全国高校掀起了新一轮的创业浪潮。[③] 2014 年，在十八届三中全会对"健全促进就业创业体制机制"作出专门部署、指出明确方向的背景下，共青团中央、教育部、人力资源和社会保障部、中国科协、全国学联联合发文，组织开展了"创青春"全国大学生创业大赛，"挑战杯"创业计划竞赛成为其子赛事。与"创青春"全国大学生创业大赛对应的是另一项"国家级"赛事——中国"互联网+"大学生创新创业大赛自 2015 年举办，截至 2021 年，已经累计有 603 万个团队，2533 万名大学生参赛，成为助力众多青年实现成才梦想的摇篮。[④] 这些创业赛事搭建了多层次创新创业交流平台，不仅锻炼了大学生创新创业素养和能力，也营造了鼓励创新创业的社会氛围。以"互联网+"大学生创新创业大赛为例，通过产业赛道的设置，推动了赛事成果转化和产学研的深度融合，深化了科技界、产业界、投资界的合作。通过设立国际赛道、举办创新创业教

---

① 另一项全国赛事是教育部主办的"互联网+"全国大学生创业大赛。

② "挑战杯"最早指的是全国大学生课外学术科技作品竞赛，1989 年开始举办 .http://www.tiaozhanbei.net/focus.

③ "挑战杯"中国大学生创业计划竞赛历届回顾，http://www.tiaozhanbei.net/review2.

④ 为青年铸就创新创业人才梦 . 新华网，http://www.moe.gov.cn/jyb_xwfb/s5147/202110/t20211012_571757.html.

育国际交流会议，搭建了全球创新创业教育交流平台。[①] 对大学生创新创业产生了深远的影响。

在本书所选的案例中同样体现了这种影响，刘靖康在创办Insta360 时参加了第二届全国"互联网＋"创业大赛，并获得了江苏省一等奖、全国决赛金奖（亚军）。他创立的深圳岚锋创视网络科技有限公司也参加了"创青春"全国大学生创业大赛，并获得了江苏省金奖、全国决赛银奖。[②] 创业大赛的影响并不局限于"国家级"大赛，印奇和唐文斌的创业缘起之一是参加了清华大学第三十届"挑战杯"科技作品、创业计划比赛，并获得了特等奖。张旭豪通过参加各类创业大赛获得了注册饿了么所需的资金，并且认识了后来的投资人朱啸虎。这些案例体现了创业赛事为大学生提供了一个创业能力施展、创业成果展示、创业资源获取以及与其他创业生态系统相关方互动的平台。

二、对大学创业生态系统的影响

除了搭建创业赛事等国家级大学生创新创业平台外，我国政府还采取试点示范等方式，鼓励高校构建大学生创新创业的支持体系。以大众创业万众创新示范基地（以下简称"双创示范基地"）为例，2016 年 5 月，国务院办公厅印发了《国务院办公厅关于建设大众创业万众创新示范基地的实施意见》（国办发〔2016〕35 号），提出"建设一批双创示范基地、扶持一批双创支撑平台、突破一批阻碍双创发展的政策障碍、形成一批可复制可推广的双创模式和典型经验，重点围绕创业创新重点改革领域开展试点示范"。双创示范基地的建设目标包括构建创新创业生态，打通政产学研用协同创新通道，加强双创文化建设，加大双创宣传力度，培育创业创新精神，

---

① 为青年铸就创新创业人才梦. 新华网，http://www.moe.gov.cn/jyb_xwfb/s5147/202110/t20211012_571757.html.
② 南京大学 2016 年毕业生就业质量年度报告，第 41 页。

强化创业创新素质教育。在公布的首批 28 个双创示范基地中，清华大学、上海交通大学、南京大学、四川大学四所高校入选。为了推广双创基地的试点经验，发展改革委对各地展开双创工作的好做法进行了梳理总结，形成了一批可复制、可推广的模式，编制了《大众创业万众创新示范基地双创工作经验汇编》，并于 2016 年 11 月印发①，在这一文件中，对第一批双创基地中的四所高校的经验和模式有详细介绍。2017 年 7 月，国务院办公厅印发了《国务院办公厅关于建设第二批大众创业万众创新示范基地的实施意见》（国办发〔2017〕54 号），新增了包括北京大学、河北农业大学、吉林大学、哈尔滨工业大学等在内的 15 所高校。2020 年，第三批双创示范基地又新增了西安交通大学、重庆大学、厦门大学等 5 所高校②。

除了双创示范基地外，高校系统还有其他的创新创业的试点类型。2015 年，《国务院办公厅关于深化高等学校创新创业教育改革的实施意见》（国办发〔2015〕36 号）中提出"鼓励各地区、各高校充分利用各种资源建设大学科技园、大学生创业园、创业孵化基地和小微企业创业基地，作为创业教育实践平台，建好一批大学生校外实践教育基地、创业示范基地、科技创业实习基地和职业院校实训基地"。2016 年，教育部开展了首批深化创新创业改革示范高校的认定工作③，并在 2017 年公布了首批深化创新创业教育改革示范高校名单④，北京大学、清华大学、北京航空航天大学等 90 余所高校入选。北京大学在 2015 年还被授予"全国大学生创新创业指导研发基地"称号，这是教育系统内唯一一家官方认定的大学生创新创业教育基地。⑤这些创新创业基地的建设与推广，也体现了我国

---

① 发改高技〔2016〕2143 号，《国家发展改革委办公厅关于印发〈大众创业万众创新示范基地双创工作经验汇编〉的通知》。
② 国办发〔2020〕51 号，《国务院办公厅关于建设第三批大众创业万众创新示范基地的通知》。
③ 教高厅函〔2017〕3 号，《教育部办公厅关于开展首批深化创新创业教育改革示范高校认定工作的通知》。
④ 教高厅函〔2017〕3 号，《教育部办公厅关于公布首批深化创新创业教育改革示范高校名单的通知》。
⑤ 北京大学被授予"全国大学生创新创业指导研发基地"称号，https://news.pku.edu.cn/wyyd/xwdt/230-289942.htm.

政策创新扩散的特征，有学者称其为"先试点再推广"的基本模式（廖福崇等，2021）。[①]

三、对区域创业生态系统的影响

"双创"政策的目标群体不仅限于大学生，如国务院办公厅于2015年3月下发的《国务院办公厅关于发展众创空间推进大众创新创业的指导意见》（国办发〔2015〕9号），就涉及降低创业门槛、加强财政资金引导，完善创业投融资机制等多种措施。这些政策措施推动了区域创业生态系统的构建。以北京市海淀区为例[②]，作为中关村国家自主创新示范核心区和全国科技创新中心核心区，海淀区聚集了北大、清华等30多所高校以及以中国科学院为代表的100多家科研院所，是全国智力资源最富集的区域之一，而且还聚集了创新创业服务机构、孵化平台以及投资体系的若干元素和中介组织，也是全国创新创业服务体系最完善的地区之一。海淀区还是全国创新创业政策最健全的地区之一，从创建国家第一个高新技术开发示范区开始，海淀区就肩负起了国家创新创业试验的重任，先行先试并推广了一批辐射全国的改革政策，包括国家层面先后支持中关村开展了"1+6""新四条""新新四条"[③]、两轮人才特区政策、财税政策等80多项改革，出台了促进在京高校、央企科技成果转化实施方

---

① 原文是针对"放管服"政策，但是这一模式也适用于创新创业政策的试点与推广。

② 本节关于海淀区的内容主要来源于《大众创业万众创新示范基地双创经验汇编》，其他来源以注释形式说明。

③ "1+6"的"1"是搭建中关村创新创业平台，"6"是在中央级事业单位科技成果处置权和收益权改革，税收优惠，股权激励，科研经费管理改革，高新技术企业认定和建设全国场外交易市场等六个方面实施试点政策。"新四条"政策包括科技部、财政部、国家税务总局联合发布的《关于在中关村国家自主创新示范区开展高新技术企业认定中文化产业支撑技术等领域范围试点的通知》（国科发高〔2013〕595号），财政部、国家税务总局联合发布的《关于中关村国家自主创新示范区有限合伙制创业投资企业法人合伙人企业所得税试点政策的通知》（财税〔2013〕71号）、《关于中关村国家自主创新示范区技术转让企业所得税试点政策的通知》（财税〔2013〕72号）、《关于中关村国家自主创新示范区企业转增股本个人所得税试点政策的通知》（财税〔2013〕73号）。参见 https://www.gov.cn/zhengce/2014-12/04/content_2786509.htm，http://www.people.com.cn/24hour/n/2013/0929/c25408-23078964.html。

案、中关村国际人才新政 20 条等一系列政策,截至 2022 年底,已经有 30 多项政策复制推广到全国。[①]

海淀区通过打造中关村创业大街、中关村大街,加速聚集高端创新创业要素,推进智能硬件集聚区、中关村大数据产业园等重点区域建设,加快聚集新兴产业领域高端创新主体。通过建设研发服务、投融资服务、知识产权、技术转移、创新人才等领域的多元双创服务平台,以及北斗导航、医疗等领域的产业公共技术平台,帮助双创企业对接科技服务资源、产业资源和技术转移资源。除了在中关村国家自主创新示范区先行先试政策和北京市突破性创新政策之外,海淀区还自行出台了自主创新和战略新兴产业发展"1+4+1"政策体系,围绕优化创新生态环境、激发创业活力、提升企业核心竞争力以及促进重点产业发展四个方面给予支持。人才是创新创业的核心要素,海淀区通过落实国家和北京市重大人才工程、强化区级人才政策支持力度以及在住房和办公用房、社保医保等公共服务方面的配套支持,持续完善创新创业人才发展环境。海淀区还依托区内的高校、科研院所、行业龙头及领军企业,致力于打造知识创新和技术创新的策源地。通过这些政策措施,海淀区集聚了多种创新创业要素,构成了以中关村国家自主创新示范核心区为代表的区域创新创业生态系统。

第三节　高　　校

高校为大学生创业提供了创业教育(如创业竞赛)、孵化器和创业基金等创业资源,在高校就读期间形成的同学、校友网络,也是大学生创业者寻找创业合伙人、获得风险投资所依赖的主要社会资本之一。高校在创业生态系统中扮演了多重的角色,既是区域创

---

① 先行先试中关村示范区十年建设硕果累累,https://www.most.gov.cn/dfkj/bj/zxdt/202212/t20221216_184027.html.

业生态系统的最重要的组成元素（Isenberg，2011），自身也可以形成大学创业生态系统。硅谷得以成为科技创业的典范地区，斯坦福大学的作用不可忽略，惠普、思科（Cisco）、雅虎、谷歌等世界一流的科技企业都是由斯坦福大学的师生创办的。斯坦福大学也因其独特的创业教育生态环境，构建了领先的创新创业教育模型，鼓励与维持了创业文化和创业精神（郑刚等，2014）。这也反映了高校创业生态系统与区域创业生态系统之间的多元互动关系。

以清华、北大为代表的高校对北京的创业生态系统也起到了重要的作用。最早的大学生创业社团就是在清华成立的，清华还举办了全国最早的创业计划大赛。1997年，清华大学科技创业者协会成立，这是中国最早的大学生创业社团；1998年，借鉴麻省理工学院商业计划竞赛的模式，清华科技创业协会发起并主办了首届"创业计划大赛"[①]，1998年10月30日在清华校刊《新清华》的第一版对本次创业计划大赛进行了报道，副标题为"风险投资从这里起步 学生创业由比赛开始"（图6-1）。这是中国最早的创业计划竞赛，也是后来"挑战杯"中国大学生创业计划竞赛的前身[②]。同样是1998年，清华大学在国内管理学院率先为MBA开设

图6-1 《新清华》对于首届学生创业计划大赛的报道

---

① 风起清华园与倪正东慕岩王兴们的青葱岁月 . https://www.sohu.com/a/441758111_117091.

② "挑战杯"中国大学生创业计划竞赛历届回顾 . http://www.tiaozhanbei.net/review2.

了"创新与创业管理"方向，并为全校本科生开设了"高新技术创业管理"课程，这标志着中国高等学校创业教育的开端（吴金秋，2010）。

除了创业教育之外，各高校还根据自身特点，通过建设创业孵化器、成立大学生基金等方式促进大学生创业。以北京大学为例，2014 年 4 月，北京大学"创业教育与实践基地"落户中关村创业大街，获得了 1200 平方米专属空间，以支持大学生创新创业为使命的北大科技园南区也在方正国际大厦揭幕。同年，由北大企业家俱乐部和中关村管委会共同发起的北大创投基金会正式成立，并得到中关村 1000 万元引导基金的配套支持。在 2014 年的毕业生就业质量报告中，北大提出了"进一步筹建全国大学生创业研发中心，努力构建大学生创业生态系统"①。这一"大学生创业生态系统"包含了大学、校友企业家、中关村管委会等多种要素，可以认为是大学创业生态系统与区域创业生态系统的一种结合方式。两类生态系统的另一种结合形式是高校举办的创业竞赛，创业竞赛可以聚合创业团队、创业导师、风险投资等资源，实现两类生态系统的良性互动。

同学、校友网络也在大学创业生态系统和区域创业生态系统中起到了媒介的作用。2011 年，对斯坦福大学校友的一项大规模创新创业调查发现，几乎所有的创业者都使用了校友关系网，尤其是在选择资金来源、共同创始人和早期雇员及导师方面（郑刚等，2014）。在第四章和第五章的案例中，饿了么、旷视、美团等企业的创始团队都是同学、校友关系。而这些关系的影响可以进一步扩展到获取风险投资的领域，王兴在成为投资人之后，投资的创业者中也有清华校友的身影，老虎证券的巫天华就是其中之一；蜜芽网的创始人刘楠通过北大校友会联系到徐小平，在他的鼓励和支持下，刘楠开始"正经"创业，徐小平也成为蜜芽网的天使投资人。换句话说，校友网络可以

---

① 北京大学 2014 年毕业生就业质量年度报告。

帮助大学生创业者获取区域创业生态系统中以风险投资为代表的创业要素，因此是这两类生态系统之间互动的重要媒介。

第四节　风 险 投 资

作为创业最重要的资源，创业企业的成功都离不开风险投资机构和投资人的支持，这些支持不仅帮助创业企业缓解了初始阶段的资金困难，还为处于发展阶段的企业提供了"枪支弹药"。除了提供资金支持外，风险投资机构/投资人还为创业者提供网络扩展，战略建议等服务，可以说风险投资通过连接各种创业要素，形成了一个以风险投资为核心的创业生态系统。

扩大市场：资金是扩大市场的重要资源，特别是在以商业模式为主导的创业中，以各类数字平台企业为例，由于网络效应，数字平台企业需要一定的用户规模以吸引新用户并创造更多价值，因此，在初始阶段或者与同类平台的竞争阶段，通过补贴扩大用户规模是常见的市场竞争策略。例如，2014 年滴滴接入微信时选择通过补贴实现推广，后期因为订单暴涨，一周就补贴了过亿元资金[①]，此后快的也采取了同样的市场策略，随着补贴竞争的白热化，双方的补贴数量以十亿元计，成为互联网行业"补贴大战"的代表。

网络扩展：快手早期投资人五源资本不仅主动联系到创业团队并提供投资，而且引入宿华作为 CEO 和联合创始人，在这一过程中，五源资本不仅主动联系宿华，而且稀释了自己所持有的股份以接纳宿华的团队，这成为快手转型成功的一个关键因素；另外，创新工场在投资知乎后，通过自身的人脉为知乎扩展用户，其创始人李开复也入驻知乎，通过个人影响力扩大平台的影响力。

战略建议：刘楠在创业早期遇到有人希望收购网店时，对未来

---

① 王刚 . 滴滴创业三年成长史 . http://baixiaosheng.net/5970.

的方向产生了犹豫,正是徐小平的建议促使她专注于创业,徐小平也因此成为刘楠的天使投资人;戴威的团队在学校参加路演时,展示的项目还是电子锁,正是当时的评委、同时也是投资人的李晓光建议将创业项目聚焦到共享单车并提供了天使投资,才有了后来 ofo 和共享单车的发展[1]。在一些重大战略决策时,也能看到风险投资机构的身影,例如红杉不仅是美团的 A 轮投资方,而且主导了美团和大众点评的合并,这是美团发展史上的又一个里程碑事件。

第五节　企　　业

企业在大学生创业中起到了培养隐性知识、发现创业机会、形成同事网络等作用。从隐性知识的角度来看,在企业工作的经历积累了创业者的工作、实习甚至是创业经验,第五章的案例中有 71% 的创始人是工作后创业的,其他的创始人多数也有过创业、实习经历。一些企业由于涌现了较多的创业者而被作为划分创业者"类型"的一个依据,著名的有"阿里系""腾讯系""百度系""网易系"等,案例中滴滴的创始人程维就来自阿里巴巴,零氪科技的创始人张天泽曾先后供职于腾讯和阿里巴巴,第四范式的戴文渊曾就职于百度,老虎证券的巫天华创业前曾在网易工作,并认为在网易有道的八年"相当于一次创业"[2]。一些外资企业也在创业机会的发现方面扮演了重要角色,旷视的创始人印奇因为在微软亚洲研究院实习期间参与人脸识别引擎的开发而对这一领域产生兴趣,毕业后决定在人脸识别领域创业。宿华的第一份工作是在谷歌,其间宿华见识到深度学习、人工智能在互联网领域的应用。很多大学生创业者正是通过在"微软"或"谷歌"等外资企业的工作实习经历发现了创业机会,除印奇和宿华外,今日头条的张一鸣、Momenta 的创始人

---

① 李晓光. ofo 小黄车的故事. http://microweb.pkusp.com/Article/201706/201706120001.shtml.
② 铅笔道,https://www.pencilnews.cn/p/28981.html.

曹旭东都有在微软研究院工作或实习经历。其他的科技企业也起到了类似的作用，云知声的创始人黄伟第一份工作是在摩托罗拉，工作岗位正是他日后创业的语音识别领域。在摩托罗拉工作期间，黄伟带队开发出世界上首个手机声纹认证系统，并完成多项语音交互产品研发。[1] 咨询机构"IT橘子"在2014年曾经统计了各大企业出身的创业者情况（图6-2、图6-3），从中可以看出无论是创业者数量，还是2014年新成立公司的数量，阿里巴巴，腾讯和百度均排名本土企业的前三位，而外资企业的前三位分别为微软、IBM和谷歌。[2]

各"派系"创业者数

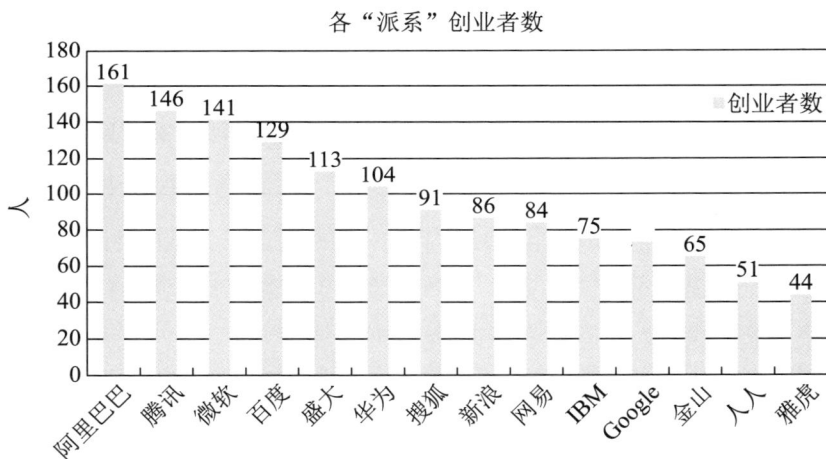

数据来源：ITJUZI.COM　　截止时间：2014.12.31

图6-2　2014年各"派系"创业者数（来源见图）

　　不仅是科技行业，传统行业的外企也因其先进的管理经验、组织功底和对员工职业能力培养等因素，对外输出了大量管理和创业人才，宝洁就是其中的代表。猎聘网的戴科彬创业前曾在宝洁工作，这段工作经历不仅让他发现了创业的方向，而且帮助其获取了投资。和校友网络类似，创始人在工作期间所积累的同事、朋友等社会网络资源，在寻找合伙人和获得投资时也发挥了重要作用。另外，一

---

[1]　腾讯网，https://tech.qq.com/original/tmtdecode/t510.html.
[2]　中国互联网圈的14个创业派系. 虎嗅网，https://www.huxiu.com/article/109024.html.

各"派系"创业公司数及2014年新成立公司数

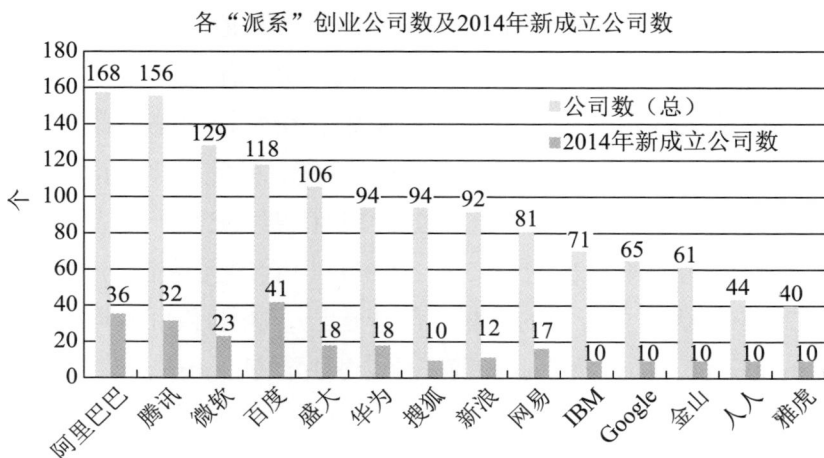

数据来源：ITJUZI.COM　　截止时间：2014.12.31

图 6-3　2014 年各"派系"创业公司及新成立公司数（来源见图）

些企业会成立投资基金来投资创业企业，其中最有代表性的是腾讯和阿里巴巴。根据新财富 2020 年 11 月的报道，全球 586 家独角兽公司中，腾讯投资了 52 家，仅次于红杉资本（109 家）；而阿里系（阿里巴巴、蚂蚁金服、云锋基金）则投资了 44 家。[①] 近几年，由于创新创业的快速发展，一些初创企业也被称为创业人才"孵化器"，比如曾经的初创公司人人网（原"校内网"）就被称为"人人系"，快手的联合创始人程一笑和银鑫不仅是大学同学，而且创业前同在人人网工作。Keep 的创始人王宁就曾在教育类创业公司猿辅导实习，其合伙人也是在猿辅导期间认识的同事。因此，企业不仅是创新创业的主体，同时也承担了创业人才培育与社会网络孵化的功能，成为创业生态系统的重要组成要素，包括大学生创业企业在内的创业企业也承担了这些角色，成为创业生态系统持续发展、生生不息的重要一环。

伴随着科研成果转化、创业型大学以及大学创业生态系统等概念的出现，大学在创业生态系统中的定位也随之不断转变。当今的

---

① 收割者. 腾讯阿里的 20 万亿生态圈. https://news.stcn.com/sd/202011/t20201111_2521886.html.

大学在创业生态系统中具有双重职责，既是区域创业生态系统的组成部分，也是大学创业生态系统的核心。大学生的创业过程同时受到区域创业生态系统和大学创业生态系统的影响，这两类生态系统的互动成为理解大学生创业外部环境的重要视角。

与创业生态系统相关的要素在这些互动过程中扮演了多重角色。政府不仅作为政策"供给方"间接促进两类生态系统的发展，还作为行动者，通过组织国家级的创新创业大赛、建设区域创业生态系统等方式直接参与两类生态系统的构建。高校一方面通过创新创业教育来提升大学生的创业技能和创业意识，另一方面，还会通过组织创业竞赛，建设孵化器、创业基地等方式为大学生创业提供多样化平台，在这些平台的搭建和运行过程中，实现了对于创业导师、创业投资基金等外部创业要素的协同与聚合。内生于高校之中的同学、校友网络是这些要素协同与整合的重要媒介，这一网络中的创业社会资本不仅体现为校友企业家和风险投资人等外部创业要素，还体现在以创业团队组建为代表的内部创业过程之中。

风险投资和企业虽然更多地被认为是创业生态系统的组成要素，但它们也承担了创业生态系统的部分功能。风险投资不仅仅是资金的提供者，还在发展规划建议、扩展社会网络以及增加企业影响力等方面发挥作用。在大学生创业团队组建、企业合并等重大战略中，经常可以看到风险投资的身影。企业作为市场主体在创业过程中也扮演了多重角色：企业可以以内部创业的方式孵化新企业，还可以作为机构投资者进行风险投资；企业同时也是创业者的"孵化器"，在企业工作或实习经历不仅有助于大学生创业者发现创业机会、积累创业经验，还能形成有利于创业团队组建的社会资本。这些创业生态系统构成要素在功能和角色方面的相互重叠，反映了创业生态系统的多元性和复杂性。这种复杂性是创业生态系统能够有效分工协作，进而为大学生创业以及更广泛意义上的创新创业活动提供持续支持的重要基础，也是创业生态系统可以不断演化的内生动力。

第七章　大学生返乡创业

本章关注"双创"时代的大学生返乡创业现象，从返乡创业的政策、类型、功能和案例等角度出发，分析和呈现大学生返乡创业的经济意义和社会意义，并从包容性发展的视角对大学生返乡创业进行探讨。

第一节　大学生返乡创业的背景

大学生返乡创业是在农民工返乡创业与乡村振兴的背景下进行的。20 世纪 90 年代中后期，随着国企改革和经济转轨的深入推进，部分从城市返回农村的农民工群体利用外出务工期间积累的技术、资金、市场信息等资源，返回农村地区创办企业，农民工返乡创业现象开始受到社会各界的重视（江帆等，2023）。此时，返乡创业成为与进城务工相对应的概念，1995 年，人民论坛的一篇文章《金凤归处彩云飞——外出打工青年返乡创业大纪实》（王来清等，1995），就用了"返乡创业"的名称。但是当时理论界对于返乡创业尚没有明确的定义，程春庭（2001）将这一概念界定为：

农民（或农民家庭出身，并没有直接从事过农业生产活动的学生或复员军人）外出一定时间，在务工、经商中，开阔了眼界，增长了胆识和才干，积累了较多的资金，当他们感到家乡的经济环境宽松、利用掌握的技术可获得更高收入时，便返回家乡创办工、商企业，或从事非原来意义的农业规模经营和开发性生产。其中，"返乡"的含义并非指回到原籍农村，而是回到家乡所在的县城及乡镇所在地。"创业"可以指大到投资数百万元办企业，小到投资数千元开饭店、经商，或进入非农产业部门或从事非原来意义的农业生产活动等。

这一定义中，返乡创业的主体定义为农村人口，但是扩展了返乡这一概念中"乡"的内涵，从狭义上的"原籍农村"扩展到了家乡所在的"县城及乡镇所在地"。2017 年人社部同中国人民大学农业与农村发展学院联合开展"全国返乡创业调查"，该调查对返乡创业提出了一个操作性界定："曾离开户籍所在区县（或乡镇）外出半年及以上，外出前为农业户口，目前正在户籍所在区县（或乡镇）范围内创业者，包括农民工、大学生、军人和城归族等群体。"（毛一敬，2021）。这一操作性定义明确了离开户籍所在地的时间范围，其他内涵与程春庭（2001）的定义一致。

进入 21 世纪，我国有三次返乡创业潮，第一次是在 2008 年的金融危机时期，第二次是在 2013 年的产业转型升级时期，第三次是在 2017 年乡村振兴战略提出后（王壹，2022）。学术研究也一定程度上体现了这三种趋势，在知网检索"返乡创业"关键词，共得到4592 篇学术期刊文献[①]，2005 年之前，发表数量较为平稳，在 2008年之后有显著增加，2009 年达到顶峰后有所回落，2014 年之后又进入增长区间，并维持在较高水平。考虑到研究与发表的周期，这一趋势与王壹（2022）提到的三次返乡创业潮基本相符，2014 年之后发文数量的增加可能同时受到"双创"政策的影响。本章将关注"双创"时代的大学生返乡创业，从返乡创业的政策、类型、功能和案例等角度出发，分析和呈现大学生返乡创业的经济意义和社会意义，并从包容性发展的视角对大学生返乡创业进行探讨。

第二节　返乡创业政策

我国基本形成了从中央到地方的支持返乡创业的体系（顾辉，2021），2015 年，国务院办公厅发布了《国务院办公厅关于支持农

---

① 检索时间，2022 年 11 月 12 日。

民工等人员返乡创业的意见》（国办发〔2015〕47 号），支持农民工、大学生和退役士兵等人员返乡创业，并指出支持返乡创业"可以促就业、增收入，打开新型工业化和农业现代化、城镇化和新农村建设协同发展新局面"。并从基础设施和创业服务体系（包括基层服务平台、互联网基础设施、创业意愿、人才培训、公共服务等），简化创业登记、减税降费、财政支持、金融服务等政策措施和组织实施等方面提出了具体指导意见。同年，国务院办公厅发布了《国务院办公厅关于推进农村一二三产业融合发展的指导意见》（国办发〔2015〕93 号），意见指出："引导大中专毕业生、新型职业农民、务工经商返乡人员领办农民合作社、兴办家庭农场、开展乡村旅游等经营活动。""强化人才和科技支撑。加快发展农村教育特别是职业教育，加大农村实用人才和新型职业农民培育力度。加大政策扶持力度，引导各类科技人员、大中专毕业生等到农村创业，实施鼓励农民工等人员返乡创业三年行动计划和现代青年农场主计划，开展百万乡村旅游创客行动。"

2017 年，党的十九大报告提出乡村振兴战略。2018 年，在中共中央政治局第八次集体学习时，习近平总书记指出"人才振兴是乡村振兴的基础，要创新乡村人才工作体制机制，充分激发乡村现有人才活力，把更多城市人才引向乡村创新创业"。[①] 返乡创业是人才振兴的重要形式，2019 年人社部、财政部和农业农村部发布了《人力资源社会保障部 财政部 农业农村部关于进一步推动返乡入乡创业工作的意见》（人社部发〔2019〕129 号），首先提出"支持农民工、高校毕业生和退役军人等人员返乡入乡创业，是落实就业优先政策、实施乡村振兴战略、打赢脱贫攻坚战的重要举措"。以创业扶植、担保贷款等政策加大政策支持，通过扩大培训规模、提升培训质量和落实培训补贴来提升创业培训，通过提升服务能力、强化

---

① 习近平主持中共中央政治局第八次集体学习并讲话，https://www.gov.cn/xinwen/2018-09-22/content_5324654.htm.

创业基地等载体服务健全社会保险和社会救助机制，优化创业服务。通过用工服务和招才引智加强人才支撑，通过加强组织领导、引导扶持，强化示范作用和宣传力度来强化组织实施，旨在"以创新带动创业，以创业带动就业，促进农村一二三产业融合发展，实现更充分、更高质量就业"。

2020 年，国家发展和改革委员会等部委联合发布了《关于推动返乡入乡创业高质量发展的意见》（发改就业〔2020〕104 号），从返乡入乡创业所面临的营商环境、生产经营成本、企业融资、生产经营空间、人力资源和基础支撑等方面为返乡入乡创业高质量发展提供了指导。2021 年，发展改革委发布《国家发展改革委办公厅关于推广支持农民工等人员返乡创业试点经验的通知》（发改办就业〔2021〕721 号），对 2015 年以来分三批组织的 341 个返乡创业试点的经验进行归纳。通过利用本地禀赋，加大招商引资，发展电商产业，以引导培育发展返乡创业产业集群，通过打造返乡创业孵化平台，建设改造升级返乡创业园来强化返乡创业平台。同时，通过资金支持、保障创业用地、引人留人、优化服务等方式，着力解决"痛点""难点"问题。

从这些政策中可以看出，大学生等群体返乡创业，是实现农村人才和科技支撑的基础，也是产业振兴的重要支撑。返乡创业可以实现创业带动就业，创造出更多就地就近的就业机会，促进农村一二三产业的融合发展，实现充分高质量的就业；有助于推动区域经济发展和新型城镇化，形成新的经济增长点，是落实就业优先政策、实施乡村振兴战略、打赢脱贫攻坚战的重要举措。在政策利好等多种因素的驱动下，近年来返乡创业人员的规模有大幅增长，2020 年，全国各类返乡入乡的创新创业人员达到了 1010 万，同比增长 19%，其中具有大专及以上学历的人员比例为 27%[①]。

---

① 2020 年返乡入乡创新创业人员超千万 . 人民日报海外版，http://www.gov.cn/shuju/2021-03/25/content_5595514.htm.

第三节 返乡创业的类型

根据不同的分类原则，返乡创业可以分为不同的类型（或模式）。已有研究从产业、动机、起点等多种维度出发，对返乡创业的类型进行了划分，其中，创业行业和创业动机是较为常见的分类角度（李练军等，2021）。

行业视角。 这一方式的主要分类依据是创业所处的行业领域，如魏凤等（2012）根据西部五省的调查，将返乡创业的模式分为批发零售、居民服务、建筑建材、餐饮以及养殖五种。檀学文等（2016）将返乡创业的主要类型归纳为四种：发展家庭农场、发展农村电商、发展农产品加工和发展休闲农业。如果按照一二三产业的划分标准，家庭农场和养殖是第一产业，农产品加工、建筑建材属于第二产业，电商、批发零售、餐饮、休闲农业属于第三产业。而家庭农场—农产品加工—农村电商与休闲农业的组合也呈现了农村一二三产业融合发展的特征。根据上海财经大学组织开展的"2016年农村创业千村调查项目"显示，返乡创业超过半数集中在第一产业，占比达到了 52%，其次为批发零售业，比例为 25%，排名第三的为餐饮、旅馆业，约占 5%。这三个产业的总占比达到了 84%（刘志阳等，2019）。

动机视角。 返乡创业者的外出务工经验是创业者重要的资源，刘志阳等（2017）从外出务工经验的相关性角度出发，将返乡创业分为经验驱动型和资源驱动型。经验驱动型与打工时所在的行业有密切的关系，创业时选择的是其外出打工时期从事的行业。而资源驱动型创业是依靠农村资源发展起来的行业。朱红根等（2013）将创业动机分为了生存型、发展型和价值型，生存型指的是创业者为了赚钱养家所选择的创业路径，发展型代表创业的目的是自我发展，而价值型代表的是创业者希望实现自我价值。毛一敬

（2021）将青年返乡创业分为生活导向型和兴趣导向型。生活导向型返乡创业主要以家庭生活体验为驱动力，而将个人兴趣与自我发展相结合的是兴趣导向型，与"发展型和价值型"有相似之处。而生活导向型更关注返乡创业者的情感因素，这一类型创业者返乡创业的主要目的之一是实现家庭生产和生活的一体化，创业本身成了一种生活方式，而创业实践也是通过嵌入出生地的熟人网络来降低生产成本。

除行业和动机外，一些文献采用了其他更为多元的分类方式。如吕惠明（2016）将浙江省返乡创业模式分为农业产业化、乡村旅游、居民消费型服务业、家庭手工业演变，以及现代工业企业 5 种模式。这 5 种模式不仅包含了产业视角，"家庭手工业演变"和"现代工业企业"，更多的是从创业经验的维度出发。其中，家庭手工业演变是从 20 世纪七八十年代的各类家庭作坊等形态发展而来的，侧重于返乡创业人员的"本地"经验。而现代工业企业模式则是创业者在工商业等现代企业有工作经验，返乡后以这些经验为基础进行的创业，这些经验是返乡创业者在异地务工时获得的，具有更多的城市化、工业化和现代化的面相，因此也是技术和组织管理模式向乡村扩散的一种方式，即"学习借鉴发达地区的产业组织形式、经营管理方式"[①]。

以上模式的区分更多基于单一维度，李练军等（2021）引入了创业过程的视角，使用了 Timmons 模型中的机会和资源两个维度，将返乡创业分为机会型、丰裕型、欠缺型和资源型四种类型。其中机会需求相对高、资源需求相对低的称为"机会型"，而资源需求相对高，机会需求相对低的称为"资源型"。两类需求均相对较高的称为"丰裕型"，各类需求均低的称为"欠缺型"。作为这一分类方式的扩展，笔者继续将新型农业、现代工业、居民消费与乡村旅

---

① 国办发〔2015〕47 号，《国务院办公厅关于支持农民工等人员返乡创业的意见》。

游四种返乡创业模式与创业过程进行对照。其中，新型农业由于需要引进新品种、开发新市场，因而需要大量的市场需求信息，其难度在于机会识别和开发。新型农业需要与销售渠道合作，对政策的需求不强，技术难度相对低、资金投入少，所需的主要资源为社会资源，总体资源需求较低。由于机会需求强而资源需求弱的特点，新型农业属于机会需求模式。现代工业的机会与资源需求较强。由于现在工业的产品同质性较强，因而存在激烈的竞争，其市场机会来源于符合市场需求的差异化产品，而差异化产品的机会识别与开发难度相对较大，体现了机会需求较强的特征。同时，现代工业生产对于资金、技术、人力资本与管理能力都有较强的需求，而且还需要尽可能地获得政府的优惠政策扶持，由此带来了较强的人力、社会、经济和政策资源的全面需求。居民消费业具有机会与资源需求均较弱的特点，属于机会资源双低需求模式。原因在于居民消费业涉及的领域广、创业机会多，因此对于机会识别较为容易，机会需求相对不强。在资源方面，居民消费业具有规模小、成本低、经营管理简单、投资少且回收快的特点，既不需要寻求政策支持，也无须通过复杂的社会关系寻求资源，虽然少量的消费业需要一定的技术门槛，但整体而言这一行业人力、社会、经济、政策资源的需求均较少。乡村旅游业由于依赖地方的自然风景、人文景观和山水地理条件等人文自然禀赋，机会较为容易识别，所以机会需求相对不强。但与之对应，乡村旅游业对于人文自然资源等资源需求很强，而且需要基础设施建设等政府支持，这些项目往往投资巨大且回收较慢，建成后也需要相应的管理能力，因而资源需求较强，所以，乡村旅游业属于资源需求模式。

第四节　返乡创业的功能

人才振兴是乡村振兴的关键[1]，农村生源大学生返乡创业群体是乡村人才的主要构成之一。返乡创业者一方面具有外出求学、务工所积累的教育、工作经验等人力资本以及由各类关系网络构成的社会资本，另一方面又兼具在本地长期生活所具有的信息和关系等资源优势，是连接城市和乡村、工业和农业、现代与传统的重要桥梁和纽带。在个体创业的同时，也实现了人力资本回流、农村产业升级、城乡一体化等诸多功能，是乡村和县域经济社会发展的重要驱动力。中共中央办公厅、国务院办公厅印发的《关于加快推进乡村人才振兴的意见》指出，要加快培养农业生产经营人才、农村二三产业发展人才、乡村公共服务人才、乡村治理人才和农业农村科技人才。本节将从经济功能和社会功能两个视角介绍农村生源大学生返乡创业的功能。

一、经济功能

返乡创业在经济领域发挥了多种功能，不仅可以改善就业形势，缓解就业压力，而且是人力资本回流的契机（郭星华等，2020）。返乡创业形成的中小企业和个体经营户等市场主体，能创造就业岗位，吸纳农村剩余劳动力，实现剩余劳动力的就近就业（黄祖辉等，2022）。发展改革委 2019 年返乡创业试点工作会指出，在试点地区的带动下，全国返乡创业人数超过 800 万，带动就业人数 3000 万左右。[2] 就业的增加直接促进了收入的增长，王轶等（2022）根据2019 年全国返乡创业企业调查数据的分析，发现高质量返乡创业对农民收入有带动作用，尤其对低收入群体的带动作用更为显著。杜

---

[1]　光明网，https://guancha.gmw.cn/2021-02/26/content_34645964.htm.
[2]　发展和改革委员会，https://www.ndrc.gov.cn/xwdt/xwfb/201906/t20190618_954437.html?code=&state= 123.

威漩（2019）指出，返乡创业可以吸纳或者带动贫困群体就业，这一就业的促进作用实现了贫困群体增收的效果。经济效应的影响区域不仅局限在乡村地区，何宜庆等（2022）利用 2011—2019 年面板数据，发现返乡创业试点县人均可支配收入有显著提升，且这一提升效应存在地区差异，主要体现在中东部地区。就业提升与收入增加可以促进区域经济的发展；此外，返乡创业还可以通过促进集聚、优化结构等渠道实现对于区域经济发展的促进。在集聚效应方面，返乡创业的集聚效应主要在城镇地区，增加了人员和要素的集聚水平，从而带来规模经济、范围经济，可以促进城镇地区快速发展。在带动就业方面，从产业结构的角度来看，返乡创业可以通过增加二三产业的占比，从而达到优化产业结构的效应。增加农民要素收入也是推动农民群体收入增长的作用机制（何宜庆等，2022）。

二、社会功能

农村生源大学生返乡创业可以促进市民化及城乡融合、增加农民福祉，并改善乡村治理环境。市民化是传统人向现代人转换的过程，分为经济、社会、心理等多个层面。从地点选择的角度，农民群体（包括农村生源大学生）的市民化可以分为异地市民化和就地市民化，在大城市实现的市民化可以归为异地市民化的范畴。就地市民化指的是农民群体通过创业等途径，在当地城镇地区实现价值观念、身份认同、经济适应和生活方式等方面从农民向市民转换的过程（罗竖元，2016）。返乡创业从职业身份转变、素质提升、生活和行为方式转变三个方面满足了农村大学生的需求，显著促进了来自农村的大学生的就地市民化（张秀娥等，2014），这也是市场型市民化的有效途径，通过"进城学习打工—积累创业资本—返乡创业实践"模式，既可以为农村生源大学生的就地市民化提供经济支撑和实践平台，同时也为更多返乡农村大学生就地市民化提供了产业支持与就业机会（罗竖元，2017）。创业质量更高的"成长型创业"

相较于"生存型创业"更能促进农村生源大学生的就地市民化。而农村生源大学生群体通过返乡创业实现就地市民化，不仅是新型城镇化战略和城镇地区发展的重要途径，也是构建大中小城市和城镇协调发展格局的重要措施（罗竖元，2018）。

从城乡关系的视角来看，返乡创业是连接城乡关系、促进城乡融合发展的推手。随着经济社会发展，城乡二元结构向着城乡融合的方向发展。毛一敬（2021）根据在河南信阳农村的田野调查，认为通过创业行为与村庄的关联和互动衍生出了一系列的社会功能，包括通过发挥信息、资金等优势助推乡村产业的发展和转型，通过集合城市和乡村要素的优势促进要素的融合，通过特色农业、休闲农业推进产业融合，以及发挥村庄生态环境优势促进生态融合。作为个体的返乡创业者，同时也是连接政府与市场、农民与市场的重要中介，这些返乡创业者可以通过参与乡村自治、法治和德治等方面改善乡村治理环境（赵利梅等，2020）。

第五节　影响返乡创业的因素

返乡创业受多种因素的影响，在政策层面，何晓斌等（2021）指出政府支持对返乡创业绩效具有促进作用，主要的影响机制是新增投资。返乡创业支持政策可以分为财政政策、金融政策和培训政策。王轶等（2022）的研究揭示了政府补贴、税收优惠等财政政策可以显著提升返乡创业企业的创新绩效。这种作用机制是通过培养创新精神和责任精神来实现的。除了财政政策外，金融政策也影响着返乡创业，金融排斥现象在农村地区普遍存在（董晓林等，2012），返乡创业群体同样面临这一约束。毕茜娜（2014）对于某县的返乡创业的调查表明，该县2013年新增1175家返乡创业企业中只有92家获得了贷款，比例仅为8%，初次投资规模较小的个体工商户更难以获得正规贷款，且大型商业银行的作用有限。在这一背景下，政府也通过各种方式缓解返乡创业者面临的金融约束，如通过引入农户需求推动型、政府供给推动型以及金融机构供给推动型三种农地产权抵押贷款模式，探索化解返乡创业农民工（包括农村生源大学生返乡创业者）信贷约束的路径（于欣誉等，2018）。李立等（2017）通过问卷调查发现，襄阳推出的财政贴息、自主创业人员小额担保政策性贷款等政策提升了创业农户的融资能力，当地小额贷款规模和总额有了明显提升，从 2005 年的 563 笔、749 万元上升到了 2015 年的 8879 笔、总额为 7.6397 亿元。贷款的获取也存在个体和区域差异。崔春晓（2017）的研究表明，贷款便利性提高与成本降低有助于提升新生代农民工返乡创业的净利润，且个体差异同样存在，受教育程度更高的群体可以更好地利用政策带来的利好。除金融政策外，社会保险政策也影响创业的选择，例如新农合和新农保都能缓解金融约束，新农合显著促进了低收入群体的自雇型创业，新农保则有助于高收入群体的机会型创业（郭劲光等，2022）。

除了政策因素外，农村生源大学生创业者的外出务工经历、社会网络等创业者个体层面的因素也会对返乡创业的意愿、绩效等方面产生影响。现有研究在个体特征层面主要关注创业者人力资本和社会资本对于返乡创业的影响。人力资本指的是凝聚在个体身上的知识、技能以及表现出的能力，这类资本是通过教育培训、医疗保健、劳动力流动等人力投资形成的，教育支出形成的教育资本是人力资本的主要组成部分（吴尊民，2019）。教育所代表的学习能力和知识储备与一系列创业能力和素质相关，这些能力和素质包括掌握信息、预测未来发展、识别和抓住机会等方面（张立新等，2016），因此教育人力资本正向影响返乡创业意愿（王辉等，2021）。人力资本同样影响创业收入，甘宇等（2019）发现受教育程度对于创业收入具有显著的促进作用。不同类型的人力资本对于创业企业成长存在异质性，人力资本中的能力特征和经验特征具有显著影响，而知识特征的影响不显著（赵浩兴等，2013）。人力资本同样存在地区差异，刘苓玲等（2012）发现中西部地区人力资本（以及社会资本）在返乡创业过程中依旧相对匮乏，具体体现在返乡创业者受教育程度普遍偏低，小学和初中文化程度占比为50%。北京师范大学劳动力市场研究中心2019年1—7月的返乡创业企业调查数据也发现，东部地区创业者的平均受教育年限高于中西部地区和东北地区（王轶等，2020）。

　　经验特征中的代表性因素是外出务工经历，这是返乡创业者区别于没有离开过户籍地的本地创业者的重要特征。已有研究指出外出务工经历会提升农村居民创业的概率（周广肃等，2017；徐超等，2017；张梁梁等，2022）。外出务工经历一方面可以提升返乡创业者的物质资本（周广肃等，2017；徐超等，2017）和人力资本（许明，2020）；另一方面，可以调整和重构返乡创业者外出务工地以及户籍地的社会资本。[①] 外出务工经历虽然可以提升返乡创业者在外出务工地的社会资本，但是返乡过程中也可能出现这类社会资本的断裂[②]（黄洁等，2010），或者说是自致性社会网络的断裂（罗竖元等，2022）。而且由于外出务工期间离开家乡，对返乡创业者户籍地的社会资本也可能存在负面影响。基于这些效应，已有研究对于社会资本的整体影响尚存在分歧。一些研究指出外出务工经历可以提升返乡创业者整体的社会资本（徐超等，2017），扩大社会网络（孙武军等，2021），但也会降低农民工在户籍地区的"本地"社会资本

---

① 　已有研究使用不同的概念来描述这两类社会资本，比如外地弱连带和本地强连带（也可以称为外地弱关系和本地强关系）。如黄洁等（2010），罗竖元等（2022）。本节由于综合了不同的研究，对这两类资本的名称的使用有所区别。

② 　文章将这里的断裂分为三个方面，一是社会资源和弱连带的断裂，因为外出打工者大多数从事简单体力劳动，其认识的也是同一类型的农民工群体，带来的社会资源有限。二是不信任带来的弱连带锻炼，由于弱连带本身信任度低，由于农民工的流动特征，这一信任度更低，返乡之后会进一步降低。三是地域局限带来的断裂、返乡带来的空间位移制约了这一弱连带所能发挥的作用。

（周广肃等，2017；许明，2020），而以邻里关系为代表的社会资本对农民工创业具有正向的调节作用（张梁梁等，2022）。外出务工经历还可以增加创业者的创新型人力资本（林龙飞等，2019），提升管理经验、扩大社会网络、并有利于获得更多的政策扶持（孙武军等，2021），进而提升返乡创业者的创业绩效。

社会资本的影响的多样性结果可能部分来自社会资本的度量方式，如周广肃等（2017）研究中使用的是"交往亲友的数目"，而徐超等（2017）使用的是"互相问候的人数"，这两个问题虽然都可以度量个体的社会资本，但关注点有所不同，"交往亲友的数目"偏向于"本地"社会资本，而"互相问候的人数"则侧重于"整体"的社会资本。对于返乡创业者而言，外出务工经历可能增加了整体的社会资本，但是由于离乡时间等原因，对本地社会资本的影响可能是负向的。许明（2020）从这一视角出发，发现有外出务工经历的创业者返乡创业的成功率比未外出务工的农民显著低9%左右，而影响机制之一是降低了返乡农民工家乡所在地的本地社会资源，这些资源包括声誉、人际关系以及社会评价。

创业者的个体因素和返乡创业政策为代表的整体因素相互交织。例如，创业政策的有效性受到创业者个体因素的影响，而返乡创业者的政策获取能力可以视为其中的中介要素。政策资源获取显著影响农民工返乡创业绩效，尤其是对初始创业的农民工群体影响更大（朱红根，2012）。人力资本被认为是政策获取的中介变量（戚迪明等，2018），包括教育程度、外出务工经历的丰富程度在内的人力资本有助于创业政策的获取（刘玉侠等，2019）。此外，创业培训可以进一步提升政策获取的能力（方鸣，2021），同时政策认知能力也会影响创业培训的绩效（方鸣等，2021）。这些研究揭示了返乡创业政策与创业者个体特征之间复杂的互动关系。虽然上述研究的对象不仅包括大学生返乡创业者，而且还包括非大学生返乡创业者，但这些文献仍然为推进大学生返乡创业者的研究提供了理论和经验基础。

第六节　案 例 研 究

　　教育带来的人力资本和外出求学或者工作经历带来的社会资本，是返乡创业大学生群体的主要特征。这些人力资本和社会资本可以作为桥梁，将家乡与更为广阔的技术、市场相连接。本节以湾头村和沙集镇两个淘宝村的带头人作为案例，探讨大学生如何通过互联网技术实现乡村与广阔的市场连接，以及这些连接带来的经济和社会后果。这一连接的媒介最初是以淘宝为代表的电商网店，之后进一步发展为直播、短视频等更为多样化的形态。

　　作为"互联网＋商业"的代表性形式，电子商务已经成为人们日常购物的常态化选择，同时也催生或重塑了电商平台、物流、直播带货、网店运营等众多新的产业形态与产业组织。电子商务在空间上的跨地域特征，使得农村地区的产品可以打破地域限制，面向更为广阔的市场，淘宝村就是农村经济与电子商务结合的产物，也是农村经济的转型升级、农村居民的创业就业的重要媒介和载体。根据阿里研究院的定义：

　　淘宝村是指大量网商聚集在某个村落，以淘宝为主要交易平台，以淘宝电商生态系统为依托，形成具有一定规模和协同效应的网络商业群聚现象。淘宝村的认定标准包括：（1）经营场所在农村地区，以行政村为单元；（2）全村电子商务年交易额达到 1000 万元以上；（3）本村活跃网店数量达到 100 家以上或者活跃网店数量达到当地家庭户数的 10% 以上。[①]

　　根据有无产业基础，淘宝村可以分为两类：一类是农村地区并无相关产业基础，但在电商平台的带动下，发展出了具有一定规模、以电商为主要销售渠道的产业，属于从无到有的模式。另一类淘宝

---

① 阿里研究院 . 中国淘宝村研究报告（2014）. // 曾亿武，郭红东 . 农产品淘宝村形成机理：一个多案例研究 . 农业经济问题，2016（37）：39-48+111.

村在“触网”之前就有良好的产业基础，这类淘宝村的形成是在原有线下渠道的基础上扩展线上渠道，是从有到优（张宸等，2019）。这两种模式也分别被称为信息化带动工业化和工业化之后的信息化（贾华强，2012）。本节的案例包含了这两种形式，山东省博兴县的湾头村具有草柳编的产业基础，返乡创业的大学生通过开设网店，带动全村发展成为淘宝村。在此期间，通过互联网技术与乡村结合，为乡村特色工艺 / 产品打开市场，属于“工业化之后的信息化”模式。这一模式将乡村特色的资源禀赋与更为广大的市场连接，在提升了乡村资源禀赋价值的同时，也增加了当地农民的收入，以实际行动助力乡村振兴。与之相对应，江苏省睢宁县的沙集镇在成为淘宝村之前不具备家具生产的产业基础，大学生通过开设网店，将这一产业引入乡村，实现了“信息化带动工业化”。

一、湾头村：工业化之后的信息化

根据南京大学空间规划研究中心与阿里研究院的联合研究，2021 年，全国淘宝村数量已经达到 7023 个，而且连续四年增幅保持在 1000 以上。[①] 淘宝村的产生与发展依赖于多个因素，从发展要素和动力机制的角度来看，主要涉及产业基础、电商平台、创业能人、基础设施、社会网络、地方政府、电商协会、市场需求几个方面（曾亿武等，2020）。其中，以农村电商创业者为代表的创业能人是“淘宝村”形成和发展的主体（周静等，2017），这一群体的企业家精神也是淘宝村产业演化的内生动力（刘亚军等，2017）。淘宝村的“创业能人”中就包含返乡创业的大学生群体，而湾头村的贾培晓就是其中的代表。

湾头村隶属于山东省滨州市博兴县，草柳编在湾头村具有悠久的历史，附近马踏湖的蒲草和芦苇为草柳编提供了所需的原料。有

---

① 阿里研究院，http://www.aliresearch.com/ch/information/informationdetails?articleCode=25631765 7652006912&type= 新闻 &adcode=&villageCode=&villageYear=&item= 淘宝村 .

媒体报道称，"村里妇女几乎人人都会草柳编织，女孩们在七八岁的时候，就开始帮大人打下手，学习各种编织方法技巧。对于湾头女人来说，草柳编是一种习俗和本能"（王冠，2013）。在接触网店之前，湾头村的草柳编也已经形成了产业化，早期是县里国营的工艺美术厂下单，后来也有职工出来创业直接接订单并转给当地的农家生产。出口曾是湾头村草柳编主要销售渠道[①]，但是 2008 年的金融危机导致海外订单下降，淘宝的兴起与这一时期刚好重合（王冠，2013）。返乡创业的大学生贾培晓在湾头村淘宝店商兴起的过程中扮演了重要的角色，山东电视台将他称为"淘宝村里的创始人"[②]。

贾培晓是从湾头村走出去的大学生，学计算机专业的他在大学毕业后经历过多次创业。2006 年，贾培晓想到开淘宝店不需要资金成本，就试着通过在淘宝上开网店、卖家乡的草柳编的方式来创业。2006 年还是电商的初始阶段[③]，在乡村开设网店要面临网络速度慢、物流基础设施不完善、电商平台的规则不熟悉、线上交易特殊性对于产品的要求等一系列需要解决的问题。贾培晓刚开店时，湾头村基本上没有家庭接入互联网，电脑也很少，村民们更不知道什么是网店。除了电脑和网线这些硬件的"基础设施"的缺乏，淘宝的交易规则也是贾培晓需要学习和适应的"门槛"：因为需要发布十件商品才能激活店铺，贾培晓把结婚时朋友送的结婚礼物挂到了淘宝店。此外，淘宝的一些商品会设置为"包邮"，但贾培晓对此也并没有很强的概念，他卖出的第一件商品价格是 26 元钱，当时村里面没有快递服务，要到县里面的邮局发货，到了邮局后才得知光邮费就要30 元钱。虽然仅邮费一项就赔了 4 元钱，但是商品的成交也为贾培晓的网店带来了希望。跑通了这些流程仅仅是一个开始，当时的电

---

① 阿里研究院，http://www.aliresearch.com/ch/information/informationdetails?articleCode=25631765 7652006912&type= 新闻 &adcode=&villageCode=&villageYear=&item= 淘宝村 .

② 奋斗的青春最美丽：贾培晓——"淘宝村"里的创始人 . 山东新闻联播，2014-05-08. https:// news.cctv.com/2014/05/08/VIDE1399556638907888.shtml.

③ 淘宝 2003 年 5 月成立。

商还要适应线上和线下不同的交易场景和规则。与线下"一手交钱、一手交货"不同，线上市场两者之间有时间差，是消费者"没有见到实物就要付钱，卖家没有收到钱就要发货的买卖"。因此，消费者的评价就很重要，一个差评就会带来很大的影响。而且，因为多了物流的运输过程，对产品的质量也有潜在的影响，比如草柳编制品在运输过程中可能产生破损。为了解决运输带来的新问题，贾培晓通过浸泡改良了草编产品，这一工艺的改良也提升了产品的口碑。在此之后淘宝店步入了正轨，销售额也持续地上升。2009 年，贾培晓投资 20 万元注册了企业品牌，并进驻了天猫商城。2014 年，他的网店年销售额突破千万元。

在贾培晓的影响下，湾头村的村民也开始尝试在网上开店。这种影响包含开店激励和网店运营等多个方面。贾培晓在一次演讲中提到，他的网店事业发展对村民是很大的激励，也鼓励了更多村民参与到电商行业中。虽然解决了开店的激励问题，但村民在网店的运营过程中依然需要付出学习成本，贾培晓这时候也起到了榜样的作用，开始时有的村民会拷贝贾培晓网店的照片与内容。不过这种拷贝也带来了新的"问题"，比如有的村民虽然拷贝了"包邮"字样，但是并不理解包邮的含义，有的村民刚开始将包邮理解为发货不需要付邮费。在付出了这些"学习成本"之后，湾头村的电商行业步入了正轨。到 2018 年，这个拥有 1700 多户人家的乡村，已经拥有了 800 多家网店和 20 多家快递公司，一半以上的村民都在经营与网店有关的工作。其中，年销售额过百万的网店超过 30 家，湾头村的网店年销售额突破了 4 亿元。①

网店也为村里带来了实际的经济效益和社会效益，同样是 2018 年，这个村人均增收 3000 多元，而有编织工艺的村民，每个月靠草柳编人均增收 1000 多元。产业和经济的发展也带来了社会效益，据

---

① 40 年我们的创业史 贾培晓：登上联合国讲台的农民电商. 央视网《生活圈》，https://tv.cctv.com/2018/10/05/VIDEJbrcqYaBgvWS0XtRLFjg181005.shtml.

贾培晓介绍，湾头村被称为三无村，一是没有孤寡老人，二是没有留守儿童，三是没有分居导致的离婚率上升。这种"三无"现象是"产业留人"社会后果的具体体现，与一些农村因人口外流而造成的"空心化"现象形成了较为鲜明的对比。

二、沙集模式：信息化带动工业化 [1]

沙集镇位于江苏省睢宁县，隶属于徐州市管辖，家具制造是当地的主要产业。这一产业的中心为沙集镇的东风村。2009 年，东风村成为全国 3 个淘宝村之一，该村电商一条街的北端"中国淘宝第一村"的标识格外引人注目。[2] 与湾头村拥有草柳编的技术和产业基础不同，在引入电商之前，沙集镇并不具备家具生产的基础，也并非木材的原产地（薛洲等，2018）。20 世纪八九十年代，东风村的村民主要以养猪为主。20 世纪 90 年代后期受到临近耿车镇的影响，开始从事塑料回收加工业务。主要模式是从各地特别是南方发达地区回收旧塑料并对塑料进行再加工，高峰期时从事该行业的农户达到 250 户，年产值高达 5000 万元。到了 2008 年，由于金融危机影响，塑料行业陷入低谷，废旧塑料加工还造成环境污染，很多同类企业面临停产或者减产的困境。而东风村电商业务的发展也是从这一时期开始的。

1. 缘起：沙集三剑客

沙集淘宝村缘起于三位当地年轻人，也就是后来被称为"沙集三剑客"的孙寒、陈雷和夏凯，他们三位都是大学毕业生 [3]，而且在开网店之前，都从事过其他工作。孙寒曾经在外工作，后来回到县里的移动公司做起了客户经理，"触网"也开始于这一时期。孙寒有

[1]　除非另有说明，本节内容主要来源于叶秀敏. 东风村调查：农村电子商务的"沙集模式". 北京：中国社会科学出版社，2016.
[2]　肖芳. 变形中的"中国淘宝第一村". 大众日报，2014-11-08，第 5 版，http://paper.dzwww.com/dzrb/content/20141108/Articel05002MT.htm.
[3]　沙集镇"三剑客". 第一财经日报，https://www.yicai.com/news/1239083.html.

一次拿了 30 张电话充值卡在网上销售,结果两个小时就卖光了,这一经历让他体会到了网络销售的魅力。也是因为这次"倒卖"充值卡,孙寒被迫辞职,并因此在家开起了淘宝网店。刚开始只是卖一些小饰品和小挂件,但是也带来了不错的收入,这让他更坚定了从事网店事业的信念。夏凯是孙寒的朋友,在从事网店之前是沙集镇中学的一名美术教师。作为镇里最早接触到电脑的一批人,他曾经利用业余时间举办电脑培训班,一些居民经过培训后能够简单地使用电脑。后来夏凯开过网吧,做过电脑零售和配件的生意。也是从这一时期起,电脑配件网店生意兴隆让夏凯坚定了开设网店的想法。2006 年 4 月,孙寒开设了网店,经营的产品包括小饰品和小家电。陈雷同样是两人的好友,主业是婚纱摄影,在沙集镇开设了一家影楼,据说生意还不错。在两个好友开网店的影响下,他也开了一家属于自己的网店。

小商品和小家电的网店模式因同质化竞争日趋激烈。而且由于不掌握货源,发展潜力也有限,所以三人也经常讨论网店的规划。2007 年的一天,孙寒在上海发现宜家的家具用品简单时尚,而且价格也相对合理。他在网上搜索发现,同类产品虽然受欢迎,但是在网络上却是个空白,于是,他买下了两款产品带回睢宁。同样感到家具是可能方向的还有受到了韩剧中简易家具影响的陈雷。三人商量后决定通过网络销售简易的拼装家具。三人既有分工又有合作,陈雷发挥摄影能力,使用专业照相机把韩剧中的各种简易家具拍下来;夏凯则利用美术特长,参考买回来的样品,改造和设计加工图纸。几个人拿着图纸请木工师傅帮忙加工,网上销售家具的模式就此开始运转。由于物美价廉,网络销售效果非常好,不到六个月时间,孙寒的网店销售额就突破百万元大关,三个人的网店也走上了正轨。

2. 扩散:亲友网络

随着三人网店事业的发展,淘宝开店与家具制造的模式在村庄这一熟人社会中扩散开来。首先是网店的模式，网店带来的经济效益激起了同村人的好奇。村民起初对网店并没有概念，认为坐在电脑前捣鼓不出什么名堂，而且对于快递在门口取货的方式也摸不着头脑。但是随着发货量越来越大，取货的工具也从摩托车变成了大卡车，村民的观念也发生了转变，开始打听这是一门什么样的生意。

"三剑客"先是把网店的生意经传递给了亲戚朋友，孙寒带了王朴、王跃两个徒弟，夏凯、陈雷也分别带了几个徒弟。王朴是孙寒的邻居，初中没有毕业的他之前和哥哥一起从事废旧塑料生意，电脑对于他来说是新鲜事物。孙寒从注册网店、打字开始，一步一步地教给他开店的"门道"。由于有过做生意的经历，上手之后王朴发展得很快，在弟弟王跃的帮助下，两人的网店规模快速扩张。之后越来越多的村民发现，网店和农业生产并不冲突，而且投入成本不高，就纷纷找孙寒等人取经，第一批学会的亲戚朋友又教给自己的亲戚朋友。夏凯对这个"链条反应"有自己的描述："我带动自己的四五个亲戚，他们每人再带动四五个人，一个个传下去。"经过同村亲朋好友的社会网络扩散，东风村的网店快速扩张起来。从某种程度上说，这种扩散并非三剑客最初"希望"的后果，孙寒他们也曾担心做的人多了会挤占市场，而且还曾经"签字画押"建立"攻守同盟"。但是这种"契约"抵御不了乡村的熟人社会，就像孙寒说的"架不住都是乡里乡亲，不能不传啊！"由此也可以看出，乡村由熟人社会构成的社会网络，是网店模式可以在乡村开枝散叶的重要传播途径。

除了网店的模式外，产品的传播也遵循着一条相似的路径。当三人决定做家具的时候，在寻找"供应商"方面费了一番工夫，他们遍寻周边地区，最终在沙集找到一位木匠，并与其商量了一个"独家供货协议"。但是三个月之后，他们就发现出现了同类型的店铺、卖着同样的家具，而且店主还都是自己的朋友。经过一番调查，他们发现其他网店也是从这位木匠那里拿的货。此时的"独家供货协议"在熟人关系面前同样失去了效力（陈恒礼，2018）。随着网店生意的红火，电商销售家具的模式在更广的范围内得到了传播，附近村庄乃至其他乡镇的农民都来拜师学艺，这一模式甚至传到了隔壁属于宿迁的耿车镇。

3. 转型：从单一到多元

东风村的电商发展也并非一帆风顺，早期，同质化的产品、缺乏知识产权意识以及淘宝规则的变迁，在为当地电商行业带来了挑战的同时也带来了转型的契机。沙集电商行业的发展经历了多次转型。首先是销售与生产的一体化，"独家供货协议"的失效让三剑客意识到了生产的重要性，孙寒和陈雷决定向生产端延伸，两人分别在东风村和沙集镇开办了当地第一个淘宝家具厂。这种"网店＋加工厂"的模式也成为沙集镇电商的一个特征，而且带动了当地的家具加工的产业化。在这一过程中，工厂的规模也在逐渐发展，从以家庭为单位的生产作坊，发展到雇用十几甚至几十名员工的专业工厂。孙寒在 2010 年时，就将家具加工坊升级为现代化设备的加工厂，投资达到了 100 多万元。生产方式的转型也伴随着知识产权的转型。东风村的家具产业从最早的模仿宜家和韩式家具转型为拥有自己的设计和工艺，甚至可以定制化生产的家具产品。在此过程中，村民的知识产权意识也在增加，电商们开始注册专利和商标。

4. 经济和社会影响

与湾头村相似，电商和家具加工事业的发展不仅提升了当地村民的收入水平，而且带动了上下游产业以及相关产业链的发展，这些产业包括木材、物流、零配件、电商服务、电脑销售与维修等。以木材为例，沙集镇原本不具有木材销售与加工产业，在电商销售家具兴起之后，当地的木材从无人问津到供不应求，甚至要从外地购买。物流行业同样如此，"三剑客"刚开始做网店时，只有 EMS一家快递商，此后各大知名快递公司都在沙集镇汇聚。与此同时，快递业的集聚和竞争带来了单价的显著下降，2009 年，沙集镇的快递价格已从最早的 3 公斤以下 6 元变为了 15 公斤以下 6 元。① 除了这些上下游产业外，沙集镇的电力、网络、银行等基础设施也随之发展，构成了更为广泛的电商和产业生态。

产业的发展也带来了当地社会风貌的变化，并带动了外出人员的返乡。在东风村电商发展的初期，恰逢 2008 年亚洲金融危机，看到了网店生意的前景，部分年轻人放弃了外出打工的计划而转向网店的经营。返乡的不仅是村里的外出务工人员，还有一些村里走出去的大学生也回到了家乡。例如叶秀敏（2016）报道过刘兴利的例子，刘兴利拥有硕士学位，曾经是村里学历最高的秀才，之前曾在徐州的企业担任高级管理人员。由于企业不景气，刘兴利离开工厂，回到家乡创办网店和家具厂。此外，还存在"远程返乡"的现象，在网店发展初期，村里在外地上学的大学生会带着同宿舍的同学一起开网店，他们网上接单，然后将订单转给家里面的父母，大家各司其职，实现了协调与联动。

产业的发展、收入的增加以及人员的回流，不仅缓解了农村的留守和空心化问题，村民的幸福感和获得感也得到了提升。根据叶秀敏（2016）的调研，51.6% 的电商认为开网店解决了自己的就业和创业问题，48.4% 的电商认为网店实现了个人价值，40.3% 认为自己的生活水平有了显著提高，还有 32.3% 的电商认为开店带来了事业上的成就感，27.4% 的电商认为自己的生活更加充实。可以看出，除了在就业和生活水平这些经济层面的提升外，网店还有助于村民实现个人价值。

第七节　大学生返乡创业的特征总结

与招商引资的外生性、基于契约型的模式不同，大学生返乡创

---

① 睢宁县淘宝村：整村农民"二指禅"打字开网店. https://www.chinanews.com.cn/cj/cj-jjyw/news/2009/10-16/1913851.shtml.

业是一种内生的、根植于乡土熟人社会的创业行为，具有"自发性产生、裂变性成长、包容性发展"的特征（叶秀敏，2016）。

一、自发性产生

自发性，也可以称为内生性，指的是返乡创业是一种自发行为。回溯到其初始的状态，更像是一种模仿或者尝试：湾头村的贾培晓选择创业是因为孩子出生后的经济压力，而选择开淘宝店则是因为开店不需要成本①。"沙集三剑客"的孙寒，开网店的动机是"不安于现状"，希望做更大的生意。这种自发性结合大学生的人力资本，使得贾培晓和"沙集三剑客"通过自身的实践，推动了电商在乡村的生根发芽、开枝散叶。贾培晓和"沙集三剑客"都具备一定的计算机和网络基础，贾培晓是计算机专业出身，而且做过电脑生意，孙寒在通信公司工作过，夏凯是一名中学老师，1997 年就买了电脑，还利用业余时间举办过镇里的第一个电脑培训班（叶秀敏，2016）。电商不仅需要计算机和网络知识，还需要熟悉电商的运作模式，这需要具备实现"干中学"的持续学习能力，以及"摸石头过河"的企业家精神。贾培晓开店时为了激活店铺，将结婚时朋友送的礼物挂到网店，为了解决长途运输对于产品的要求，改良生产工艺；"沙集三剑客"思考网店转型，注意到简易家具市场，这些都是持续学习能力和企业家精神的具体体现。在基础知识、持续学习能力以及企业家精神的共同影响下，这些先行者探索出了一条在当时的条件下适合本地乡村电商的可行模式，这种模式与经营绩效也带动了其他村民自发地投入到电商行业之中，使得全村成为远近闻名的淘宝村。

---

① 40 年我们的创业史　贾培晓：登上联合国讲台的农民电商 . 央视网《生活圈》，https://tv.cctv.com/2018/10/05/VIDEJbrcqYaBgvWS0XtRLFjg181005.shtml.

二、裂变式成长

裂变式是电商模式在乡村扩散的一种模式，这一扩散基于乡村的熟人社会网络，最初是在亲戚朋友之间传播，然后再通过熟人网络逐渐扩展，进而实现了"一传十、十传百"的效应。这一传播方式更多基于的是乡土的熟人社会逻辑，而非个体的经济理性。早期返乡创业的大学生也意识到这一扩散可能会影响自己的收入，也尝试过控制扩散的规模。"沙集三剑客"曾与供货的木匠师傅签署了"独家供货协议"，为了防止太多人参与还签字画押，订立"攻守同盟"，但是这些措施在熟人社会面前并不奏效，用孙寒的话说，"架不住都是乡里乡亲，不能不传啊！"（叶秀敏，2016）。

这种裂变式扩散又分为电商模式扩散与产业扩散，对于湾头村而言，由于是本村特色、规模效应不强的手工业，所以更多体现的是电商模式的扩散。东风村并不具有家具加工的传统，但由于家具加工的专业门槛并不高，所以产品和模式的扩散同步进行。此外，由于家具生产可以通过机械化、产业化提升效率，因此这种模式和产业的扩散范围超出了东风村的限制，扩散到沙集镇以及邻近的其他村落。

三、包容性发展

在湾头村和沙集镇的案例中，返乡创业的包容性体现在三个方面：首先是受益群体的范围，返乡创业的受益群体更为广泛。以湾头村为例，截至2018年，这个拥有1700多户人家的乡村已经有了800多家网店，20多家快递公司，一半以上的村民都在从事与网店有关的工作。其次是收益的分配，湾头村和东风村的电商主要遵循的是"自产自销"的模式，这个自产自销是乡村整体意义上的，具体到村民，则有可能是生产者或者销售者。但是无论是生产和销售的水平分工还是生产销售一体的垂直整合，其收益都更多地留在了乡村，2018 年湾头村的人均收入提升了 3000 多元，就是分配包容性的具体体现。最后是产业链的延伸，电商不仅包含产品的生产和销售，还有相关的上下游产业链，如包装、摄像、物流、各类配件等，淘宝村的发展，使得这些相关产业链在乡村的地理空间内集聚，湾头村有专门经营配件的店铺，"店门口码放整整齐齐的都是塑料包装袋和海绵泡沫"（王冠，2013）。沙集镇有些在外做生意的村民春节回家过年时发现村里的网店生意异常火爆，于是结束外地的生意，带着全部资产回乡投资建板材厂（叶秀敏，2016）。这种产业链的集聚不仅提升了生产效率，也使得经济发展的成果在更多村民之间共享。

四、"网络 + 公司 + 农户"模式

在自发性、裂变式和包容性三种特征的基础上，叶秀敏（2016）将沙集模式归结为"网络 + 公司 + 农户"的模式。与农户通过企业连接市场的"企业 + 农户"模式相比，在"网络 + 公司 + 农户"的模式中，农户成为产业链上的主角，通过直接对接大市场来服务用户，根据消费者的需求调整产品设计和生产。通过农民和市场的直接对接，不仅省去了很多中介环节的费用，还提升了农民在交易中的地位。

不仅如此，在"网络 + 公司 + 农户"模式中，农户的角色更为接近创业者。根据国际劳工组织（ILO）的《国际就业状态分类》（international classification of statusin employment，以下简称 ICSE-18），工作可以根据经济风险和权威（aut hority）两个维度进行划分（详见第九章表 9-3）。根据表 7-1 的分类，"网络 + 公司 + 农户"模式中的农户是独立工作者，也就是我们所谓的自雇佣者。而"公司 + 农户"模式中的农户是非独立的承包商（dependent contractors），也就是非独立工作者，其自雇佣性相对较弱。湾头村和沙集镇的发展

模式表明，通过提升农民的市场地位和自主性，可以更好地发挥农民的积极性和创造性。

表 7-1　农户在两种模式中的角色比较 [①]

	"公司＋农户"模式	"网络＋公司＋农户"模式
角色	生产、养殖	决策＋生产＋营销
地位	被动地位（被动订单、被辐射、被带动）	主导地位（直接服务客户，拿到订单、辐射、带动产业链上其他企业业务）
话语权	无：公司拉动农户	有：农户带动公司
面向消费者	否：不了解市场	是：了解市场需求，直接服务用户
商品定价权	公司和消费者	消费者和农户
风险	被动地位、不了解市场，自然风险	主动地位，了解市场
创新	被动创新：创新来源于大公司的需求	主动创新：根据市场的变化实施产品创新、设计创新、模式创新
品牌	无：大公司拥有品牌	有：网店、商品、店主
产品附加值	低：局限在产品生产一端，仅能获取生产的附加值	高：可以同时获取产品、品牌、服务的附加值
利润	取决于企业的订单	自主性更强，取决于市场、产品和经营情况
产品	更多的在农业初级产品，或者初级加工产品	不局限在初级产品，还可以包括多样化、个性化、差异化的工业产品
农户发展趋势	单一：依然是农户，或者小生产者	多样化：培养了农户的市场意识、品牌意识、知识产权意识等，发展方向可以是农户，也可以是各种规模的公司 可以从事网店＋生产，也可以仅为网店或者生产，还可以从事网店上下游相关行业的工作

---

① 参照叶秀敏（2016），有修改。

	"公司＋农户"模式	"网络+公司＋农户"模式
村庄发展趋势	由于仅有生产端，仅可以带动生产相关的产业链发展，如原材料、配件等，发展方向为生产中心	包含了生产、销售、品牌运作等环节，可以带动上下游产业链的发展，在生产之外，还包括营销等各类服务业 可以是生产中心，也可以是贸易中心、物流中心

表 7-2 农户在两种模式中的经济风险和权威的类型

	"公司＋农户"模式	"网络+公司＋农户"模式
经济风险	中：经过公司一级，自然风险	高：主动面对市场，市场风险
权威	低：根据订单生产	高：根据市场生产，自己决定产品类型与经营模式

　　大学生返乡创业是从生存型创业向包容性创业过渡的具体实现形式。包容性创业与包容性增长的概念相伴而生，根据 OECD 的定义，包容性创业是通过创业作为实现包容性的渠道，彭瑞梅等（2019）将其定义为"以公平分享经济增长带来的新机会为目的，实现经济、社会可持续发展的创业活动，尤其是让穷人和社会弱势群体能够参与经济新机会并共享这种新机会带来成果的创业行为和活动"。从湾头村和沙集镇的案例中可以看出，通过电商形式进行的返乡创业因其自发性、裂变性和包容性特点，以及"网络＋公司＋农户"的模式，使得乡村分享了互联网信息技术所带来的新市场机会，并且促进了社会经济的可持续发展。这种发展成果更多地惠及了本村村民，实现了村民收入的增加以及乡村社会环境的改善。

　　从两个淘宝村的案例中，可以发现返乡创业的大学生不仅带来了电商的技术与商业模式，还通过自身的实践，引导并帮助同村的村民参与到电商行业之中。这种参与并非单一的技术基础设施意义上实现了乡村与市场的连接，而是扎根在乡村熟人社会之中，伴随着网络技术、产品技术以及商业模式的扩散。村民通过各种方式直接或间接参与电商事业，提升了自身的市场地位和自主性，在这一过程中，不仅培养了村民的生产技能，还提升了他们的管理、营销才能以及更为重要的"企业家精神"。这些返乡创业的大学生，在改善自身社会经济状况的同时，还实现了乡村信息化和产业化的协同发展，带来了可观的经济效益和社会效益。这一过程起因是数字赋能，在创业过程中实现了个人和社区能力的提升，进而实现了社会价值的创造。

随着移动互联网的发展，直播、短视频等内容创业方兴未艾，成为创业领域的一个新趋势。在淘宝村所代表的"产品类"返乡创业之外，以快手、抖音和微信视频号为平台的"内容类"返乡创业已然兴起。内容创业与产品创业也在逐渐融合，采用直播等内容创作的方式推动乡村特色产业的发展，成为移动互联网时代"技术下乡"的重要形式。这些被称为"新型职业农民"或者"新留守青年"的返乡创业者，凭借着自己的聪明才干，以及对于乡村朴实而深厚的情感，正在成为助力乡村经济社会发展，实现乡村振兴的重要力量。

第八章　社会创业

　　除了创建以盈利为目的的企业之外，社会创业也是大学生创业的另一种类型。社会创业（social entrepreneurship，或 socialventure）也被称为公益创业（曹桢，2018），是使用经济手段解决社会问题的一种实践。其特征是结合了市场要素和社会目标，使用创业的方式实现社会价值的创造。这意味着社会创业是一项通过市场导向的活动，可以利用广泛的资源实现社会价值的识别、评估和发掘（Bacq et al.，2022）。从广义创业的角度来看，社会创业可以被视为一种创业类型，Volkmann et al.（2012）、Dacin et al.（2010）将创业分为了四类：传统创业、制度创业、文化创业以及社会创业。其中的传统创业更接近通常所说的创业，主流的组织形式是盈利型，追求的主要是经济目标；制度创业可以动员资源以影响或改变制度规则；文化创业则以创造社会、文化或者经济价值为目标。大学生从事社会创业具有利他动机、社会责任感等方面的优势，但也存在经验不足、缺乏社会支持等不足（李远煦，2015；林爱菊等，2016）。本章首先从已有研究出发，对社会创业的分类、绩效度量等方面进行综述，其次聚焦我国社会创业现状以及大学生社会创业与社会创业教育。最后，通过"绿色浙江"和水滴公司这两个大学生社会创业的案例，呈现大学生社会创业的路径与特征。

第一节　社会创业的相关概念

　　与社会创业相关的有三个概念，分别为社会创新（social innovation）、社会创业者（social entrepreneur）和社会企业（social enterprise）。社会创新和社会创业之间既有联系也有区别，社会创业是社会创新的一种实现形式，广义的社会创新还包括社会服务

（social service）与社会倡议（social advocacy）。广义社会创新的核心在于纳入了更多原有均衡中被排除在外的因素，如将边缘群体、社会价值、生态环境等纳入到生态系统之中，实现一个新的、可持续的、具有更高价值的均衡（McMillin，2021），是一种使用移动（shift）均衡的方式实现的社会改进①。社会企业是结合企业原则与社会目标的管理实践，与社会创新相比，社会创业者、社会企业和社会创业的关系更为密切，尽管社会企业和社会创业的概念在使用时经常互换，但并不是所有的企业都是创业，所以两个概念之间有所区别（Luke et al.，2013）。Phills et al.（2008）指出社会创业更为关注创业者的个人特质，而社会企业关注的对象则是组织。可以将社会企业作为社会创业的具体体现，是实现创造社会价值目标的组织（Zahra et al.，2009）。社会创业者经常被视为社会创业的核心，因为他们是解决社会问题、创造社会价值的主体（Dacin et al.，2011）。本节主要关注社会创业、社会创业者和社会企业三个概念。

一、社会创业

社会创业的概念在 20 世纪 90 年代后期进入研究与教学的领域，但是这些文献广泛基于多样化的定义和概念（Volkmann et al.，2012）。王晶晶等（2015）以具有较高影响力的创业管理专业期刊发表的社会创业为主题的文献作为研究对象，发现这些文献中研究最多的是社会创业的定义，占比超过一半（53.19%）。这些定义虽然各执一词，但是多数会涉及创业的目标，并且在目标上具有一致性。如 Mair et al.（2006）将社会创业视为一项以新的方式组合资源并创造价值的过程，而资源组合的主要目的是发现和发掘机会，以通过促进社会改进或者满足社会需求的方式创造社会价值。Zahra

---

① 从无差异曲线的角度，均衡的改变可以分为滑动与移动两种方式。滑动指的是起点与目标均衡点处在同一条无差异曲线上，可以理解为在这一曲线上滑动。如果均衡的改变使得均衡点不在同一条无差异曲线上，此时就发生了均衡的移动。

et al.（2009）将社会创业定义为通过创新的方式建立新的企业或者管理已有的组织，以发现、定义、利用机会去增加社会财富的行动和过程。这种机会来源于发现未被解决的社会问题，并通过机会的评估与开发找到解决问题的方法。以上这两个定义都提到了资源与社会。其中"社会"的要素有不同的表述，如"社会目标"和"社会使命"[①]"社会变革""社会价值"等（Santos，2012）。资源与社会问题是社会创业定义的共性，Dacin et al.（2010）指出，大多数社会创业的定义都涉及利用资源以解决社会问题的能力，但是除此之外，这些定义在其他方面少有共识。他们进一步将社会创业的定义分为四个关键要素：个体社会创业者的特质、社会创业者运营的部门（operating sector）、运用的资源和过程以及与社会创业者相关的主要目标和后果。这四个要素也说明社会创业者是社会创业概念的核心。

　　Santos（2012）试图超越资源与社会的定义框架，指出用"社会"作为形容词的定义要素来解释社会创业是同义反复（tautology），而利用资源的方式也并非社会创业与商业创业的本质不同。Santos 提出了价值创造和价值获取（capture）的分类框架，价值创造是考虑资源的机会成本后社会总效用的增加。而价值获取则是当主要参与者计算或考虑了所动用的资源成本后，能够占有（appropriate）该活动价值创造的一部分价值。价值创造是社会的层面，而价值的获取是个体或者组织层面。虽然价值创造是获取的前提，但两者并不相关，一些行为虽创造显著的社会价值，但并不轻易获取价值，而另一些活动因为客户没有相应的支付能力（如 BoP 群体）也很难获取价值。价值创造和价值获取也可能存在冲突，如对于需求弹性较高的商品，提升价格以增加利润率的策略可能降低总的利润。因此，价值创造与价值获取之间存在权衡。基于这种权衡，组织应该清晰地了解其主要聚焦在价值创造还是价值获取。而对于两种目标的选

---

① 本章将 social goal 翻译为社会目标，social mission 译为社会使命。

择是区分社会创业还是商业创业的标准：社会创业以价值创造为主要目标。在此基础上，Santos引入了外部性的概念，提出社会创业关注的是被政府等主体忽略的、具有正的外部性的领域。而外部性也是社会创业与商业创业所关注领域的重要区别，正的外部性较强的领域产生的经济收益更难以内部化，因此商业创业难以从中获利。这一分类从价值、外部性等经济学的概念出发，为社会创业提供了一个新的认识视角。

二、社会创业者

社会创业者是创业者的一种类型，具有社会活动家和商业创业者的双重人格特征。商业创业者的人格特征包括勇于冒险（risk-taking propensity）、创新性（innovativeness）、渴望成就感（need for achievement）、渴望独立性（need for independence）以及主动进取（proactiveness）。此外，社会创业者还拥有亲社会的人格，可以概括为同理心（empathy）与社会责任感（sense of social responsibility）。同理心的概念来自社会心理学，描述了个体设身处地为他人着想（换位思考）的能力，这一概念是亲社会人格的核心构成。同理心经常被分为情感同理心和认知同理心，其中，情感同理心代表在真实情感上同情他人，认知同理心则是感知到他人情绪状态的能力。已有的研究指出，同理心支持了社会创业意愿的形成（Mair et al.，2006），而且是识别社会创业的机会的必要条件（Bhawe et al.，2007）。社会责任感是让人感到有义务帮助困难群体的一种特质，社会责任感使得内在的助人信念超过了助人的成本。这在很多研究志愿者的文献中有所显现，例如Hustinx et al.（2010）对芬兰、比利时等六个国家志愿者的研究发现，人们帮助他人的首要动机是"帮助他人很重要"。虽然社会创业研究并没有专门探讨社会责任感的主题，但可以将其视为与志愿路径选择相一致的内在假设，比如，研究者会强调社会企业家所具有的无私等道德品质（Drayton，2002），这些品质体现了社会创业者的社会责任感（Volkmann et al.，2012）。

在进行概念界定时，社会创业者主流的界定方式也是社会目标导向，在这一方式下，社会创业者被定义为具有社会使命的创业者（Santos，2012）。Zahra et al.（2009）将社会创业者定义为采用一定的组织模式以解决复杂、持续的社会问题，进而对所在社区或者整个社会作出多种重要贡献的企业家[①]。笔者进一步将社会创业者分为社会修理者（social bricoleur）、社会建构者（social constructionist）和社会工程师（social engineer）三个类型[②]，这一分类基于发现社会机会的方式、对社会系统的影响广度以及为把握这些机会整合资源的方式（或者说定义机会、看待使命、获取资源、解决社会问题）。社会修理者关注发现和解决小范围的本地社会需求，社会建构者利用市场机会的方式是通过填补由市场失灵导致的服务供给不足带来的鸿沟，并将变革与创新引入更为广泛的社会体系。社会工程师识别现有社会机构中的系统性问题，并引入变革性改变来处理这些问题。

1. 社会修理者

社会修理者遵循哈耶克的理论脉络，由于哈耶克强调了私人、本地（local）知识和情景（contextual）信息在创业中的作用，由于这些因素的存在，创业机会只能在本地层面被发现。这一分析强调了创业的地域性，由于这类知识通常是默会（tacit）的，外部人员对这些机会难以察觉。资源拼凑理论（Baker et al.，2005）是对创业地域性的回应，成功的拼凑需要对当地环境条件和可用资源有深入的了解，利用本地资源和本地机会的创业者被称为社会修理者。这一本地性决定了社会修理者的主要特征：规模相对较小，但是可以发现并解决本地的社会问题。规模较小的特点也带来了相对大组织的效率优势，并且不需要依赖外部或专门的资源，因此社会修理者具有更强的独立性。然而，这一特征带来的劣势也同样明显，其扩

---

① 该定义的翻译参考的是赵丽缦等（2014）。

② 三个类型的翻译参考了刘振等（2019a）。

张能力同样受到地域的限制，因为在其他的地区，社会修理者知识和经验的本地性优势可能消失殆尽。从创业者伦理的角度来看，社会修理者的动机具有更强的社会性，可以发现当地问题并采取措施来解决这些问题。相对来说，功利主义对社会修理者的影响较小。由于经营规模的小型化和所需资源的有限性，也使得其面临更少的获取资源压力。所以对社会修理者的担忧包括经济意义上的分配效率，诸如社会财富最优的分配是什么、哪些人应该以及如何获得这些财富、社会物品或服务的价格难以计算、当面临公共物品时使用什么来替代价格体系等。由于这些问题的存在[①]，社会修理者对于社会财富的贡献难以明确衡量。

2. 社会建构者

社会建构者基于 Kirzner 的理论，Kirzner（1973）认为创业机会不一定来自创业者特定的本地知识，而是其通过开发产品、商品和服务来利用机会的敏感性。这类创业者的机会来自现有市场未能实现的客户需求，他们可以通过满足这些需求获利。这类通过社会创业来解决现有组织（包括企业、政府、非政府组织等）未能充分满足社会需求的创业者，被称为社会建构者。由于社会建构者并不局限于本地性，因此通常需要更为庞大的组织规模并面临外部资源的竞争。社会建构者需要平衡资源获取与社会价值创造，而获取大量资源的需求也为其带来了管理和维持组织的挑战。社会建构者综合了服务客户与变革社会的多重动机，所以存在手段与目的之间的潜在冲突，并导致机会主义等问题。而且社会建构者需要具备必要的道德品质，这也可能促使一些社会建构者选择走道德捷径，从而带来道德风险。

3. 社会工程师

社会工程师面向的是社会系统和结构中的系统性问题，他们通

---

① 与社会修理者面临的本地性相比，这些问题往往是全局性的。

过更具有革命性的变革来解决这些问题，这一过程类似于熊彼特所谓的破坏式创新。社会工程师针对的问题具有系统性，包括国家、跨国甚至全球性的社会问题。由于社会工程师的实践可能对现有的体制机制构成威胁，因此面临合法性缺陷，其行动能力取决于积累必要资源以实现合法性的能力。

三、社会企业

现有文献中对于社会企业的定义同样具有多样性，这些定义可以分为三类：（1）社会企业运作的设定，（2）社会企业雇佣的组织过程与结构，（3）社会企业的使命与如何创造社会价值（Dacin et al.，2011）。也有定义同时涉及了多个方面，如 Luke et al.（2013）将社会企业定义为：为社会目的而存在，使用以市场为基础的技术来实现社会目的，从事商业以实现其使命的组织。社会企业定义的多样性部分源于社会企业自身的多样性，界定社会企业概念的另一种方式是对社会企业进行分类，并在与其他类型组织的对比中厘清社会企业的内涵和外延。

Dees（1998）提出了社会企业“光谱”（the social enterprise spectrum），将社会企业定义为纯粹公益（purely philanthropic）与纯粹商业（purely commercial）之间的中间态，在动机、方法与目标方面均体现出了混合性。对于社会企业的其他分类方式还包括可持续性平衡“光谱”及社会企业动物园（social enterprise zoo）等类型。社会企业“光谱”依然是社会企业分类研究中最有影响、最有开创性的分类标准（刘志阳等，2021）（表 8-1）。

表 8-1　社会企业“光谱”

	纯粹公益	社会企业	纯粹商业
动机、方法与目标	善意动机 使命驱动 社会价值	混合动机 使命与市场驱动 社会和经济价值	自利动机 市场驱动 经济价值

续表

		纯粹公益	社会企业	纯粹商业
关键相关方	受益人	免费	补贴，或者混合完全付费与免费	市场化费用
	资本	捐赠	低于市场利率的资本，或者混合捐赠与市场利率资本	市场利率资本
	劳动力	志愿者	低于市场化薪酬，或者混合志愿者与完全付薪员工	市场化报酬
	供应商	以捐赠形式	特别折扣，或者混合部分与完全捐赠	市场化价格

Alter（2007）对社会企业"光谱"进行了进一步细分，将混合型组织分为了四类。分别是有创收活动的非营利组织（non-profit with income-generating activities）、社会企业、社会责任企业（social responsible business）以及履行社会责任的公司（corporation practicing social responsibility）。[①]

（1）有创收活动的非营利组织指的是这类组织在运营过程中，通过商业方式来产生一些形式的收入。创收行为是相对独立的业务分支，这些活动的收益相较于组织的整体预算与传统的筹款贡献而言占比较小。创收行为又可以分为零散的成本覆盖型与持续的收入获取型。成本覆盖型是为了支付全部或者部分非营利服务提供或者与组织使命相关的零散活动的成本。例如特别活动、会议费用、培训支出、服务费等。这些成本覆盖行为与项目相关，项目结束后，与之相关的成本覆盖行为也相应终止。收入获取型通过与组织使命相关和不相关的行动，提供对组织而言不受限的收入流。例如会员费、售卖出版物和产品、咨询费等。这些获取收入行为根植于运营过程，如果实施过程伴随着商业计划，则可能会发展为社会企业。

（2）社会企业定义为以缓解或消除社会问题或市场失灵这类社会目标而创建，同时以私营企业的财务准则、创新与决策

---

① 翻译参照了刘志阳等（2021）。

（determination）形式运营的组织。社会企业使用创业、创新与市场的方式创造社会价值，经常具有社会目的、企业手段与社会所有（ownership）三个特征。其中，社会所有指的是社会企业专注于公共物品的管理（stewardship），虽然这些可能未必反映在法律结构之中。

就与组织的关系而言，社会企业可以作为组织的内设部门，也可以作为独立的法律实体，这一实体分支可以是营利或者非营利的。就其目的而言，社会企业可以作为组织社会项目或者运营成本的一个附加的融资机制，也可以作为支撑组织使命的可持续的项目机制。但无论其目的如何，社会企业的商业成功与社会影响力都是彼此交织的。从目的导向出发，社会企业可以分为使命聚焦（mission centric）、使命相关（mission related）与使命无关（unrelated to mission）三类，从动机的角度来看，这三类社会企业位于从使命驱动到利润驱动的轴线上（图 8-1）。

使命聚焦	使命相关	使命无关

⟵ 使命驱动　　　　　　　　利润驱动 ⟶

图 8-1　社会企业分类 [①]

社会企业同样可以根据社会项目与商业行为之间的整合程度分为嵌入型、整合型和外部型三类。嵌入型社会企业（embedded social enterprise）的社会项目与商业行为是一致且相同的，非营利组织创建嵌入型社会企业是为了明确（expressly）项目目标。企业行为内在地"嵌入"在组织运营和社会项目之中，成为组织使命的核心。社会项目通过企业行为实现自我融资。因此，嵌入型社会企业在功能上可以视为可持续的项目策略。嵌入型社会企业经常是使命聚焦的，商业行为对于组织使命而言处在核心地位；整合型社会企业的社会项目与商业行为有所重叠，经常共享成本与资产。组织创

---

① 图源自 Alter（2007）。

建整合型社会企业作为一种融资手段以支持非营利的运营和使命活动。整合型社会企业能扩展或增强组织的使命，使得组织可以实现更大的社会影响力。在这一类型下，商业活动与社会项目之间是协同（synergistic）关系，互相提供经济与社会意义上的附加值。整合型社会企业是任务相关的，其商业行为关联着组织使命；外部型社会企业的社会项目不同于商业活动、非营利组织建立社会企业以资助自身的社会服务和／或运营成本。虽然企业行为对于组织运营来说是"外部的"，但会通过补充资金以支持社会项目。商业行为与社会项目之间的关系是支持性的，可以为非营利母组织提供不受限的资金。这一类型的社会企业通常是与任务无关的，其商业模式除了为社会项目创收之外，并不需要在其他维度上推进组织使命。

（3）社会责任企业是以双重目标运营的营利性公司，其目标同时包括为股东创造利润以及贡献广泛的社会物品（social goods）。这类企业的营利动机对决策的影响程度以及用于社会目标的利润份额各不相同，但共同特征是愿意放弃利润或大量的财务贡献，并经常将社会目标纳入组织使命宣言。如果这类企业是非营利组织的营利性子公司，那么可以被视为社会企业。

（4）履行社会责任的公司是由经济驱动的，但是也会参与到慈善之中，这类"策略性慈善（strategic philanthropy）"帮助公司实现利润最大化和市场份额目标的同时，也对公共物品有所贡献。私人公司或企业参与的有利于社会的行为包括捐赠、社区参与、公司个人志愿者服务和赞助，这些行为可作为提升公众形象、员工满意度、销售额与员工忠诚度的手段。这一类型的组织的慈善行为可能对社会企业提供支持，但它们并非社会企业。

Alter（2007）的定义及分类方式同样突出了混合性。在对混合型组织进行细分的基础上，通过使命以对应母组织的性质（营利／非营利）作为界定社会企业的主要标准。由于这种混合性的存在，社会企业也被称为混合组织。混合组织可以通过商业企业的方式来追求社会目标，Santos et al.（2015）使用价值溢出的或然性（contingent），以及客户与受益方的交易阻碍和重叠程度这两个维度将混合组织分为了四种类型。价值溢出可以分为自动和或然两类，交易阻碍又分为无支付能力、难以获取以及无支付意愿这三类，由此可以得到对于社会与商业混合程度的分类表（表 8-2）。

表 8-2　社会与商业混合程度的分类表

维　　度	客户等于受益者	客户不等于受益者
自动的价值溢出	市场混合 使命漂移风险：低 商业可持续性：容易实现	桥接混合 使命漂移风险：中 商业可持续性：中度困难
或然的价值溢出	混杂混合 使命漂移风险：中 商业可持续性：中度困难	耦合混合 使命漂移风险：高 商业可持续性：困难

第二节　社会创业绩效的度量

社会企业解决社会问题的同时追求经济和社会价值的双元目标，因此，社会企业的成功与否更多取决于创新、成果以及社会影响规模（scale of social impact），而非传统企业意义上的规模、增长率和过程等度量方式（Bacq et al.，2015）。社会企业的绩效可以使用社会影响规模来度量，社会影响规模是社会企业扩大影响范围的能力，以及有效地解决社会需求或问题的量级。Desa et al.（2014）将社会影响定义为扩大或者调整组织的产出，以更好地匹配正在处理的社会需求或者问题规模的过程。

Uvin et al.（2000）以非政府组织为例，指出扩大规模（scaling up）是关于"扩大影响力"（expanding impact）而非"增加数量"（becoming large），后者只是实现前者目标的一种方式。作者从分类学（taxonomy）的角度，将扩大规模分为了四类：（1）扩大组织规模;（2）增加产品/服务种类;（3）影响其他组织的行为;（4）保证自身组织的可持续性。具体来说,（1）扩展组织覆盖范围或者规模是定量意义上的扩大规模;（2）增加行动属于在功能意义上扩大规模,包括横向和纵向的整合,目的是对环境有更好的控制力以保证可持续的影响;（3）扩展间接影响,通过其他行动者的行动以"间接"地影响目标群体,这种间接效应可以通过训练、倡议、知识创造以及建议等方式实现;（4）增强组织可持续性类似于组织规模扩张,涉及组织从创业的不确定性向具有长期稳定性的程序化（programmatic）组织转变。在此基础上,作者提出有两类扩大规模的范式,分别是扩张为规模更大、管理专业且更有效率的程序化组织的"旧范式",以及通过组织拆分、放权式（letting go）创新、替代性知识的创造以及影响其他社会行动者,以实现组织的多元化和主流化的"新范式"。两种扩大规模的方式并非互斥,组织可以同时或者顺序的使用两种方式。

Desa et al.（2014）根据 Uvin et al.（2000）的分类,从简化和理论发展的角度将社会影响力分为广度影响力和深度影响力。广度影响力基于规模经济所带来的单位成本的下降,对应于扩大组织规模以及保证组织的可持续性。广度影响力可以理解为将同样的服务覆盖到更多的群体,因此是一种外延式发展的指标。而深度影响力对应于行动的增加和间接影响的扩大,对应功能意义上的扩大规模以及增加间接影响。深度影响力可以理解为是在同样服务对象的基础上增加产品与服务的种类,是一种内涵式的度量指标。

实现影响规模的扩大需要不同的能力,Desa et al.（2014）将这些能力分为两类:其一是完全复制的能力（capabilities for complete replication）（以下简称"复制能力"）,其二是适应关键社会创新作为变革理论的能力（capabilities for adapting a key social innovation as a theory of change）（以下简称"关键社会创新能力"）。复制能力强调复制整个系统而非特定部分的能力,社会企业发展为规模更大、管理更专业以及效率更高的程序化机构都属于复制能力。完全的组织复制也需要复制 Uvin et al.(2000)提出的四种影响力。关键社会创新能力强调扩大三类关键的社会创新,分别为:(1)社会项目:在更大组织背景下服务特定目标的一系列综合行动;(2)组织模型:动员人力和资源以实现特定目标的总体结构;(3)一组原则:关于如何服务给定目的的一般指导方针和价值观。这些特定的社会创新一旦确定下来,其影响就可以通过社会网络模型进行扩散和传播。这两类能力位于连续谱的两端,复制能力不仅是资源密集型的,而且是高度组织个性化的,因而限制了规模模型的一般化。作为另一端的关键社会创新虽狭义地强调了社会需求,但相对忽略了社会企业运作的制度约束。在此基础上,作者提出了使用"最低关键规格"(minimum critical specifications)的概念,并以全球社会公益组织(global Social benefits institute,GSBI)为例,指出对于服务金字塔底层群体(base of the pyramid,BoP)而言,社会企业需要具有三大组织能力:执行复杂社会创新、通过产品和价值链设计提升可负担性以及增加市场渗透以实现最贫困人群的高应用水平,这些组织能力和背后的基本竞争力被称为最低关键规格。

第三节　资源拼凑理论

社会创业是社会创业者和社会环境持续互动的过程和结果,可以借用社会学、政治科学、组织学等其他学科理论来丰富社会创业理论(陈劲等,2007)。与商业性的创业活动相比,社会创业在人才、资助机构、设备、物资等方面经常面临更强的资源约束,创业过程中经常伴随着资源的稀缺(Austin et al.,2006),资源也是当前社会创业研究的主要关注领域之一。创业并非要等所有资源都具备了才可以开始,更多的时候是一种"手头有什么就用什么"的方式。

这种方式被称为"拼凑"（bricolage）。拼凑的概念来源于著名的人类学家列维 - 施特劳斯[①]（彭伟等，2019），当这一概念应用在创业的资源领域时，衍生出了资源拼凑（bricolage）理论。

Baker et al.（2005）总结了资源拼凑理论的三重面向，分别为"资源将就"（making do）、"资源重构"（combination of resources for new purposes）以及"手头资源"（the resources at hand）。资源将就是通过行动积极投入到问题解决或者发现的机会之中，其结果并非止步于"将就"[②]，有时候也可以很"讲究"。资源重构则是为了新的目的而组合资源，这一方式有时候会成为一种机制，推动以从现有资源中发现新的"服务"为形式的创新。"手头资源"对应的是"现有资源"，这些资源拼凑者（bricoleur）所拥有的往往是一些"零零碎碎"（bitsandpieces），包括有形的物品、技能或者想法。Baker et al.（2005）扩展了这一定义，将价格非常低廉或者免费的资源也纳入资源的概念之中，这种概念扩展突出了企业利用现有资源能力的差异。资源拼凑理论从如何发展最优资源转换到如何最优地使用现有资源，为初创企业的成长提供了一种新的思路，也扩展了传统创业资源获取与利用的研究范畴（祝振铎等，2016）。

社会创业意义上的资源拼凑研究同样从这三个维度展开。在社会创业的情景下，手头资源可以划分为静态与动态两个视角。静态视角关注即时获取性，包括人力、物力以及能力三个方面。动态视角则基于社会企业的社会价值目标，主要关注的是资源的延展性。社会价值意义上的资源是可以共享和自由流动的，而这种共享和流动的目的并非为了实现传统创业中的竞争优势，而是在稀缺资源的约束下实现社会价值最大化。社会企业的"手头资源"不仅局限在有形的物质资源，也包括更为宽泛的无形资源，比如概念资源。由于社会企业同时体现了作为手段的经济逻辑与作为目的的社会逻辑，

[①]　根据论文的引文，来源为 Lévi-Strauss 的 *Thesavagemind*，中文译本一般名为《野性的思维》。

[②]　Makingdo 的另一个翻译是凑合。

所以在资源的使用过程中也会体现这种"手段—目的"之间的关系：一方面通过降低经济意义上不确定性获取经济逻辑上的合法性，另一方面通过社会逻辑来缓解资源约束并构建相对稳定的关系网络（刘振等，2019b）。

社会企业实现更大社会影响力的目标同样取决于其资源拼凑的能力。Bacq et al.（2015）的研究发现，资源拼凑是在资源约束的条件下实现扩大社会影响力的一项核心工具。但是这一工具也存在局限性，其整体效应呈现出倒 U 型曲线的特征——在初期，效应是增长的、之后变得平缓，在一定阶段后会出现负效应。

合法性是资源拼凑的另一个重点。作为一种混合组织，社会企业混合了经济手段和社会目标，因此也会带来经济和社会两个方面的质疑，也就是同时具有 Suchman（1995）提出的市场和社会合法性问题。市场合法性涉及市场对于社会企业的技术、产品与服务的认可程度，而社会合法性则反映了社会创业的行为活动与社会期望、需求的一致性程度。彭伟等（2018）对四家社会企业的案例研究发现[1]，通过激活闲置资源、发现目标客户群体等实物、技能和市场拼凑，有助于社会企业获取市场合法性并促进经济价值的实现。同时，通过将排斥在传统市场之外的群体纳入企业经营以提升这些群体的技能和（或）收入的人力拼凑策略，有助于社会企业获得社会合法性并推动社会价值的实现。此外，通过资源拼凑获取合法性的过程是一个动态过程，生存期主要通过获取经济合法性来保证"生存目标"，而发展期的企业则更多通过提升社会合法性以实现"发展目标"。

---

① 四家分别为：Shokay、善淘网、分享收获与无障碍艺途。

第四节　中国社会创业现状

社会创业的概念在 2000 年左右引入中国，2006 年我国社会企业正式起步。2016 年《慈善法》正式颁布以后，中国的社会企业呈现了快速发展的态势。[①] 这一时期的社会创业企业处在"双创"的创业浪潮之中，以数字经济为驱动，吸收了互联网作为创新要素，在节省资本投入的基础上，面向新的社会问题，致力于推动创新服务与社会需求的有效对接（黄琦，2021）。

目前我国涉及社会创业的政策法规主要集中在地方层面，从 2011 年起，有关社会企业认证及支持创新政策在北京、佛山、成都、武汉等地陆续出台。2013 年，国务院办公厅下发《关于政府向社会力量购买服务的指导意见》（国办发〔2013〕96 号），指出"承接政府购买服务的主体包括依法在民政部门登记成立或经国务院批准免予登记的社会组织，以及依法在工商管理或行业主管部门登记成立的企业、机构等社会力量"，此后社会企业的数量显著增长。2018 年，《北京市社会企业认证办法（试行）》出台，2022 年，四川发布的《关于印发"四川省'十四五'城乡社区发展治理规划"的通知》明确提出"积极发展社区社会企业""推动出台鼓励社区服务类社会企业发展的政策文件"。同年 4 月，北京市社会建设工作领导小组审议并通过《关于促进社会企业发展的意见》（京社领发〔2022〕3 号），明确由市社会建设工作部门牵头制定社会企业认定办法。2022 年 8 月，北京市委社会工委市民政局发布了《北京市社会企业认定办法（征求意见稿）》。[②] 在地市以下的行政单元也有一些政策上的探索，2019 年，北京市昌平区的回龙观和天通苑地区（回天地区）颁布了《昌平区回天地区社会企业认证与扶持试点办

---

① 626 个样本调研：社会企业待解问题多，亟须资金和政策支持. 澎湃新闻，https://www.thepaper. cn/newsDetail_forward_15635738.

② 关于对《北京市社会企业认定办法（征求意见稿）》公开征集意见的公告，https://www.beijing.gov.cn/ hudong/gfxwjzj/zjxx/202208/t20220803_2785072.html.

法》，这一试点办法的颁布，开启了北京市区县政策试点进程①，其他一些县区级行政单位也有相关政策出台。

由于对社会创业和社会企业在概念上尚未形成通用的定义，对于社会企业的认证也是新生的事物，所以无法做到对全国社会企业和社会创业的现状进行精确的统计。目前可以通过不同的数据来源侧面了解和分析社会企业的整体情况（黄琦，2021）。2018 年，中国公益慈善项目交流展示会（www.cncf.org.cn，以下简称"慈展会"）开展了社会企业认证，其认证的范围包括港澳台地区。此次认证共收到 621 家企业和社会组织申报，有 283 家社会企业进入终审环节，最终有 109 家机构通过社会企业认证。② 根据社会企业服务平台（China Social Enterprise Service Center，CSESC）数据，截至 2023 年 12 月，有 573 家社会企业通过社会企业服务平台的认证。③ 在地域分布方面，根据刘志阳等 2021 年对 626 家社会企业的调研，社会企业主要分布在北京、上海、广东、四川等地，北京、上海、广州、深圳和成都也出台了社会企业扶植政策。在业务范围上，44% 的社会企业在全国开展业务，19% 的社会企业服务其所在的省份，仅有 8% 的社会企业面向全球开展业务。另有 3% 的社会企业通过互联网开展业务，业务范围具有可延伸性。此外，我国的社会创业群体还有大多数具有商业从业背景（84%）与拥有志愿服务经历（90%）的特点。对于社会企业，则呈现出行业分布广泛、区域发展不均衡以及业务范围面向国内的特征。从行业角度来看，社会企业数量较多的行业包括弱势群体、教育和公益支持以及环保等，而公益金融、就业援助和互联网领域数量最少。④

在快速发展的同时，中国社会创业也面临一些问题，从宏观层

---

① 创新与扩散：社会企业政策待"破窗". 人民政协报，https://www.rmzxb.com.cn/c/2022-12-27/3264000.shtml.

② 2018 中国慈展会社会企业认证总结报告 . https://www.cncf.org.cn/cms/content/13262.

③ 数据来源：社会企业服务平台 CSESC. https://www.csedaily.com/scx/category/se.

④ 626 个样本调研：社会企业待解问题多，亟须资金和政策支持.澎湃新闻，https://www.thepaper.cn/newsDetail_forward_15635738.

面来看，目前我国相关法律中没有对"社会企业"作出明确定义，缺乏统一的社会企业监管规章制度，制度供给不足。作为创业的细分领域，政府、公众和业内人员对社会企业的认识度和辨析度都不高。这种认知问题也带来了公众对于社会企业产品收费的抵触心理，导致融资渠道受限。在微观层面，社会企业治理结构不完善、多元化人才短缺、创业者自身造血能力较差，以及社会效益意识有待增强都是制约社会企业发展的主要因素（黄琦，2021）。

第五节　大学生社会创业

大学生群体是社会创业的主力群体。根据世界创业观察（Global Entrepreneurship Monitor，GEM）2006 年覆盖了 42 个经济体的调查报告，根据教育程度划分，从事社会创业比例最高的前三名分别是硕士研究生、本科生以及博士研究生，对应的比例分别为 8.3%、4.7% 和 3.9%（Volkmann et al.，2012），这些均为大学生群体（图 8-2）。

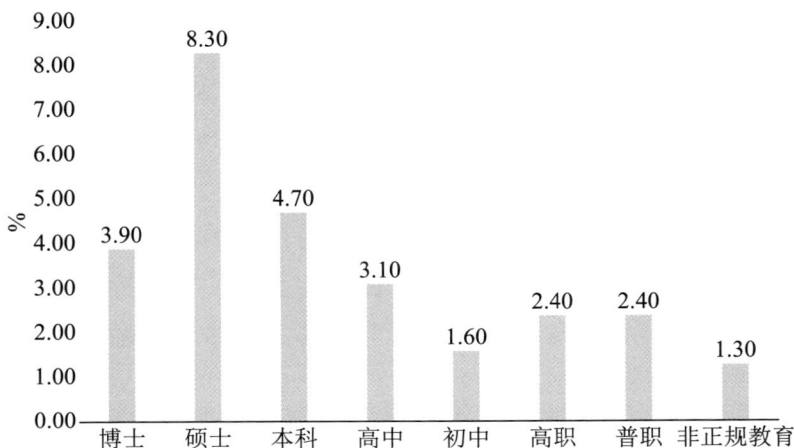

图 8-2　社会创业者中不同学历占比 [①]

---

① 来源于 Volkmann et al.（2012），考虑到教育阶段的对应关系，将 A-level 翻译为高中，Gcse 翻译为初中，Higher Vocational 翻译为高职，other vocational 翻译为普职。

　　我国社会企业的调查数据中也体现了类似的特征。由上海财经大学中国社会创业研究中心牵头的社会创业三次专项调查包含 626 个样本，其中最高学历为大专以上的社会创业者达到 74%，最高学历为研究生以上的社会创业者占比达到 35.1%。相比之下，我国商业创业领域的大专以上学历群体占比仅为 41%。[①] 根据郑晓芳等（2015）对于高校"KAB"体系以及社会创业组织机构推荐的社会创业青年的调查，本科及以上学历的社会创业青年比例达到 85%。这些结果均说明更好的教育有助于激发社会创业动机。

　　大学生从事社会创业具有诸多优势。李远煦（2015）对浙江省 29 所高校 40 个社会创业团队的调查发现，大学生社会创业具有利他动机明显、社会责任感强、综合素质优秀等优势。从创业动机的角度来看，既有公共服务、公平正义和奉献精神维度的利他动机，也有成就导向和控制导向的利己动机。利他动机是大学生社会创业者最重要和最核心的动机，社会创业者在利他动机驱动下，发现创业机会，追求创新、效率和社会效果，表现出强烈的奉献精神。利他动机也是社会创业与商业创业相对显著的区别，而利己动机则是创业的关键动机，可以促进社会创业者付诸行动（曾建国，2014）。在具备这些优势的同时，大学生社会创业也存在创业领域单一、模式创新度低、缺乏社会支持、不能有效嵌入社会等不足（李远煦，2015）。林爱菊等（2016）通过温州地区三所高校的调研也发现，大学生社会创业存在项目和运作模式单一的问题[②]。除此之外，大学生从事社会创业还存在经验不足、资金与社会关系缺乏等困难。这些调研结果说明大学生群体在从事社会创业时，其优势主要来源于动机、责任、素质等内在特质，而不足则主要体现在领域和模式单

[①]　626 个样本调研：社会企业待解问题多，亟须资金和政策支持. 澎湃新闻, https://www.thepaper.cn/newsDetail_forward_15635738.

[②]　原文为公益创业，但是将其定义为"以社会公益理念为导向，兼具经济效益和社会效益统一的大学生公益创业"，经济效益和社会效益统一的特征与社会创业具有一致性，为了表述统一，这里替换为社会创业。

一以及缺乏资金、社会支持等外部资源。

由于社会创业的价值导向，培养社会创业者既是时代的需求，也是高校的使命（徐小洲等，2016）。通过社会创业教育提升大学生社会创业能力，不仅是社会转型时期对价值观念多元的创业人才培养的时代要求，也是高等教育机构完善大学生创业体系的应然选择。由于社会创业与商业创业在管理方式上的相似性与追求目标的差异性，使得社会创业教育与商业创业教育在培养目标、教学对象、师资要求、课程模块设置等方面有所差异，如社会创业教育需要发展学生解决社会复杂问题的思维与技能，因此师资不仅需要具备创业知识，还需要熟悉社会公共事业（倪好，2015）。Shahid et al.（2021）提炼了社会创业教育的三个独特维度，分别为受众多元（target audience diversity）、学习目标（learning objective）与网络角色（the networking role of social entrepreneurship centers/stakeholder engagement）。受众多元来源于社会创业领域的多元性，社会创业和不同的使命、战略、结构与流程有关，社会创业可以嵌入人文、艺术、科学和工程等不同的学科，这与社会创业教育方法的标准化和系统化之间存在一定张力。社会创业教育也需要包含更为广泛的目标，如产生社会创业的意识、提升社会创业意愿、进行能力建设、协助当前的初创企业，以及支持从社会热情到社会企业愿景的过渡等。在网络角色方面，社会创业是一个社会嵌入过程，社会创业中心需要将课程设置与提升社区和其他利益相关者参与度的战略相结合。此外，因为社会创业的多样性，社会创业中心需要跨学科发展并面向所有院系开放。

美国高校创业教育起步较早，20世纪90年代中期，哈佛大学成立了社会企业发展中心，Greg Dees在商学院首开社会创业课程《社会部门中的创业》（徐小洲等，2016）。在经历了个人推动的萌芽阶段、社会拉动的合法性确立阶段以及产学互动和研究快速发展阶段后，21世纪初美国已经有200多所大学推出了超过400个创业教育项目（戴维奇，2016）。我国部分高校已经着手推动社会创业教育，如湖南大学于 2007 年成立了中国公益创业（社会创业）研究中心，首届"北极光杯"公益创业挑战赛于 2009 年在清华大学举办，2023 年，浙江大学首次开设了社会创业短学期实践课程。2014 年，"挑战杯"中国大学生创业计划竞赛更名为"创青春"全国创业大赛并将公益创业纳入其中，为推广社会创业理念、推动社会创业教育发挥了促进作用（徐小洲等，2016）。

第六节　大学生社会创业案例

本节以"绿色浙江"和水滴公司为案例，探讨大学生社会创业的模式、路径及影响因素。"绿色浙江"成立之初是一个环保组织，在规模扩大之后面临可持续性的问题，这些问题及其解决方式是公益组织向社会企业转型的一个相对典型的路径。而作为数字技术与社会创业活动结合的代表，水滴公司的"水滴筹"与轻松筹等同类平台一起，被广泛应用于医疗、儿童救助和贫困问题的精准解决（刘志阳等，2020），水滴公司的产生与发展体现了数字技术和平台组织在社会创业中的优势与张力。

一、"绿色浙江"

"绿色浙江"是 2000 年产生于浙江大学学生社团的一个公益性、集团性环保社会组织，致力于公众环境监督、生态社区建设以及环境传播三大领域。经过 20 年的时间，"绿色浙江"从一个学生社团成长为浙江最有影响力的环保组织之一。旗下有两家社会团体、两家民办非企业单位，并控股杭州绿浙环境服务有限公司。在发展过程中，"绿色浙江"不仅筹集的资金数量显著增长，在市场化的实践中推出的以"未来使者"可持续发展地球公民行动为主题的环境教育项目，在获得社会各界广泛关注的同时，也形成了一定的商业模式，各类项目的运营收益对机构的贡献超过总行政经费的三成（曹桢，2018）。

忻皓是"绿色浙江"的创办人之一。2000年，还在浙江大学读书的他利用大一暑假和同学一起骑自行车环游浙江，在这次行程中忻皓关注到河道污染问题。回到学校以后，在老师阮俊华的支持下，忻皓成立了"绿色浙江"，这是浙江首家民间环保组织。此后，动员学生参与环保、组织环保志愿活动、宣传环保知识成了他大学业余生活的主要内容。① 大学毕业后，忻皓带领"绿色浙江"走出校园，发展为浙江省规模最大的民间组织，同时也是中国首家获得社会组织评估 5A 级的环保社团。② 保护水文环境是"绿色浙江"的初心和主线之一，2011年留学回国后，忻皓开始建设生态社区，并开发了钱塘江水地图平台。市民可以通过这一平台进行污染实时举报，获取预警信息，方便执法机构举证和找寻污染源③，因此，忻皓也受聘为杭州市民间总河长。2013年，他的团队与浙江卫视合作，推出环保节目"寻找可游泳的河"。通过这一系列的活动，"绿色浙江"有力助推了"五水共治"重大决策的出台与实施。④ "绿色浙江"成立以来的 20 多年间，忻皓和志愿者们参与组织了"吾水共治"圆桌会，推动多元主体开展对话，共同提出环保问题的解决方案、推进环保问题治理；组织 6 万多名"钱塘江护水者"，在钱塘江流域开展"同一条钱塘江"巡河护河志愿行动；培育了 107 所学校的 5 万名孩子成为"小河长"，共同守护家乡河道；开发的"钱塘江水地图"平

---

① "行动并坚持"——忻皓的 22 年环保路. 新华网，2022-07-14，http://www.news.cn/politics/2022-07/14/c_1128829808.htm.

② 忻皓：斜杠青年与环保的不解之缘. 中国环境，https://www.thepaper.cn/newsDetail_forward_4122837.

③ 绿色浙江追梦人——记"中国青年五四奖章"获得者忻皓. 浙江新闻，https://zjnews.zjol.com.cn/system/2015/05/04/020633668.shtml.

④ 忻皓：斜杠青年与环保的不解之缘. 中国环境，https://www.thepaper.cn/newsDetail_forward_4122837.

台推动了环境治理的多方参与，制止了 600 多起农村环境污染事件。截至 2022 年，"绿色浙江"已经从最初只有几名大学生参与的社团，发展成为拥有 200 多名会员，10 万名志愿者的环保组织。[①]

随着规模的扩大，可持续发展也成为"绿色浙江"需要重点面对的问题。和很多社会组织一样，"绿色浙江"早期选择了慈善商店和自然体验园作为商业模式，但由于团队商业化能力整体不足，低估了两个项目的运营难度。2017 年，忻皓回到浙江大学，在管理学院攻读创业管理博士研究生，研究方向是社会创业。在管理学院 2018 年研究新生开学典礼上，忻皓作为老生代表上台发言，在谈到自己当下的使命时，他说希望重新构建知识体系，潜心寻找一条能够让"绿色浙江"实现可持续发展的道路。在学习与思考的过程中，"核心竞争力"成为忻皓重点关注的概念，他与团队共同探讨"绿色浙江"的核心竞争力是什么。团队一致认为，跨界资源整合、创新策划、国际协作是自身的三大优势。2015 年 9 月，联合国整体通过可持续发展目标，其中一个子目标是"动员并支持青少年成为可持续发展的变革者"。"绿色浙江"以此为契机，将原有的基地和自然科考项目整合，推出"未来使者"可持续发展地球公民计划，推出以可持续发展为体系的研学、科考产品以及文化活动，帮助青少年认识全球问题并付诸实践。在这一过程中，"绿色浙江"借助社会企业的形式，通过并购一家旅行社提升了带团的能力，并探索如何控制成本以服务更广泛的群体。[②]

曹桢（2018）指出，"绿色浙江"的成功经验可以归纳为四个方面：首先是创建专业团队，保障环保运营，职业广泛、专业性强的会员和专业团队是环保事业的基础；其次是成立绿色联盟推动环保

---

① "行动并坚持" ——忻皓的 22 年环保路.新华网，2022-07-14，http://www.news.cn/politics/2022-07/14/c_1128829808.htm.

② 忻皓：为了活下去，试试"公益向右".社会创新家，https://www.thepaper.cn/newsDetail_forward_6054040.

事业，联盟不仅有环保组织、高校和其他的企事业单位，还面向大中小学生；再次是推动社会共治、促进环境监督，这一共治模式以公众环境监督平台为依托，形成了环保部门、企业公司与社会大众组成的联动机制，为环保监督提供了一条有效的路径；最后是形成环保品牌、推广环保理念。通过与政府环保部门、企业、媒体以及社会公众合作，"绿色浙江"形成了多个环保品牌，推动了公众的广泛参与。另外，通过新媒体对项目的宣传推广，在增加了项目可持续性的同时，也促进了环保理念的传播。

二、水滴公司

作为一家互联网科技公司，水滴公司在2019年的企业社会责任报告中明确提出以解决社会问题为使命。① 其创始人沈鹏也曾在多个场合强调，水滴公司是一家社会企业。② 在一次社会创新峰会上，沈鹏提出自己理解的社会企业是为了解决某些社会问题，在商业模式可以保证自我生存的同时，为了解决用户痛点、进行边缘创新而主动舍弃一些利润或者利益。③ 这种以解决社会问题为目的，通过商业模式和合理收入并保证企业可持续性的特征，与社会企业的定义有所契合。

水滴公司并非沈鹏的第一个创业项目。在2021年9月的一次分享活动中，沈鹏提到自己在大学期间就是连续创业者，做过留学中介等创业活动。后来意识到这些创业项目的根基并不稳固，也不会创造太多社会价值，因此萌生了加入有创业经验的创业者主导的创业公司的想法。2010年1月，沈鹏以实习生的身份加入了还在筹备阶段的美团，成为美团创业团队的第10号员工和第1位实习生。

① 2019年水滴公司企业社会责任报告中，创始人沈鹏提出"解决社会问题就是我们的使命"。
② 水滴公司：一家社会企业在疫情中的"进化". 经济观察网，http://www.eeo.com.cn/2020/0304/377559.shtml.
③ 水滴沈鹏：企业社会价值与企业成功并向而行. 京报网，https://www.bjd.com.cn/finance/2020/11/23/24361t147.html.

2013 年,美团开始内部创业,旨在探索移动互联网改变服务业的可能性,沈鹏争取到内部创业的机会并负责外卖业务。当沈鹏 2016 年离开美团的时候,美团外卖的日订单量已经达到 400 万单,在 2021 年,已经接近日均 4000 万单。[①]

2016 年,沈鹏离开美团自主创业(何首乌,2021),创业机会源于现有医疗保障的局限性。这些局限性包括社会保障覆盖的疾病有限以及商业健康保险保费较高,此外,即使同时拥有社会保险和商业健康保险,大病依然会给患者家庭带来很大的资金压力。由于父母均从事医疗、保险相关工作,沈鹏对这一领域也有较早的认知。在研究了国内外各种医疗形式之后,他认为互助金可以作为社会保险和商业保险之外的补充,互助社群是一种值得尝试的模式。基于这些原因,沈鹏决定投身于网络互助平台创业。在宣布从美团离职的第二天早上,沈鹏就收到了投资人的电话,同事、朋友也通过微信、支付宝提供了大约 1000 万元资金支持他创业。此外,沈鹏还见了十几家投资机构,敲定了 4000 万元的融资。有投资人表示看好公司的主营业务,还有的投资人表示看好沈鹏,因为他在美团外卖期间的业绩出色(田甜等,2017)。

沈鹏在商业领域的成功经验推动了水滴公司的快速发展。以水滴筹为例,自 2016 年 7 月上线至 2018 年 2 月的不到两年时间里,筹款额就已经超过 35 亿元。水滴公司也获得 2018 中国社会福利基金会颁发的"公益推动者奖"以及"年度社会企业奖"等公益和创业领域奖项。但是高速发展也埋下了一些隐患,2019 年底,水滴筹等大病众筹平台曝出线上资料把关不严、资金池使用管理不透明等问题。[②] 这一方面体现了社会创新面临认知和监管滞后等问题,也体现了商业手段与社会目的之间的张力。为了缓解这些问题与张

---

① 与 CEO 对话:水滴公司沈鹏谈创新创业 . 香港大学经管学院,https://www.hkubs.hku.hk/sc/media/multimedia-library/hku-business-school-x-waterdrop-inc-ceo-talk/.

② 综合新华社、中国青年报报道,http://www.xinhuanet.com/politics/2019-12/11/c_1125336153.htm,https://shareapp.cyol.com/cmsfile/News/201912/06/share300853.html?t=1580891386&nid=300853.

力，水滴筹等大病众筹平台也在持续推动行业自律。2018 年 10 月，水滴筹、爱心筹和轻松筹共同签署了《个人大病求助互联网服务平台自律倡议书》和《个人大病求助互联网服务平台自律公约（1.0 版）》①。2020 年 8 月 18 日，在民政部的引导下，水滴筹、轻松筹等大病众筹平台联合发布了《个人大病求助互联网服务平台自律公约 2.0》，加强了对内管理并采取实际措施约束员工和合作伙伴。②

为了统筹公益与商业，沈鹏在水滴内部提出了"天平模式"，"我们要可持续地做公益，必须公益、商业并重""天平的一端是公益，一端是商业，如果只有公益就不可持续；只有商业，公司发展就会偏离初衷，同样地不可持续"。水滴公司在公益端的业务包括大病筹款的水滴筹和面向公益组织筹款的水滴公益等服务。另一端则是水滴保、水滴健康等商业产品，这些产品市场化定价，有一定的利润率。为了满足开展商业保险业务的合规要求，2016 年 9 月底，水滴公司通过收购一家保险经纪公司获得了保险经纪牌照（田甜等，2017）。2018 年 5 月，水滴公益被列入民政部第二批慈善组织互联网募捐信息平台③，进入持牌运营阶段。此外，水滴公司还助力城市定制型商业医疗保险（"惠民保"）项目，并结合水滴筹和专项公益基金，打造了"普惠保险＋个人救助＋公益支持"的创新救助模式④。

为了进一步展现大学生社会创业的过程和特征，本章最后将对"绿色浙江"和水滴公司做一个比较。"绿色浙江"和水滴公司的创始人都是在大学期间就开始创业，忻皓在浙江大学读书时创立了"绿色浙江"，从最初致力于提升组织规模和影响力到后来带领"绿色浙江"向可持续发展的方向转型。沈鹏在中央财经大学本科期间

---

① 中国社会组织，个人大病求助互联网服务平台自律倡议书、自律公约（全文）.https://www.thepaper.cn/newsDetail_forward_2550128.

② 新华网，http://www.xinhuanet.com/politics/2020-08/21/c_1126394015.htm.

③ 第二批慈善组织互联网募捐信息平台公布.https://www.gov.cn/fuwu/2018-05/25/content_5293511.htm.

④ 水滴公司 2022 环境、社会及管治（ESG）报告。

已经是商业领域的连续创业者，后作为早期员工加入美团、跟随美团发展并参与内部创业。离开美团后，沈鹏创办水滴公司，采用数字技术和互联网平台，用商业手段助力医疗保障。两者的初始定位决定了"绿色浙江"和水滴公司的不同发展路径："绿色浙江"是从公益向商业扩展，而水滴公司则从商业向公益延伸。

"绿色浙江"和水滴公司的差别还体现在创业机会地域性，"绿色浙江"关注浙江本地的环保议题，而水滴公司聚焦医疗保障领域，在全国范围具有普遍性。从这个意义上看，可以认为两位社会创业者属于不同类型。忻皓创业依托的是杭州与浙江的本地机会以及本地资源，更像一位社会修理者，创业过程中对于包括志愿者、媒体在内的创业资源整合过程也较为符合资源拼凑理论；同时具有更强的社会性动机，在规模较小的时候所面临的资源获取压力更少。但随着社会影响力的提升以及组织规模的扩大，资源获取的压力也随之增加，这为组织带来了商业化的需求。"绿色浙江"转型社会企业的主要挑战也来源于商业化，早期的商业化由于缺乏经验，采取的简单模仿方式低估了商业项目的运营难度。在经历一番探索之后，忻皓和他的团队选择聚焦核心竞争力，并对现有的资源进行重新整合，此后"绿色浙江"的商业化开始步入正轨。

水滴公司的创业机会来源于更为普遍的社会背景，聚焦医疗保障虽然与沈鹏的个人经历有关，但更多的是关注到现有市场未能满足的社会需求。在这个意义上，沈鹏更符合社会建构者的特征。社会建构者的创业机会来自"其通过开发产品、商品和服务来利用机会的警觉性"（Zahra et al., 2009），这种"机会的警觉性"在沈鹏于美团内部创业期间就已经有所体现，具体来说这一机会来源于他利用数字技术——特别是移动互联网技术赋能服务业。水滴公司的创业机会同样是通过数字技术赋能医疗保障，是数字技术与社会创业结合的具体体现。数字技术为丰富社会问题解决方案、降低社会资源整合门槛、构建社会网络、衡量社会影响力提供了有效解决路径。以水滴公司为代表的数字平台也有助于医疗、儿童救助和贫困问题的精准解决（刘志阳等，2020）。

社会建构者综合了服务客户与变革社会的多重动机，所以存在手段与目的之间的潜在冲突（Zahra et al.，2009）。水滴公司同样面临商业手段和社会目的之间的张力，为了平衡这种张力，水滴公司对内持续调整公司的业务模式，对外积极与同类平台等利益相关者一道提升行业自律，并在这一过程中不断探索在数字技术与平台组织背景下商业手段与社会价值的融合方式。随着个人求助网络服务平台逐步纳入监管轨道[①]，以数字技术和平台组织赋能的互联网公益慈善的规范性将得到进一步提升。这不仅为构建更加良好的互联网平台公益慈善生态奠定了基础，也有助于数字技术赋能社会创业，推动社会创业的规范化发展。

社会创业作为新兴的创业领域，在概念、绩效度量、运营方式以及监管等方面均体现出一定程度的探索性。我国的社会创业虽起步较晚，但是发展迅速。大学生群体是社会创业者的主要构成部分，这一群体除了具有利他动机明显、社会责任感强、综合素质优秀等优势之外，也存在创业领域单一、模式创新度低等方面的不足。社会创业教育是提升大学生社会创业能力的有效路径，也是培养多元创业人才以及完善高校大学生创业体系的要求。我国高校也在积极探索和推进社会创业教育，社会创业教育与商业创业教育在培养目标、课程模块设置等方面有所不同，因此需要培养学生解决社会复杂问题的思维与技能。

---

① 民政部于 2024 年 6 月 19 日公布了"民政部关于《个人求助网络服务平台管理办法（征求意见稿）》公开征求意见的通知". https://www.mca.gov.cn/aofront/publishopinion.jsp?themeId=1803591838557384705. 同年 9 月 5 日，公布了《个人求助网络服务平台管理办法》. https://www.mca.gov.cn/n2623/n2687/n2696/n2743/c1662004999980001328/content.html.

第九章 基于互联网平台的创业

本章关注大学生创业者中基于互联网平台的创业群体，根据现有文献和国际劳工组织国际就业分类框架（ICSE-18），将这部分群体概念化为"平台创业者"。根据"云账户"平台对于平台创业者的调查数据，展现平台创业者的权利、经济风险等劳动特性，在此基础上，对影响平台创业者工作满意度的因素进行回归分析，为更好地支持平台创业者，提升其工作满意度提供参考。

第一节 背景和概念界定

随着移动互联网、大数据和人工智能等技术的快速发展，数字经济已经成为推动中国经济增长的主引擎之一。作为数字经济的具体体现，互联网平台不仅影响了生产和消费，还深刻影响了劳动力市场，在创造新增就业岗位、优化就业结构、提升就业质量等方面发挥了重要作用。互联网平台对于劳动力市场的影响可以分为就业和创业的两个方面，其中就业方面的典型体现是"新就业形态"。第九次全国职工队伍状况调查显示，全国职工总数约为 4.02 亿人，其中新就业形态劳动者 8400 万人，已经成为职工队伍的重要组成部分。新就业形态超越了劳动二分框架下的雇员工作（对应"从属性劳动"）与自雇创业（对应"独立性劳动"）的界限。这一情况在其他国家也同样存在，例如美国劳动法、就业法等法律对工人的分类也是二元的，工人可能是雇员，也可能是独立承包商。而在线平台工作者处于这两种身份之间的灰色地带（哈瑞斯，2018）。

各类平台劳动者是我国"新就业形态劳动者"的主体，2021年 7 月人社部等八部门共同颁布的《关于维护新就业形态劳动者劳动保障权益的指导意见》（人社部发〔2021〕56 号），将"互联网平台就业的网约配送员、网约车驾驶员、货车司机、互联网营销师等"定位为"新就业形态劳动者"，这些群体存在"不完全符合确立劳动关系情形但企业对劳动者进行劳动管理"的特点，这一指导意见也正式确立了"新就业形态"是处在雇员工作和自雇创业之间的"第三种形态"。作为第三种形态，"新就业形态"下的平台劳动者处在雇员工作和自雇创业之间的"光谱"上，其中某些部分接近雇员工作，或者说具有更强的雇员工作特征，也有一些群体则更接近自雇创业，或者更符合自雇创业的特征。

基于平台的就业与创业涉及多个概念，如零工经济、灵活就业、非正规就业等，为了厘清这些概念的内涵，本节对互联网平台、零工经济和平台劳动者三个基本概念展开说明。

一、互联网平台

当前对"平台"这一概念的使用存在多样性，既可以指一种产业组织形态，也可以是这一组织形态的运营主体。为了增加定义的准确性，首先引入并区分组织意义上的平台、互联网平台、平台企业与平台参与者四个概念。

组织意义上的平台。作为一种产业组织形式，平台也被称为双边市场或者多边市场，这一产业组织形式与传统企业不同在于：传统的企业向最终用户销售产品或服务，属于"单边市场"。而平台企业则更多地扮演中介角色，连接两个或者多个不同属性的用户群体，并促进这些群体在平台互动，因此被称为双边市场（或多边市场）（Rochetet al.，2006）。

产业组织意义上的平台历史悠久，从商业社会兴起时的集市，到金融社会的股票交易所，都是平台的具体形式。平台与技术结合也并非互联网时代的新事物，20世纪七八十年代开始流行的各类游戏主机，如索尼的PlayStation与微软的X-box，都可以视为平台（Rochet et al.，2003）。

互联网平台。本章遵循《国务院反垄断委员会关于平台经济领域的反垄断指南》（国垄断发〔2021〕1 号，以下简称"平台反垄断指南"）对互联网平台的界定，互联网平台是指"通过网络信息技术，使相互依赖的双边或者多边主体在特定载体提供的规则下交互，以此共同创造价值的商业组织形态"。各类电商平台、外卖平台、网约车平台、短视频平台等都是互联网平台。

平台企业。等同于平台反垄断指南定义的"平台经营者"，即"向自然人、法人及其他市场主体提供经营场所、交易撮合、信息交流等互联网平台服务的经营者"。

平台参与者。指的是平台用户，即平台这一双边市场（多边市场）所连接的"边"，这些"边"可以是自然人、法人也可以是其他组织。在互联网平台就业创业的群体同样属于平台参与者。

作为一种组织形态，"平台"指一种区别于科层制和市场制的组织形式（邱泽奇，2021；Gawer et al.，2014），与科层制相比，"平台"的边界相对开放，核心企业组织与主要的参与者共同形成生态圈。生态圈具有"核心—边缘"的双重特性（Wareham et al.，2014），对于基于互联网平台的就业，核心部分可以认为是平台企业，而边缘部分则是由平台劳动的供需双方为代表的平台参与者构成的市场。

二、零工经济

基于互联网平台的就业可以理解为"互联网平台"与"灵活就业"或"零工经济"（gigeconomy）的结合。我国灵活就业的概念出现较早，2005 年，当时的劳动和社会保障部（2008 年改为人力资源和社会保障部）劳动科学研究所课题组在长沙、大连、上海等地实地调研的基础上，参考国际劳工组织关于非正规就业的框架，将灵活就业的标准构建为一个包括就业性质、生产性质、组织方式等要素的评价体系。具体的界定标准和要素包括经营劳动目的是生存型、工作稳定性为不连续性（这种不连续可以是短期临时性、短期固定期限或者季节性的）等方面（中国劳动和社会保障部劳动科学研究所课题组，2005）。这一定义方式显示灵活就业是与非正规就业相对应的阶段。非正规就业的概念在国内未得到广泛采用，部分原因在灵活就业等概念更能反映就业的灵活性等特点（于凤霞，2020）。相对于灵活就业，零工经济的概念出现较晚，2014 年，Friedman（2014）将独立承包商（independent contractor）或顾问形式的灵活安排，非长期合同雇佣的工作形式称为"零工"（gig）。但是作为一种现象，零工经济古已有之，中国历史上存在的长工和短工等自由工作形式就属于此类。对于雇主而言，短工的稳定性相对低，就是通常意义上的零工（邱泽奇，2020）。随着互联网和新兴科技的媒介作用，零工经济这一概念被赋予了新的含义，分为了"新"与"旧"两个概念。"旧零工经济"（或者"传统零工经济"）更多关注对传统雇佣模式的影响，通常指以特定技能并独立自主的自由职业者作为劳动市场参与主体，并注重工作结果、以项目支付薪酬的经济、工作模式。而"新零工经济"则基于互联网等新兴科技，是一种按需（On-Demand）雇佣模式，是数字经济的一种具体表现（郑祁等，2019）。

三、平台劳动者

现有文献使用多个概念来描述基于平台的就业，有的称为平台经济从业者、平台劳动者或网络平台就业等。其中，平台经济从业者基于平台经济"使公司边界和劳动关系模糊化，这类群体具有"就业更加灵活、独立和自主，就业遵从度降低，工作场所和时间弹性化，收入来源多元化、离散度提高、稳定性弱化"的特点，包括快递员、外卖员、网约车司机等生活服务平台的从业者（严妮等，2020），这一定位突出了劳动关系变化及其带来的灵活、弹性等派生特征。但是广义平台经济的从业者不仅包含平台组织"核心—边缘"架构中的作为边缘的市场部分的从业者，也包含平台企业（互联网平台的运营主体）这一"核心"的雇员，郑秉文等（2018）将这些雇员称为"独立实体型"，包括大型互联网公司和新兴的互联网创业企业的员工。"独立实体型"就业主要的用工形式为企业的直接雇用，属于传统就业，并不属于基于平台的就业概念的范畴。网络平台就业是一种"基于分享经济的新就业形式，指的是平台企业借助网络平台提供新的就业岗位需求信息，劳动者（主要是新生代就业者）则通过互联网寻找平台就业机会，通过不同岗位需求比较实现网络平台就业"（彭伟华等，2022）。这一概念突出了"边缘"部分的就业，对就业群体的限定更为准确，但相对忽略了就业在雇佣关系等方面的多样性，也就是将平台就业作为单一形态的就业或者归类为"新就业形态"。但是，正如王永洁（2022）所指出的，平台就业带来的深刻变化恰恰在于丰富了就业形态，平台就业既包括劳动合同用工、劳务派遣用工等传统就业形态，也包括基于商务合同和其他类型合同的新就业形态。

　　本章使用"平台劳动者"的概念描述基于平台的就业，van Doorn（2017）将以数字作为媒介的服务工作称为平台劳动者（platform labor），而对应的数字媒介则称为劳动者平台（labor platform）或者平台劳动者中介（platform labor intermediaries）。这些平台通过软件优化劳动者的灵活性、可扩展性、可追溯性以及分散性，将传统的零工产业（temporary staffing industry）的业务导向方式强化为更为严格、零责任的点对点模式。平台劳动者首先是平台参与者，属于产品或服务的供给方。平台劳动者又可以分为多种就业状态，不仅包括劳动合同用工的传统标准就业、劳务派遣形式的传统非标准就业以及非劳动合同用工也非劳务派遣的新就业形态（王永洁，2022），还可以包括基于平台的创业。

第二节　政　策　文　件

　　我国政府在 2001 年就开始倡导灵活就业，并在《国民经济和社会发展第十个五年计划》的人口、就业与社会保障重点专项规划中，提出了要引导劳动者转变观念，采取非全日制、临时性、阶段性和弹性工作时间等多种灵活的就业形式，提倡自主就业（吕红等，2007）。2015 年 10 月 29 日，十八届五中全会公报提出"促进就业创业，坚持就业优先战略，实施更加积极的就业政策，完善创业扶持政策，加强对灵活就业、新就业形态的支持，提高技术工人待遇"[①]，这是首次提出了"新就业形态"的概念，并将其与灵活就业并置。此后，我国政策层面对于新就业形态给予了越来越多的关注和支持（于凤霞，2020）。本节对 2018 年以来我国关于灵活就业和新就业形态的政策文件及其要点进行整理[②]，具体见表 9-1。

表 9-1　2018 年以来我国关于灵活就业、新就业形态的政策要点

时间	文件名称	政策要点
2023 年 11 月	人力资源和社会保障部办公厅关于印发《新就业形态劳动者休息和劳动报酬权益保障指引》《新就业形态劳动者劳动规则公示指引》《新就业形态劳动者权益维护服务指南》的通知（人社厅发〔2023〕50 号）	《新就业形态劳动者休息和劳动报酬权益保障指引》旨在引导企业保障新就业形态劳动者休息和劳动报酬权益，提出了新就业形态劳动者工作时间的计算和休息办法、劳动报酬的确定规则。《新就业形态劳动者劳动规则公示指引》旨在引导企业提高劳动规则的公平性和透明度，保障新就业形态劳动者的知情权和参与权，明确了平台企业制定和修订劳动规则的原则和劳动规则的内涵。《新就业形态劳动者权益维护服务指南》包括企业内部劳动纠纷化解机制，工会以及相关部门机构对于新就业形态劳动者的权益维护服务。[③]
2021 年 7 月	人社部等八部委《关于维护新就业形态劳动者劳动权益保障的指导意见》（人社部发〔2021〕56 号）	明确平台规范用工，合理承担劳动者权益的具体要求，提出了优化权益保障服务的重点。

---

① 中国共产党第十八届中央委员会第五次全体会议公报 . http://www.xinhuanet.com/politics/2015-10/29/c_1116983078.htm.

② 表 9-1 部分参照了于凤霞（2020）和王霆等（2022）。

③ 人力资源和社会保障部有关司局负责同志解读新就业形态劳动者权益保障指引指南 . http://www.mohrss.gov.cn/wap/zc/qwjd/202402/t20240223_513877.html.

续表

时间	文件名称	政策要点
2020年7月	《国务院办公厅关于支持多渠道灵活就业的意见》（国办发〔2020〕27号）	支持发展新就业形态。实施包容审慎监管，促进数字经济、平台经济健康发展，加快推动网络零售、移动出行、线上教育培训、互联网医疗、在线娱乐等行业发展，为劳动者居家就业、远程办公、兼职就业创造条件。合理设定互联网平台经济及其他新业态新模式监管规则，鼓励互联网平台企业、中介服务机构等降低服务费、加盟管理费等费用，创造更多灵活就业岗位，吸纳更多劳动者就业。
2020年7月	《关于支持新业态新模式健康发展激活消费市场带动扩大就业的意见》（发改高技〔2020〕1157号）	强化灵活就业劳动权益保障，探索多点执业。探索适应跨平台、多雇主间灵活就业的权益保障、社会保障等政策。完善灵活就业人员劳动权益保护、保费缴纳、薪酬等政策制度，明确平台企业在劳动者权益保障方面的相应责任，保障劳动者的基本报酬权、休息权和职业安全，明确参与各方的权利义务关系。探索完善与个人职业发展相适应的医疗、教育等行业多点执业新模式。结合双创示范基地建设，支持建立灵活就业、"共享用工"服务平台，提供线上职业培训、灵活就业供需对接等就业服务。推进失业保险金的线上便利化申领，方便群众办事。
2020年7月	《人力资源和社会保障部关于开展人力资源服务行业促就业行动的通知》（人社部发〔2020〕58号）	开展促进灵活就业服务。鼓励人力资源服务机构进一步拓展和优化人力资源服务外包等业务，创新服务模式，提升服务水平。鼓励人力资源服务机构搭建线上线下信息服务平台，广泛发布短工、零工、兼职及自由职业等各类需求信息，支持劳动者灵活就业。
2020年4月	国家发展改革委中央网信办印发《关于推进"上云用数赋智"行动培育新经济发展实施方案》的通知（发改高技〔2020〕552号）	鼓励发展共享员工等灵活就业新模式，充分发挥数字经济蓄水池作用。鼓励平台面向中小微企业和灵活就业者提供免费或优惠服务。

时间	文 件 名 称	政 策 要 点
2019 年 12 月	《国务院关于进一步做好稳就业工作的意见》（国发〔2019〕28 号）	支持灵活就业和新就业形态。支持劳动者通过临时性、非全日制、季节性、弹性工作等灵活多样形式实现就业。研究完善支持灵活就业的政策措施，明确灵活就业、新就业形态人员劳动用工、就业服务、权益保障办法，启动新就业形态人员职业伤害保障试点，抓紧清理取消不合理限制灵活就业的规定。对就业困难人员享受灵活就业社会保险补贴政策期满仍未实现稳定就业的，政策享受期限可延长 1 年。
2019 年 8 月	《国务院办公厅关于促进平台经济规范健康发展的指导意见》（国办发〔2019〕38 号）	探索适应新业态特点、有利于公平竞争的公正监管办法。本着鼓励创新的原则，分领域制定监管规则和标准，在严守安全底线的前提下为新业态发展留足空间。鼓励发展平台经济新业态，加快培育新的增长点，发展便民服务新业态，延伸产业链和带动扩大就业。抓紧研究完善平台企业用工和灵活就业等从业人员社保政策，开展职业伤害保障试点。
2018 年 10 月	《中国工会十七大报告》	推动建立适应新业态的用工和社保制度，建立健全互联网平台用工等新就业形态劳动标准体系。
2018 年 9 月	国家发展改革委等 19 部门《关于发展数字经济稳定并扩大就业的指导意见》（发改就业〔2018〕1363 号）	推动数字产业发展壮大，拓展就业新空间。鼓励数据资源高效利用、开放共享，进一步扩大和升级信息消费，促进电子商务、共享经济等新业态蓬勃发展，培育更多新就业形态，吸纳更多就业。不断完善新就业形态劳动用工。按照审慎包容监管、增强劳动力市场灵活性的要求，推动完善劳动法律法规，及时完善新就业形态下的劳动用工政策，切实维护劳动者合法权益。加快新就业形态薪酬制度改革，不断完善兼职、一人多岗等灵活就业人员按次提成、计件取酬等工资制度。
2018 年 3 月	《政府工作报告》	运用"互联网+"发展新就业形态。

第三节　创业与就业的分类框架

就业和创业的关系并非简单的二分,从微观上看,新就业形态处在雇员工作和自雇创业这两个端点形成的"光谱"之间,其中部分群体可能偏向于自雇创业这一端的"光谱"。在宏观或者中观层面上,新就业形态与创业之间也存在双向的关系。以零工经济为例,一方面,零工工作能够给从业者带来更高的灵活性和自主权,有利于他们在工作之余寻求更多的发展机会,例如进行创业或是接受教育。同时,零工就业提供的收入安全网也在一定程度上可以平滑创业活动带来的风险,也可能有助于创业。另一方面,零工工作也成为吸纳低学历、低技能劳动者就业的蓄水池,零工就业可能因此而减少"生存驱动型"创业活动。此外,门槛低、上手快的工作性质也意味着零工从业者难以在工作中积累通用性工作技能与人力资本,不利于后续进行创业(莫怡青等,2022)。

现有对于平台创业者的界定可以分为两个方向:一种是以平台为基础展开的创业活动,如淘宝店主等电商平台的经营者。这类创业者符合自雇佣的特征,本章将其简称为"创业的平台化"。另一种则是从劳动过程出发,提取不同的维度对劳动者进行区分。如国际劳工组织基于权威与经济风险的分类维度。Vallas et al.(2020)针对零工经济提出了一个更有针对性的分类框架,该框架基于两个维度,分别为技能和工作复杂性(skill and complexity of work,以下简称"技能"),以及空间扩散性(spatial dispersion,以下简称"空间")。下面将分别对这两种分类方式进行说明。

一、创业的平台化

已有研究注意到了符合创业特征的平台劳动者,并使用不同的概念描述这部分群体。张成刚(2016)将电商平台就业,以及集中在各类创业孵化空间和孵化平台的创新式就业群体称为"创业式就业者"。其中，借助电商平台将线下店铺或者传统零售模式搬到线上的就业模式称为"电商平台就业"。而以机会型创业，追求创意和创新的就业方式，并处在酝酿、孵化、未进行工商注册登记的状态的"创客"则被称为"创新式就业"。这两类就业的共同特征是通过"自找项目、自筹资金、自主经营、自担风险"的方式实现就业。与之对应，朱松岭（2018）将这一类型称为"创客型就业"，进一步将这一模式分为稳定型和机会型两类。稳定型创客模式主要是通过电商平台实现创业，而"所创事业处于酝酿、孵化、未进行工商注册登记或备案情况下的创业就业模式"称为"机会型创客模式"。机会型创客模式同样主要基于各类创业平台，包括企业内部创业和外部的创业平台。郑秉文等（2018）将依托电商平台实现创业称为"平台赋能型"，这类创业者是借助第三方平台进行经营，不属于独立实体型创业。而基于各类创业空间的创业属于"众创空间型"，入驻创业空间的团队主要包括尚未注册企业的创业团队、初创小微企业、科技创新型企业及大学生创业项目。

这三种分类方式具有相似性。其中，电商平台就业、稳定型创业模式以及基于电商平台赋能型就业群体属于同一类别，其共同特征是基于电商平台从事创业活动，创业形式是将线下的店铺或传统零售模式搬到线上，是传统创业的"线上版"，因此本章将其称为"创业的平台化"。而创新式就业、创客型就业与"众创空间型"就业则属于"事实型创业"，因为这类群体虽然符合自雇佣式的创业特征，但可能处在"酝酿、孵化、未进行工商注册登记或备案情况"等阶段。他们多数基于各类创业平台，包括企业内创业平台、孵化器等众创空间平台。由于这些创业平台并非互联网平台，所以不属于本章的分析范围。

还有部分平台劳动者提供的主要是内容服务，比如网络主播、个人公众号的运营者等，已有文献中将其称为"自由职业者"（张成

刚，2016）或"平台赋能型就业"（郑秉文等，2018）。这部分群体
又可以分为两类：一类是服务众包，即通过互联网将自己的智慧、
知识、经验、能力转化成实际收益的服务众包的新型就业模式，也
称为"威客模式"；还有一类依托社群经济，依靠交流分享圈、利用
分享圈社员的信任获取收益，这一模式称为"圈客模式"（朱松岭，
2018）。尽管这部分群体具有较强的自主性，但在文献中通常视为
一种就业类型，并未包含在"创业的平台化"之中。[①]

二、基于劳动过程的分类

1. 权威与经济风险分类框架

国际劳工组织（International Labour Organization，ILO）的国际
就业分类框架（ICSE-18）中，以权威与经济风险分类的分类维度来
区分不同的就业类型。[②]

ICSE-18 中对于权威与经济风险的定义分别为：

1）权威：劳动者能够行使的、与工作有关的权威类型。

2）经济风险：劳动者所暴露的经济风险类型。

权威的维度将劳动者分为了独立劳动者和非独立劳动者。经济
风险的维度将劳动者分为利润就业型劳动者（worker in employment
for profit）和工资就业型劳动者（worker in employment for pay）。需
要说明的是，这里的"利润"（profit）并非简单意义上的收入减去
成本，而是一种和工资相对应的状态，ICSE-18 对于利润和工资就
业型劳动者的具体分类见表 9-2。

---

① 在文献对平台劳动者的分类中，还包含了多重职业群体，一般称为兼职群体。这些群体基于
分享经济在时间和空间的灵活性，其兼职可能是主业的延伸，也可能与平时工作不同，另一部分
可能自身具有多重职业。但由于本章主要关注全职的平台创业群体，因此不展开论述。

② *International Classification of Status in Employment (ICSE-18) Manual*，2023 年 8 月版。国际劳
工组织现行关于就业状态有两个分类标准：国际就业状态分类（ICSE-18）和国际工作状态分类
（international classification of status at work，以下简称 ICSaW-18）（替代了原有的 ICSE-93）。其中，
ICSaW-18 的分类更为宽泛，本章主要遵循 ICSE-18。

表 9-2　ICSE-18 对于利润和工资就业劳动者的分类

利润就业型劳动者	工资就业型劳动者
报酬直接且完全取决于其受雇经济单位的利润或亏损，包括因生产商品或提供服务而通过商业交易获得的现金或实物报酬。 没有作为工作时间回报的工资或者薪酬。	收到或期望收到现金或实物报酬，以换取工作时间或生产的每件产品或服务。 这包括： （1）雇员； （2）公司的所有者经营者（owner-operators），在他们拥有和控制的法人企业中任职。

表 9-2 中这一"与工资对应的状态"包含几个特征，首先与所在企业的盈亏保持一致[①]，其次，其计算标准并非工作时间或者产出数量，即其报酬的结算方式并非计时制或者计件制。换句话说，利润就业型工作者类似于所在企业的"股东"，承担企业整体经营的风险和收益。而工资就业型劳动者更多对应企业的"雇员"，领取计时制或者计件制的工资。[②]

利润就业型与工资就业型两个分类的维度在 ICSE-93 就存在，对应了雇员工作（paid employment jobs）和自雇工作（self-employment jobs）。由于付薪雇员工作通常有较低的权威和经济风险，自雇工作则在两个维度都是较高的，所以 ICSE-93 的分类方式只有两个象限。ICSE-18 在 ICSE-93 的基础上增加了独立劳动者（independent workers）和非独立劳动者（dependent workers）两种类型，具体见表 9-3。

表 9-3　ICSE-18 基于权威和经济风险对于劳动者的分类

	经济风险—低 工资就业型劳动者	经济风险—高 利润就业型劳动者
权威—高 独立劳动者	企业的雇主 企业的所有经营者	消费市场（household market） 企业雇主 消费市场自负盈亏劳动者

---

① 企业的原文为经济单位，类似于"市场主体"，为了便于理解，翻译为企业。

② 这一分类方式更像是一种理想类型，因为雇员的收入与企业经营绩效也存在一定程度的相关性，但是相对而言，"股东"的相关性更强。

续表

	经济风险—低 工资就业型劳动者	经济风险—高 利润就业型劳动者
权威—低 非独立劳动者	各类雇员（长期、固定期限、 短期与季节性） 付薪的学徒和实习生	非独立承包商 有贡献的家庭工作者

2. 技能与空间分类框架

在对平台情景下的零工经济（gig economy）进行的研究中，Vallas and Schor（2020）将技能与空间作为分类维度，将平台经济劳动者（work in the platform economy）分为多种类型。其中，高技能、空间全球化是创意类项目，如编程、设计与分析，这部分群体提供的是专业服务，比如远程顾问（cloud-based consultants）或者自由职业者。

技能相对低、空间本地化的工作包括出租车司机、同城配送以及清洁服务（cleaning service），作者认为这类劳动者（相对于工厂工作）具有一定的工作时间安排与自主性方面的弹性。然而，他们不仅要承担运营成本和风险的责任，还放弃了雇员所享有的保护，此外还要遵循客户需求的时间节奏，这可能会大大降低他们的自主性。而高技能、空间本地化的工作包括商人、表演艺术家以及照料者。与之对应的是低技能、空间本地化的微任务化工作（microtasking，代表性的如数据标注工作），这类工作与远程咨询或者自由职业者相比，通常对于培训和经验的要求更少，这也带来了较高的竞争性以及较低的收入水平。

此外，还有一类群体被称为内容创作者（influencers and content creator）。他们在群体空间上具有一定的全球性，而且覆盖了较为宽泛的技能区间。这部分群体也被称为"抱负劳动"（aspirational labor）[①]，他们期望以知名度获得收入，并因为对未来抱有美好愿景而

---

① "抱负劳动"的翻译参照了"全球劳动者的困境与出路"一文，中国社会科学网，https://www.cssn.cn/glx/ldyshbz/202212/t20221228_5575087.shtml.

接受了就业市场中高度不安全的工作岗位。需要注意的是，"平台经济劳动者"的概念较平台劳动者更为宽泛，图 9-1 中的分类包含了平台的架构师和技术人员（architects and technologists），这一群体是位于平台"核心"的平台设计者，而非平台参与者。Vallas et al.（2020）认为，虽然支撑不同类型劳动者的生存条件可能有所不同，但可能存在某些相似之处。平台架构师和技术人员、远程顾问、内容创作者的收入状态各不相同，但是他们在工作和身份方面表现出一种创业导向（entrepreneurial orientation）。回归到分类框架来看，这三类群体在空间上具有全球性（不受地域限制）且具有中高水平的技能。

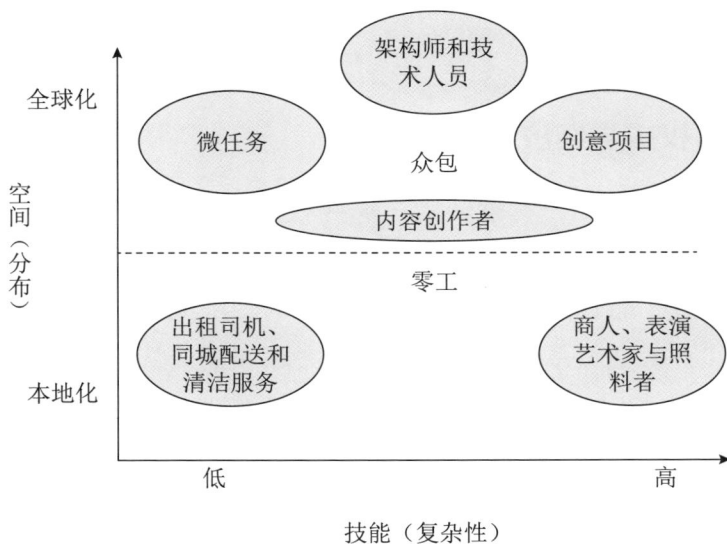

图 9-1　基于技能和空间的分类框架 [①]

第四节　平台创业者的界定

以上三种分类方式针对不同情景，创业的平台化主要针对的是基于平台的传统创业者，而权威与经济风险的分类则是为了在原有

[①]　根据 Vallas et al.（2020）中的 Figure 1 翻译。

雇员工作和自雇工作的二分基础上，考虑了劳动者更多维度的特征。技能与空间的分类框架针对平台劳动者，其关注点在于空间特性是平台劳动者的典型特征。这三种分类方式都可以作为平台创业者的界定方式。其中，创业的平台化的界定范围相对清晰，本章关注的是互联网平台的创业者，他们是"创业的平台化"类型中的"平台赋能型"部分。"平台赋能型"平台创业者主要指的是以淘宝店主为代表的、电子商务平台的商品提供方。虽然"创业的平台化"类型是平台创业者的重要组成部分，但是这一概念主要针对产品型市场，而新兴的、以知识和内容为代表的服务型市场并未包含在其中，具有一定的局限性。因此，本节重点讨论基于劳动过程的两个分类框架。

一、权威与经济风险

基于这一框架，本章认为，那些权威和经济风险都处在"高"水平的平台劳动者更符合平台创业者的定义，这些工作者不仅具有较高的权威，而且承担着"自负盈亏"的经济风险。由于平台工作者存在"去劳动关系化"的现象，即去除雇佣或从事从属性劳动的束缚（胡磊，2019），如果以雇员和自雇工作二分，会带来较大的分类模糊性。而表 9-3 增加了以工作权威为代表的劳动过程维度，与雇员与自雇工作的二分相比，更适合对平台劳动者的类型进行进一步的细分。

权威是一种合法化的权力，是一组关于支配与服从的社会关系，存在于特定社会情境中的特定社会群体的互动过程中。由于现代社会人们的职业和劳动过程大多依托于组织，因此权威体系在工作组织中普遍存在。作为一种制度化的支配与服从关系，权威关系规定了组织内部不同职位的行为方式及其互动方式，具有权威关系的支配方对受支配方发号施令并监督其工作行为，而受支配方则认同这一支配关系（何晓斌等，2021）。对于以平台为基础的生态系统而

言，平台与平台参与者之间、不同参与者之间呈网络状关联关系
（Wareham et al.，2014），这一关系并不同于传统组织的科层制关系。
具体到平台劳动者，这一关系至少涉及三类主体，分别为平台、平
台劳动者（也就是服务提供者）以及作为需求方的用户，由此构成
了"平台—平台劳动者—用户"的三角关系（Hu ek et al.，2023）。①
在这种三角关系中，工作中权威关系由科层制的上下级转化为更为
多样化的平台、平台劳动者与用户的互动关系，文献对这一互动的
研究多集中在劳动控制的主题之下。

　　魏海涛等（2022）指出，技术取向的平台劳动者的研究可分为
客观面向的劳动控制和主观面向的劳动自由两个方面。控制和自由
本是一对互为反义的对立概念，但平台劳动者的研究发现两者是并
存的。以外卖骑手为例，与传统的工厂体制劳动相比，外卖骑手由
于对空间的弱依赖性，使得其工作场景不再局限于传统的工厂，而
是摆脱了工厂这一物理空间的束缚，进入到相对自由的环境中。从
时间的维度来看，由于外卖骑手不需要严格遵守上班打卡制度，对
工作时间的选择也相对自由，似乎在时间和空间上相较传统工人更
自由（李胜蓝等，2020）。然而，外卖骑手的自由很大程度上是因
为对其管理走向了隐形化，以数据为基础的"数字控制"取代了科
层制下的等级控制，通过对外卖骑手劳动过程的不断拆解和标准
化、根据数据计算预计送达时间和规划的配送路线，以及引入用户
的监督和评价，平台系统实现了对骑手劳动过程的全程管理（陈龙，
2020）。这种数据和算法的结合劳动控制方式作为劳动和消费关系
的中介，一方面通过高效、及时等时间话语赢得市场，同时带来了
时间规训和实践操控（孙萍，2019）。由此引发的后果是劳动工作
者的强度大幅增加（黄再胜，2022）、劳动时间的延长，以及在"准
时送达"要求下的时间压力，并且产生了违反交通规则等职业风险
（李胜蓝等，2020）。

---

① 原文献所用的概念为"零工经济"，为表述概念一致，改为了平台劳动者。

这种劳动控制不仅适用于外卖骑手等体力平台劳动者，也存在于以文学作者为代表的脑力劳动者群体之中。范玉仙等（2023）对于某网络文学平台的调研发现，平台会通过对签约作者的作品内容及更新情况的监视，以及综合作品字数、点击量、收藏数、读者打分等因素进行绩效考核排序，使得创作者的劳动过程越来越透明化和标准化。在此基础上，平台采取计件薪资的方式，促使作者连续工作，以确保劳动的稳定性与连续性。通过这些劳动控制方式，签约作者的脑力劳动呈现出体力化的趋势，成为网络文学平台的数字劳工。

平台劳动者面临的劳动控制在多个维度与传统工作场域的权威具有一致性，首先是一种支配与被支配的关系。外卖骑手在配送过程中，平台会根据数据和算法为骑手规划配送路线和预计的配送时间，从而实现了对配送过程的支配，这种支配既是针对劳动过程（配送路线），也针对结果（配送时间），实现预计时间配送是控制的目的，规划配送路线是服务于这一目的的控制和监督手段。外卖骑手需要按照平台规划路线尽力实现准时送达，平台对骑手的控制方式由过程控制转化为结果控制，如果骑手偏离路线，消费者的监督会使骑手重新回到平台的时空规划之中（陈龙，2020）。其次，被支配方认同这一支配关系，在计件薪资制度下，外卖骑手的收入与订单数量直接相关，而且平台内部的排序机制使得跑单量最大的"单王"有物质和精神的双重激励，单王不仅会得到站点的奖励，同时还会引发同行的羡慕和佩服。此外，抢单的机制赋予了劳动中的"游戏"意义，这些巧妙的运作方式使得外卖骑手主动加入竞赛，并内化了"准确"和"快速"的时间规则，对劳动者的时间控制更为隐秘（李胜蓝等，2020）。处在这种时空规划中的骑手只会把量化控制当成督促、协助自己完成任务、获得收入的手段，从这个意义上说，隐形的控制削弱了骑手反抗的意愿。

与此同时，针对快手和抖音短视频平台的研究展示了另外一个面向。van Doorn（2017）定义的劳务平台（labor platforms）更多是一个双边市场（见图9-2），这类平台的经济价值主要来自平台劳动者为需求方提供的服务所获收入的抽成[①]。在这一模式下，平台一方面采取各种方式提升平台劳动者的工作效率和（或）延长工作时间，实现平台交易额的整体增长，另一方面，平台会设置抽成的比例来实现对于经济剩余的获取。提升工作效率和（或）延长工作时间虽然会同时提升平台劳动者的收入，但也带来了劳动强度与劳动时间的增加，而抽成则是平台与平台劳动者之间的"零和博弈"。

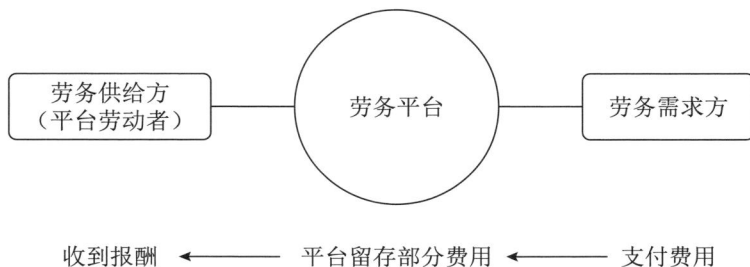

图9-2　劳务平台示意图[②]

以快手、抖音等短视频平台为代表的内容平台是一个多边市场，其中不同类型平台参与者群体之间的关系更为复杂（见图9-3）。以抖音和快手为例，除了观看直播带来的"打赏"收入外[③]，有影响力的内容创作者还会受到广告商的青睐，通过承接广告推广业务来获取收入。在这一模式下，互联网平台的长期成功并非简单地基于对平台劳动者的"压榨"，而是取决于平台企业、内容创作者和广告商等平台参与者之间的商业合作（Lin et al.，2019）。这种合作模式的一个体

[①]　外卖平台是一个多边市场，至少连接了三个边：餐厅等商家、消费者与外卖骑手。消费者从商户下单产生配送任务后，平台向外卖骑手分配配送任务。在这一过程中，外卖平台可以拆解为两个双边平台，一个是"电商平台"，涉及商家与消费者，另一个是"配送平台"，涉及骑手与消费者。这两个平台之间通过任务连接。在对于外卖骑手的劳动控制文献中，主要针对的是"配送平台"部分。

[②]　这一示意图仅体现了劳务供给和需求双方及其费用的流动路径，未体现外卖平台的商家（餐厅）等其他相关方。

[③]　打赏主要针对直播平台。

现是内容创作网站的广告平台，如 B 站旗下的花火平台。花火平台是 B 站服务于站内视频创作者（UP 主）和品牌主的官方商业合作平台，通过平台化的运作方式，实现品牌和视频创作者的匹配。[①]

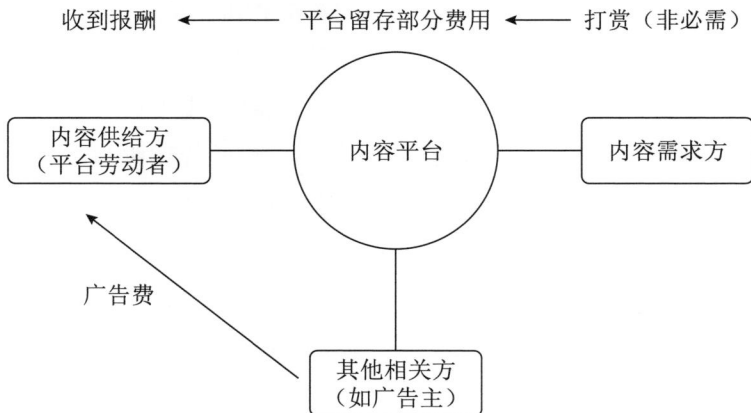

内容平台示意图

收到报酬 ← 平台留存部分费用 ← 打赏（非必需）

内容供给方（平台劳动者） — 内容平台 — 内容需求方

广告费

其他相关方（如广告主）

图 9-3 内容平台示意图

内容平台更强的多边市场特征以及不同边之间的互补性，是平台能够与内容创作者实现合作的前提。何威等（2020）对于抖音平台内容创作者的研究发现，短视频创意劳动可以为劳动者带来收入，劳动者的工作满意度以及对平台满意度等方面的评价较高。需要注意的是，这一研究的调查对象是粉丝超过一万名的抖音创作者，这些创作者为创作和运营账号投入了更为可观的精力，是衡量劳动参与程度的指标。

二、技能与空间

本章将技能较高且空间全球化（即不受本地空间限制）的平台劳动者界定为平台创业者。由于空间全球化在本章第四节已有说明，这里主要讨论技能维度。已有研究对平台劳动者技能的重要性有一定的共识，王星（2020）指出，劳动者的技能对于其在零工经济中

---

① 个人 UP 主入驻指南 . https://www.bilibili.com/blackboard/activity-C1aZCOqlAI.html.

获得阿马蒂亚·森意义上的"实质自由"非常重要。实质自由的意义不仅在于机会，更在于个体的选择过程，只有当社会成员有能力去过上自己认为有价值的生活时，才能在实质上享受这种自由。对于劳动水平和技能门槛要求高的平台劳动者，例如咨询、创意设计类平台劳动者，此时平台有助于消除专业技能调用的信息和组织障碍，加速技能知识体系的市场化流动，提高劳动力的自我议价能力和自我保护能力，部分实现了平台劳动者的实质自由。而工作即时化程度较高、技能水平和技能门槛要求较低的类型，如家政、快递、交通等，平台加速的只是工作机会，而非技能知识体系的流动。并且这类平台劳动者大部分缺乏内部职业阶梯和制度化的晋升渠道，在职业规划和发展方向上缺乏明确的目标意识。从外卖平台 2019 年发布的骑手群体数据可以看出[1]，外卖平台骑手以"80 后"和"90 后"为主，其中 85% 的受教育程度在大专及以下，在成为骑手之前或作为兼职骑手时，他们还从事或从事过建筑、保安、服务员、代驾、装卸、环卫工等工作，这些工作无一例外都属于零工经济中的低技能工作（陈龙等，2022）。

除了技能的水平，关于平台劳动者的技能领域，另一个研究视角是"去技能化（deskilling）"[2]。这一概念在布雷弗曼（Braverman）《劳动与垄断资本——二十世纪中劳动的退化》一书中提出，随着工业生产过程的机械化、自动化、计算化，特别是劳动过程被无限细分化，特定岗位上劳动者所要掌握的劳动技能越来越少，劳动者表现出去技能化的特征。根据劳动过程理论（labor process theory），技能由两个关键维度组成，分别是复杂性（complexity）和自主性

---

[1]　来源于 2019 年 1 月美团研究院发布的《城市新青年：2018 外卖骑手就业报告》。
[2]　与去技能化相关的另一个概念是"技能极化"，描述的信息技术发展和应用导致的，高技能岗位和低技能（甚至无技能）岗位同时增加的现象。这一现象的原因在于，信息技术发展一方面催生了一些高技能的就业岗位，同时，一些中等技能或传统高技能岗逐渐被信息技术和智能取代，或技能要求的下降，而一些低技能或无技能的岗位在特定时间内还不能完全被机器或智能替代。具体参见（方长春，2023）。

（autonomy），而去技能化则涉及工作的碎片化、降低技能要求，以及通过管理控制替代劳动者的自主性（Adler，2007）。在平台劳动者情境下，互联网平台通过技术手段对劳动技能进行分解和重组，消解劳动技能并降低劳动成本（闻效仪，2020）。去技能化不仅侵蚀了劳动者的劳动自主性，而且增加了劳动者的可替代性，进而可以更容易实现对劳动者的控制（方长春，2023）。由此可以看出，自主性是技能的组成部分，而互联网平台推动的标准化、模块化，在实现了"去技能化"的基础上，平台通过加强劳动控制，降低了平台劳动力在工作领域的权威。因此，高技能劳动力不仅可以实现更高的自主性，而且通过降低劳动控制拥有了更多的工作权威，在这个意义上，技能和工作权威具有一致性。

第五节　平台劳动者工作特征

为了验证分类方式的合理性，本部分使用"云账户"平台对于平台劳动者的调查数据，对不同类型的平台劳动者的自主性、经济风险、技能进行了对比分析。云账户平台是一个针对灵活就业人员的服务平台，旨在帮助从事生产经营活动和提供劳务的灵活就业人员实现就业增收。[①]这些服务包括身份核验、规则宣贯、收入结算、人工智能报税、保险保障等共享经济综合服务。[②]

该数据为云账户平台收集的平台劳动者数据，样本采用配额抽样方法，限定了城市、职业和兼职的规模或者比例，在剔除缺失值之后，有效样本为 3693 个。根据样本类型，我们从两个角度识别平台创业者：第一是工作方式（专职 / 兼职），第二是工作种类（职业）。样本中，专职平台劳动者占比 66.8%，兼职占比 33.2%。由于

---

① 来源云账户平台主页，https://www.yunzhanghu.com/#AccumulusService.

② DB12/T 1211—2023，共享经济灵活就业人员管理与服务机构服务规范（天津市地方标准）。

本文关注的是平台创业者，所以首先排除了兼职群体，得到专职群体的样本 2468 个。调查数据将职业分为八类，具体见表 9-4。

表 9-4　样本的职业类型

序号	职 业 类 型
1	同城配送（外卖骑手或同城快递骑手）
2	网约车司机（非传统出租车）
3	网约代驾员
4	网约家政员
5	网络货运司机
6	直播主播或视频博主
7	在线问诊医生
8	互联网社群营销（团购群主、微商、平台营销）

一、研究假设

本章将这八类工作种类整合为平台体力劳动者（以下简称"体力劳动者"）和平台脑力劳动者（以下简称"脑力劳动者"）。表 9-4 中的前 5 类，即同城配送、网约车司机、网络代驾员、网约家政员、网络货运司机为体力劳动者，后 3 类则为脑力劳动者。在总样本中（见图 9-4），体力劳动者占比为 64.3%，脑力劳动者占比为 35.7%。专职劳动者样本中，体力劳动者占比为 76.6%，脑力劳动者的比例为 23.4%，脑力劳动者占比低于总样本。造成脑力劳动者在专职群体占比更低的部分原因是在线医生和互联网社群营销兼职比例较高，分别为 93.7% 和 64.6%。

由于数据中的平台劳动者在平台上提供的大多为服务，并非电商平台的店主，所以"创业的平台化"这一分类并不适合该调查数据。基于使用权威和经济风险、技能和空间的分类框架，本章认为脑力劳动者更为符合平台创业者的定义。

从权威的角度来看，本章第五节指出，平台通过对外卖骑手工

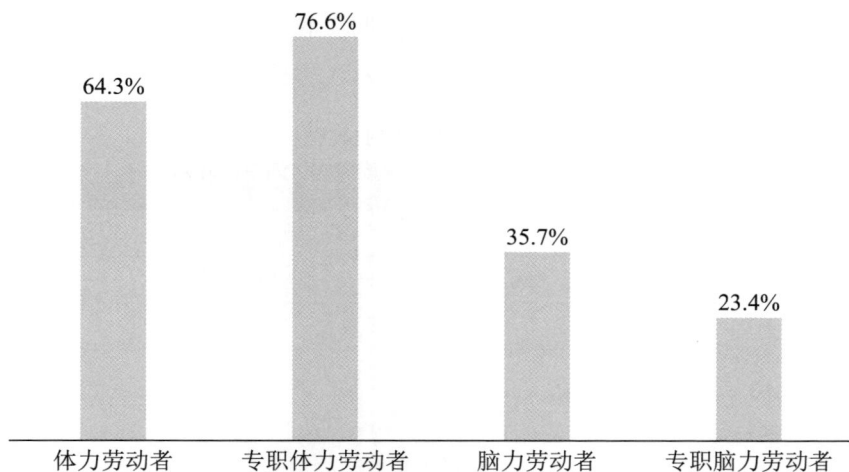

图 9-4　平台体力劳动者和脑力劳动者占比

作过程的拆解和标准化，以及基于数据和算法的"数字"控制方式，实现了对其劳动过程的全面控制（陈龙，2020），因此具有较低的工作权威。这一分析虽然主要针对外卖骑手，但是也不同程度地适用于代驾、网约车司机、网约货车司机以及网约家政员。此外，体力劳动者获得报酬的方式通常是计件制或者计时制，所以属于工资就业型劳动者。Lin et al.（2019）发现，快手的内容创作者通过发掘多种数字化的可供性（affordances）和人设，成为自雇佣的创意企业家。对于他们而言，创造力、生活以及个性都需要根据成本与利润进行持续的核算。但是另一方面，这些群体虽然收到平台关于社会和经济资本的承诺，但奖励系统对于他们而言是高度不平均的。这一发现反映了脑力劳动者的"自雇佣"特征以及"高度不平均"奖励带来的经济风险。综合以上论述，提出研究假设 1 和假设 2：

研究假设 1：相对于体力劳动者，脑力劳动者在工作领域具有更强的权威。

研究假设 2：相对于体力劳动者，脑力劳动者在工作领域面临更高的经济风险。

从技能的维度来看，脑力劳动者也更为接近平台创业者的概念，这种技能包括工作的复杂性和内在的自主性（Adler，2007）。自媒体、网络营销等脑力劳动者群体所提供的是知识或者内容类产品，这类产品通常有较强的差异性。这种差异性可以分为知识性、实用性、趣味性、时效性等多个维度。针对不同内容和不同受众，脑力劳动者可以根据自身的特点，在一个或多个维度上通过技能的积累实现自我技能的提升。这种为了适应工作的技能要求，通过学习、接受培训等方式获得新技能的过程与去技能化相对应，被称为"再技能化（reskilling）"（方长春，2023）。将脑力平台劳动者作为基于平台的创业者的分类方式，较为接近郑秉文、李妍花（2018）提出的"平台赋能型"就业群体中"提供内容服务的新型平台赋能型就业"的部分，包括网络主播、微信公众号运营者等。从空间的角度来看，同城配送、网约车司机等体力劳动者所提供的服务都体现出线上下单、线下实现的特点，这种线上与线下相结合的方式带来了体力劳动者空间上的本地性。

从技能衍生出的职业发展路径的视角出发，平台脑力劳动者创业可能性相对更高。首先从产品"供给"的维度来看，脑力劳动者提供的知识、内容等产品具有规模效应。无论是文字还是音视频，都能以接近无边际成本的方式分发。规模效应的直接后果是脑力劳动者可以将其产品发布在多个平台，即实现供给侧的"多栖性"（multi-homing），这种多栖性为脑力劳动者提供了更多的选择，他们在加入某一平台的同时，还可以同时加入其他平台。对于需求侧的用户而言，脑力劳动者产品具有差异性，这种差异性有助于形成用户"黏性"，表现为用户可以成为脑力劳动者的"粉丝"。规模效应、多栖性与用户黏性的结合，意味着脑力劳动者对于具体平台的依赖性相对更小，因而具有更强的自主性。规模特性与用户黏性的特点，使得脑力劳动者的产出具有可复制性和用户的可积累性两个特点。这两个特点使得脑力劳动者提升产出（产品）质量、扩大市场规模成为可能。产出质量与市场规模会形成正向的互动，在这一互动过程中，脑力劳动者不仅提升了自身的技能，还可以采取组建团队的方式提升生产的专业化水平和效率。同样以自媒体为例，虽然这一群体有不少"个体户"，但也有一部分自媒体组建了团队并注册公司，不仅实现了"自雇创业"，而且还创造了就业机会，以创业带动就业。

与之对应，体力劳动者的产品并不具有规模效应。同城配送、网约车司机、代驾等平台劳动者虽然可以在一定程度上提升劳动技能，但由于体力劳动的边际成本是"时间"，这一提升只是在效率意义上，因此所产生的规模效应非常有限。此外，体力劳动者虽然理论上可以服务于多个平台，但是难以实现脑力劳动者意义上的多栖发展。此外，从需求方的角度来看，同城配送、网约车司机、代驾等体力劳动者提供的服务具有相对同质性，因而具有更强的可替代性。而且由于同城配送平台等劳务平台的特性，劳动者与需求方的匹配是在算法基础上随机实现的，这种算法基础上的"随机"决定了用户并不能指定体力劳动者，顾客黏性可以认为是零。因此，劳务平台通过服务的拆分和标准化实现了体力劳动者劳动技能领域的"去技能化"，并通过随机匹配实现了体力劳动者识别度的"去个体化"。体力劳动为基础的规模效应受限以及客户资源的不可积累性都使得平台就业对于体力劳动者群体更多是一项就业方式而非创业路径。由此引出研究假设 3。

研究假设 3：相对于体力劳动者，脑力劳动者的技能更具价值。

表 9-5　不同类型劳动者创业可能性比较

	体力劳动者	脑力劳动者
边际成本	边际成本为"劳动时间"。	知识、内容类产品属于信息产品，固定成本高，边际成本低，可以认为是零边际成本。

续表

	体力劳动者	脑力劳动者
规模效应	可以提升效率，但规模效应很低。	规模效应与边际成本相关，脑力劳动者边际成本低，因而规模效应高。
单栖/多栖	虽然理论上可以同时加入多个平台，但无法实现"事实上"的多栖。	将产出（作品）上传多个平台，就可以实现多栖。
产品/服务差异性	产品维度单一，同质性相对强。	产品维度多，具有差异性，具有较强的异质性。
用户黏性/用户可积累性	随机匹配，用户无法指定劳动提供者。因此用户黏性、可积累性几乎为零。	有一定的用户黏性，如用户可以关注某个自媒体，成为"粉丝"，因此具有用户的可累积性。
创业可能性	相对低。	相对高。

二、描述性统计

工作过程的分类框架包含了权威、经济风险、技能和空间四个维度，由于空间这一维度与职业（工作种类）相关，所以本节将对权威、经济风险和技能三个维度进行定量分析。

1. 权威

平台脑力劳动者相对平台体力劳动者有着更高的权威，主要表现为脑力劳动者的工作控制相对更少。这种工作控制既表现在工作时间上，也体现在其他管理制度方面。从工作时间角度来看，由于薪酬方式从计时制转向了计件制，使得平台劳动者拥有时间安排上的自主性。但是在"时间权利"的视角上，平台和平台劳动者的权利不平等是在加剧的（刘雨婷等，2022）。对于外卖骑手，劳动时间的"自由"只是平台采取的一种劳动时间控制策略，在这种看似弹性的时间模式下，产生了超越工作时间与生活时间边界的"全天候工作"，后果是劳动时间无限延长，骑手成为全天候工人（李胜蓝等，2020）。这些论述反映了体力劳动者的相对普遍状态，根据云账户平台的调查数据，在实际工作时间方面，平台体力劳动者平均每天实际工作时间为 8.5 小时，脑力劳动者为 5.1 小时。具体到专职群体，平台体力劳动者平均每天实际工作时间为 9.1 小时，平台脑力劳动者为 6.5 小时。[①] 体力劳动者实际平均工作时长已经超过了"8 小时工作制"，专职体力劳动者更是平均超过了 9 小时。此外，平台对 39.9% 的体力劳动者有工作时长要求，而脑力劳动者这一比例仅为 14.6%。专职劳动者中这一比例均有所增加，其中平台对 46.1% 的体力劳动者有工作时长要求，而脑力劳动者这一比例为 26.1%，体力劳动者依然高于脑力劳动者（见表 9-6）。

表 9-6　平台劳动者实际工作时长与工作时长要求占比

	平均每天工作时长（小时）	平台有工作时长要求的比例
脑力劳动者	5.1	14.6%
体力劳动者	8.5	39.9%
专职脑力劳动者	6.5	26.1%
专职体力劳动者	9.1	46.1%

在管理制度方面（见图 9-5），体力劳动者较脑力劳动者相对受到更多来自平台的管理，特别是在工作任务的选择上，54.0% 的体力劳动者能感知到平台具有"分配工作任务"的制度，而在脑力劳动者中这一比例仅为 33.7%，体力劳动者各职业均高于脑力劳动者。对于专职群体，这一比例有所增加，体力劳动者和脑力劳动者对应的比例分别为 55.8% 和 36.9%，但是体力劳动者感知分配工作任务的占比依然高于脑力劳动者[②]。

[①] 需要说明的是，问卷中这一数据为分组数据，最后一组为"11 小时以上"，所以平均值的计算并不精确，更多的是作为对比使用。
[②] 对于脑力劳动者，部分工作是业绩考核，如社群营销类对应的考核是"分配业绩任务"。为了对比，这里并入了分配工作任务的类别。

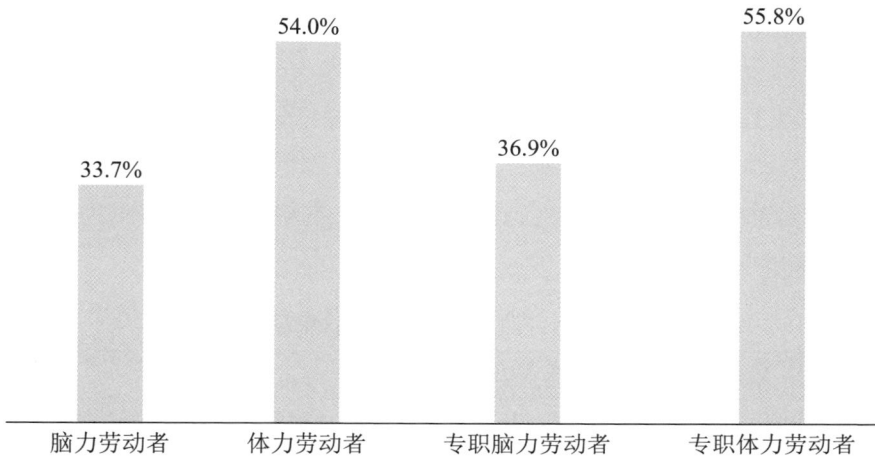

图 9-5　感知平台具有"分配工作任务"制度的比例

2. 经济风险

平台体力劳动者和平台脑力劳动者都面临不同程度的经济风险。从收入波动程度看，脑力劳动者有 27.45% 的收入波动比例低于 10%，54.06% 的脑力劳动者收入波动在 10%~30% 之间，而体力劳动者对应的比例为 52.44% 和 36.53%。专职脑力劳动者中，有 19.90% 的收入波动比例低于 10%，55.02% 的收入波动比例在 10%~30% 之间，专职体力劳动者对应的比例分别为 54.84% 和 36.33%，即脑力劳动者的经济收入具有更强的波动性，这意味着脑力劳动者承担了更高的经济风险（见表 9-7）。

表 9-7　不同类型平台劳动者收入波动比例

收入波动比例	体力劳动者	脑力劳动者	专职体力劳动者	专职脑力劳动者
10%	52.44%	27.45%	54.84%	19.90%
10%~30%	36.53%	54.06%	36.33%	55.02%
30%~50%	7.58%	16.07%	6.24%	21.28%
50% 以上	3.45%	2.43%	2.59%	3.81%

3. 技能

本节使用教育经历和就业原因来测量平台劳动者的技能水平。

总样本中接受大专及以上教育的群体占比为 24.5%，其中，本科及以上占比仅为 3.5%。脑力劳动者群体中大专及以上占比为 76.9%，本科及以上占比为 46.8%。专职子样本中大专及以上占比为 22.4%，其中，本科及以上占比仅为 2.9%，比例整体低于总样本。而专职脑力劳动者中，大专及以上占比为 67.6%，本科及以上占比为 24.7%（见表 9-8）。

表 9-8 平台劳动者大专及以上教育经历占比

教育经历	体力劳动者	脑力劳动者	专职体力劳动者	专职脑力劳动者
大专及以上	24.5%	76.9%	22.4%	67.6%
本科及以上	3.5%	46.8%	2.9%	24.7%

因此，无论总样本还是专职平台工作者样本，脑力劳动者大专及以上教育程度占比为体力劳动者的 3 倍有余。脑力劳动者的教育经历普遍高于体力劳动者。

在就业原因方面，使用问卷中"就业门槛低"和"学习一种技能"两个选项来代表技能要求和技能成长性。在全样本和专职样本中，体力劳动者和脑力劳动者选择这两个选项的比例见表 9-9。这一结果反映了有更高比例的体力劳动者将就业门槛低作为选择平台就业的原因，而脑力劳动者则更多地将学习一项技能作为平台就业的原因。

表 9-9 平台劳动者的就业原因（部分选项）

工作原因	体力劳动者	脑力劳动者	专职体力劳动者	专职脑力劳动者
就业门槛低	57.9%	38.2%	64.6%	56.7%
学习一种技能	7.6%	21.0%	7.5%	26.0%

通过教育经历和就业原因的数据可以看出，相对于体力劳动者，脑力劳动者具有更强的工作灵活程度。这些灵活程度表现为拥有更低的实际工作时间，以及平台对其时间管理要求较少。此外，脑力劳动者对于平台具有"分配工作任务"的感知比例也更低，这些数

据可以说明脑力劳动者在工作方面具有更强的权威。整体收入的波动性也意味着脑力劳动者承担了更大的经济风险。作为技能的衡量，脑力劳动者整体受教育程度更高，在就业选择时更多地考虑了技能的成长性。这些数据可以部分地反映脑力劳动者更符合本章所界定的平台创业者特征。

第六节　平台创业者工作满意度

随着平台就业规模及社会经济影响力与日俱增，国内外对于平台就业的研究关注度在逐步提升，但对平台劳动者的工作满意度的关注相对缺乏。工作满意度的概念最早由 Hoppock 提出，他认为工作满意度是员工在心理和生理两个方面对环境因素的满足感受。学术界对于工作满意度的定义可以分为综合性、差距性和参考架构性三种类型。综合性定义下的工作满意度是一个独立的整体概念，是个体对工作、环境条件等因素产生的主观态度。差距性定义下，工作满意度是一个程度的概念，其高低是由员工从工作中获得的结果与其心理预期之间差距决定的。参考架构性定义认为个体拥有自己的参考框架，工作满意度是员工根据这一框架对工作特性进行解释的结果，其工作的满意度会受到个体参考框架的影响（杨学成等，2023）。

在现有研究中，工作满意度既可以作为因变量，以探讨影响工作满意度的因素，也可以作为自变量，分析其对于其他因素的影响，例如工作满意度对于员工离职的影响（叶仁荪等，2005；李宪印等，2018）。本章主要将工作满意度作为因变量，并关注平台创业者工作满意度的影响因素。工作满意度受到多种因素的影响，Friedlander（1963）从内部和外部因素二分的脉络出发，将其归纳为三类：（1）社会与技术环境，包括与上级以及团队的关系、管理政策、工作条件以及工作中的安全感；（2）工作方面的内在自我实现，工作中技能的充分发挥，成就感、对工作类别的喜爱，工作中对于技能和经验的获得感都是自我实现的体现；（3）通过提升体现的认可，包括物质上的升职加薪，以及对工作成就的其他非物质形式的认可。如赋予更多的工作职责，接受挑战性更强的工作。一些研究扩展了工作满意度的影响因素，将专业技能（田志鹏，2023）、工作—家庭冲突（许琪等，2016）、通勤时间（贺建风等，2021）等更多元的因素纳入到工作满意度研究之中。

平台劳动者与传统就业相比，主要的差别在于雇佣方式与劳动控制方式，现有对于平台劳动者工作满意度的影响也集中在这两个方面。不同的雇佣方式会影响劳动者的权益保障、社会保护和工作条件保护，这些因素是影响就业满意度的重要因素，同时，工作时长、收入等更为"传统"的工作特征也会影响平台劳动者的工作满意度（王永洁，2022）。但是对于从事内容创作的平台劳动者而言，获得收入仅是其工作满意度的来源之一，甚至可能是相对次要的因素。何威等（2020）对抖音平台内容创作者的调研发现①，"收入与工作量"是影响工作满意度的评分中平均分最低且标准差最高的项目，这说明部分平台内容创作者对于自己所做的工作量与匹配的收入并不满意。与之相对应的是，选择"变得更快乐""生活更加充实""能力得到更大的发挥""受到更多人关注和认可"选项的占比均达到或超过85%，这说明与经济收入相比，其他的心理因素更为影响这部分群体的工作满意度。

本章关注的是平台创业者，在考虑了工资收入、工作时长等传统就业因素及就业形态、社会保障等平台就业因素之外，还会引入分类框架中工作过程的指标，包括权威、经济风险和技能。现有定量研究与这一概念相对接近的是自由职业者，除收入水平外，自由

① 作者称这部分群体为"创意劳动者"，定义为"持续、深度地投入内容的创作与传播，甚至以之为业，从中获取自己部分或全部收入的人"。

职业者的工作满意度还受到工作自主性、工作动机、工作形式等因素的影响（姚烨琳等，2022）。虽然工作自主性是工作权威的重要方面，但是这一研究并非基于平台语境，其工作自主性指的是时间和地点意义上的自由。

一、回归分析

本节使用多元回归的方式，考察前述各因素对平台创业者工作满意度的影响。主要关注的因素包括权威、经济风险与技能，其中，使用收入波动来表征经济风险，用教育经历作为技能的测量。在工作权威方面，沿用第五节使用的工作时间和劳动控制方式来测度。工作时长只是劳动控制的一种方式，其他劳动控制方式体现在平台对于平台劳动者的管理制度之中。因此，本节将管理制度作为自变量，关注其对平台创业者的影响。问卷中的劳动控制相关内容分为两类：一类是工作时间的控制，即有无最低工作时间的要求；另一类是平台的管理制度。管理制度又分为分配工作（业绩）任务、规定工作时间、跟踪工作或服务进度等多个方面。多数平台劳动者表示平台有"制定工作规范"的管理制度，占比达到 60.2%。排名其后的三项是"监督工作内容及质量""跟踪工作进度"和"分配工作任务"，占比分别为 56.4%、48.8% 和 46.8%。相较于脑力劳动者，体力劳动者受到更多来自平台的管理，特别是在工作任务的分配方面，54.0% 的体力劳动者能感知到平台具有"分配工作任务"的制度，而在脑力劳动者群体中这一比例只有 33.7%，各职业体力劳动者均高于脑力劳动者。对于脑力劳动者，平台管理制度更多关注的是规范和内容质量，以直播主播/网络博主为例，选择"制定工作规范"的比例为 71.5%，而选择"监督工作内容及质量"的更是达到 85.1%。

在控制变量方面，与传统就业相比，平台就业一个主要的差异是雇佣形式。雇佣形式表现为协议类型以及提供的社会保障。社会保险是不同雇佣形式之间差异的重要维度，并影响灵活就业人员的公平感、获得感与地位认同（刘远风等，2022；张寅凯等，2022）。研究发现，各类保险的影响具有异质性，以医疗保险为例，城市居民基本医疗保险提升了灵活就业人员的获得感，而城镇职工基本医疗保险的效应并不显著（刘远风等，2022）。灵活就业人员参与居民基本养老保险能积极影响社会地位认同，参与职工基本养老保险对于公平感有显著的正向影响。对于低收入群体，收入水平对于职工基本养老保险存在挤出效应（张寅凯等，2022）。对于平台劳动者来说，社会保险并非强制选项，存在参保率低的问题。郑秉文等（2018）的抽样调查发现，代表创业群体的网店店主中，有 40.6% 的店主没有参加任何一种保险。未参保的原因中，对社会保险"没有相关意识"占比最高，达到 65.8%，费用太高、手续太复杂等原因也超过 30%。云账户平台的调查数据也体现出参保率低的现象，有六成（60.5%）的平台劳动者没有任何保险，其中专职劳动者未参保比例为 56.9%。所以，本文将社会保障类型以及社会保障的购买方式纳入分析。

其他的控制变量包括平台劳动者的收入，以及年龄、婚姻及子女状况这些社会经济特征，以及收入和收入的波动，各类变量类型见表 9-10。

表 9-10　回归模型变量

变 量 类 别	变 量 名	测 量 指 标
因变量	工作满意度	自评工作满意度
自变量	权威	平台管理制度
		工作时长要求 - 有无
		工作时长要求 - 时长
	经济风险	收入波动
	技能	教育经历

变 量 类 别	变 量 名	测 量 指 标
控制变量	雇佣形式	有无协议
		协议类型
	社会保障	社会保障类型
	社保购买方式	自费购买社保
	社会经济特征	收入
		年龄
		婚否与子女数量

因为考察的是平台创业者，所以第一步排除了兼职劳动者，这部分平台劳动者的本职工作对于工作满意度可能有较大的影响，但在问卷中仅有收入占比的选项可以部分地测度本职工作的影响，无法提炼出本职工作的其他维度。为了对比不同群体的差异，我们将专职平台劳动者分为了四个模型：模型 1 是所有的专职平台劳动者，考察专职平台劳动者的整体情况；模型 2 考察专职脑力劳动者的情况。本书关注的是大学生创业者，因此模型 3 在模型 2 的基础上，重点考察教育程度在大专及以上的专职脑力劳动者群体；模型 4 将专职体力劳动者作为参照对象，以识别两类平台劳动者可能的区别。回归结果详见表 9-11。

表 9-11　回归结果（工作满意度）

	模型1：平台专职劳动者——全样本	模型2:专职脑力劳动者	模型3:专职脑力劳动者——大专及以上群体	模型4:专职体力劳动者
平台管理制度				
分配工作任务	−0.117	−0.481**	−0.266	−0.068
	（−1.30）	（−2.00）	（−0.95）	（−0.67）
制定工作规范	−0.329***	0.088	0.227	−0.441***
	（−3.69）	（0.43）	（0.92）	（−4.28）
规定完成时间	−0.400***	−0.276	−0.542**	−0.447***
	（−4.43）	（−1.27）	（−2.00）	（−4.35）

续表

	模型1：平台专职劳动者——全样本	模型2:专职脑力劳动者	模型3:专职脑力劳动者——大专及以上群体	模型4:专职体力劳动者
跟踪工作进度	−0.126	−0.049	0.267	−0.092
	（−1.45）	（−0.25）	（1.10）	（−0.92）
监督考核工作内容及质量	0.092	0.001	0.087	−0.032
	（1.04）	（0.00）	（0.31）	（−0.31）
考勤/工作量考核	−0.011	0.149	0.171	0.032
	（−0.11）	（0.58）	（0.56）	（0.28）
考察工作完成情况并予以奖惩	0.099	−0.189	−0.179	0.192*
	（1.07）	（−0.92）	（−0.71）	（1.77）
根据工作表现在平台内排名	0.406***	0.301	0.268	0.387***
	（4.11）	（1.39）	（1.01）	（3.40）
提供工作服、工作牌等标识物	−0.044	0.833**	0.755	0.044
	（−0.40）	（2.06）	（1.60）	（0.38）
工作时长要求	0.014	0.044	0.081	0.025
	（0.95）	（0.86）	（1.27）	（1.59）
工作时长	−0.490***	−0.116	−0.156	−0.436***
	（−11.98）	（−1.44）	（−1.56）	（−7.86）
收入波动	−0.031	0.058	0.134	−0.143**
	（−0.52）	（0.45）	（0.86）	（−2.08）
教育经历	0.198***	−0.087	−0.099	0.217***
	（3.68）	（−0.82）	（−0.47）	（3.08）
控制变量				
协议类型				
劳动合同	0.275**	0.177	0.215	0.304**
	（2.23）	（0.62）	（0.60）	（2.09）

续表

	模型1：平台专职劳动者——全样本	模型2:专职脑力劳动者	模型3:专职脑力劳动者——大专及以上群体	模型4:专职体力劳动者
合作协议	0.200**	−0.177	−0.175	0.304***
	（2.26）	（−0.82）	（−0.63）	（2.85）
承揽协议	0.400***	0.034	0.261	0.448***
	（3.02）	（0.09）	（0.62）	（2.98）
社会保障				
基本养老	0.154	0.266	0.056	0.265
	（0.69）	（0.35）	（0.06）	（1.09）
基本医疗	−0.174	0.026	0.174	−0.019
	（−0.97）	（0.03）	（0.17）	（−0.10）
失业	0.287	−0.041	−0.082	0.376*
	（1.37）	（−0.06）	（−0.11）	（1.65）
工伤	0.511***	−0.573	−0.547	0.526***
	（3.41）	（−0.72）	（−0.63）	（3.35）
生育	−0.307	−0.183	−0.212	−0.002
	（−1.26）	（−0.27）	（−0.30）	（−0.01）
商业养老	0.377	3.201***	3.012**	0.172
	（1.40）	（2.84）	（2.51）	（0.60）
商业医疗	−0.233	−0.833	−0.876	−0.306
	（−0.80）	（−0.80）	（−0.79）	（−0.96）
职业伤害	0.180	0.239	0.151	0.272**
	（1.57）	（0.51）	（0.26）	（2.20）
自费购买保险	−0.089	−0.479**	−0.604**	0.052
	（−0.98）	（−2.11）	（−2.06）	（0.50）
收入（对数）	0.440***	0.585***	0.515***	0.069
	（5.28）	（4.88）	（3.42）	（0.54）

续表

	模型1：平台专职劳动者——全样本	模型2:专职脑力劳动者	模型3:专职脑力劳动者——大专及以上群体	模型4:专职体力劳动者
年龄	0.019**	0.019	0.020	0.027***
	（2.56）	（0.79）	（0.57）	（3.19）
家庭情况	控制	控制	控制	控制
截距	是	是	是	是
样本数量 N	2468.000	577.000	391.000	1891.000
*** 1% ** 5% * 10%	="* $p<0.1$	** $p<0.05$	*** $p<0.01$"	

二、研究发现

通过回归结果可以发现，在平台管理制度方面，分配工作任务会降低脑力劳动者的工作满意度，但是对大专及以上群体无显著影响。相反，规定完成时间对脑力劳动者无影响，但会显著降低大专及以上教育群体的工作满意度。提供工作服、工作牌等标志物可以提升脑力劳动者的工作满意度，但是对于大专及以上群体同样无显著影响。这说明从权威方面来看，脑力劳动者虽然会排斥分配工作任务，对平台提供的标志物具有认同感，但这些认同感更多地体现在大专以下群体，影响大专及以上群体工作满意度的是规定完成时间，且影响显著为负。

规定工作规范，规定完成时间都会显著降低体力劳动者的工作满意度，而根据工作表现在平台内排名、考察完成情况并给予奖惩则会提升其工作满意度，提供工作服、工作牌等标识物对于体力劳动者无显著影响。在这些因素中，仅有规定完成时间会显著降低大专及以上教育程度的脑力劳动者的工作满意度。这反映了劳动过程控制措施（如工作规范、完成时间）对体力劳动者的工作满意度具有负向影响，但平台内排名、完成情况的奖惩机制这些结果考核制度则会增强体力劳动者的工作满意度。而脑力劳动者整体排斥分配工作任务，但认可平台标志物带来的归属感。

工作时长要求并不影响平台劳动者的工作满意度，但实际工作时长会显著降低体力劳动者的工作满意度，对脑力劳动者的工作满意度的影响不显著。收入波动会显著降低体力劳动者的工作满意度，虽然脑力劳动者整体收入波动程度更高，但这一因素并未影响其工作满意度。这一结果说明，对于脑力劳动者，工作时间长度和收入的波动并非影响其工作满意度的主要因素，也部分印证了脑力劳动者更为符合利润型就业的定位。教育经历仅影响体力劳动者的工作满意度，且影响方向显著为正，这部分说明了体力劳动者的技能水平对于获得"实质自由"的重要性。

在控制变量方面，雇用方式仅影响体力劳动者的工作满意度。与没有签署任何协议（或"不知道/不清楚"）相比，签署包括劳动合同在内的各种劳动协议都会提升体力劳动者的工作满意度，原因可能是这些协议提供了对体力劳动者的权益保障。而脑力劳动者的工作满意度并不受雇用形式以及有无雇用的限制，是否签署协议以及签署协定的类型并不影响脑力劳动者的工作满意度。

在社会保障方面，两类劳动者也体现出不同的偏好。失业、工伤与职业伤害保险显著提升了体力劳动者的工作满意度，而脑力劳动者更为偏好商业养老保险。这说明体力劳动者更关注短期风险，而脑力劳动者的考虑相对长期。对于脑力劳动者而言，自费购买保险的方式会降低其工作满意度。收入方面，收入正向影响脑力劳动者的工作满意度，而对体力劳动者没有影响。这意味着即使控制了工作时长等因素，收入依然无法提升体力劳动者的工作满意度。

针对以上发现，本章对于提升平台劳动者的工作满意度，保障平台创业者或者潜在创业者获得感、幸福感和安全感，提出以下建议。

（1）探索构建平台创业者的分类体系。由于数字经济、平台经济对于就业市场的深远影响，传统的"自雇创业"与"雇员工作"二分的方式已不适合作为平台就业情境下就业与创业的分类标准，因此需要考虑更符合平台劳动者特征的分类框架。本章所采用的分类方式是一个探索，但从中也可以发现平台创业者和平台劳动者存在多个维度的差别。分类体系是更好识别平台创业者的基础，也是对不同类型的平台劳动者更好进行差异化支持的前提。

（2）探索对于平台劳动者差异化的支持方式。根据描述性统计与回归分析，可以发现脑力劳动者代表的平台创业者与体力劳动者代表的平台劳动者对管理措施的态度、经济风险承受能力、社会保障偏好以及雇佣方式的依赖性等方面有所差异。这些差异决定了对于平台创业者需要提供与其他平台劳动者有区别的支持政策。人社部官网于 2024 年 2 月 23 日公布了《新就业形态劳动者休息和劳动报酬权益保障指引》《新就业形态劳动者劳动规则公示指引》以及《新就业形态劳动者权益维护服务指南》三份文件[1]，针对的对象主要是体力劳动者[2]，这三份文件对平台劳动规则、工作时间、职业健康与安全等方面均有所回应，本章对于体力劳动者工作满意度的回归结果也体现了这三个因素的重要性。因此，建议针对并未纳入传统自雇创业框架的平台创业者提供针对性的支持措施，如提升其工作任务分配方面的自主性，并关注其对养老等社会保障的需求，以提升平台创业者工作的满意程度与创业效能，更好地助力社会经济的发展。

---

[1]　人社部公布新办法.新华社微信公众号，https://mp.weixin.qq.com/s/3-0E1gdqyrXWoLa_Fxxu7A.

[2]　"本指引所称新就业形态劳动者，主要指线上接受互联网平台发布的配送、出行、运输、家政服务等工作任务，按照平台要求提供平台网约服务，通过劳动获取劳动报酬的劳动者"。来源：人社厅发〔2023〕50 号人力资源社会保障部办公厅关于印发《新就业形态劳动者休息和劳动报酬权益保障指引》《新就业形态劳动者劳动规则公示指引》《新就业形态劳动者权益维护服务指南》的通知.https://www.gov.cn/zhengce/zhengceku/202402/content_6933822.htm.

结　语

　　本书主要关注了"双创"政策出台以来的大学生创业现象。中国大学生创业的现象可以追溯到 20 世纪 80 年代，并在 20 世纪 90 年代互联网逐渐普及的过程中达到了第一个高峰。这一时期不仅涌现了求伯君、王志东、丁磊、张朝阳、马化腾、李彦宏等一批有代表性的大学生创业者，也初步建立了风险投资体系。加之惠普、微软等科技企业的引入，中国的科技创业生态系统逐渐成熟。此后，随着大数据、移动互联网等技术的快速发展，在以"双创"为代表的创新创业政策推动下，中国科技创业进入了新的高速发展期。本书中提到的张旭豪、王兴、张一鸣为代表的大学生创业者在这一时期开枝散叶、星火燎原。2022 年底 ChatGPT 的出现引发了高科技领域的新一轮技术变革，并推动了生成式人工智能领域（以下简称"生成式 AI"）创新创业的高速发展。在本轮生成式 AI 的创业热潮中，既有"老一代"大学生创业者的"二次创业"，也有新生代大学生创业者参与其中。就像当年的互联网和移动互联网技术一样，生成式 AI 已经开始影响人们的生产和生活。本书在写作过程中也使用了智谱清言、Kimi 等生成式 AI 作为辅助工具，这是大学生创业对本书的另一个"直接"影响。

　　魏昂德教授曾经指出，以阿里、搜狐和腾讯为代表的中国科技公司创始人通常是白手起家（Walder，2011）。搜狐的创始人张朝阳在一次采访中也表示，正是互联网的出现，让他这样的"两手空空"

的创业者也能获得成功。① 本书案例中的创业者绝大多数属于这种类型，技术更替和以"双创"为代表的创业政策为创新创业提供了广阔舞台。如今，大学生创业也已经得到了社会的广泛认可，这些大学生创业者在为社会创造价值的同时，还成为推动科技创新与产业化的中坚力量，并成为青年群体的社会模范。

在新时代的浪潮下，创新创业已成为推动中国社会经济发展的重要引擎，大学生群体更是这一进程中的生力军。深入研究大学生创业现象，不仅能为创新理论的发展贡献力量，更能为中国经济的高质量发展提供智力支持。笔者相信，随着"双创"战略和创新驱动的高质量发展进一步深化，越来越多的青年才俊将登上创业的舞台，成就新的辉煌篇章。

---

① 对话张朝阳：再战江湖，从做一个媒体人开始. 红星新闻，https://baijiahao.baidu.com/s?id=164798904524836675&wfr=spider&for=pc.

参 考 文 献

1. 布雷弗曼，1979. 劳动与垄断资本二十世纪中劳动的退化 [M]. 北京：商务印书馆.

2. 蔡莉，彭秀青，Satish Nambisan，王玲. 2016. 创业生态系统研究回顾与展望 [J]. 吉林大学社会科学学报，56（1）：5-16+187.

3. 曹桢. 2018. 大学生环保类社会创业研究——国际经验和本土案例 [J]. 调研世界，（7）：62-65.

4. 毕茜娜. 2014. A 县金融支持农民工返乡创业研究 [J]. 财经问题研究，（S1）:174-177.

5. 陈夙，项丽瑶，俞荣建. 2015. 众创空间创业生态系统：特征、结构、机制与策略——以杭州梦想小镇为例 [J]. 商业经济与管理，（11）：35-43.

6. 陈恒礼. 2018. 东风吹 [M]. 南京：江苏人民出版社.

7. 陈劲，王皓白. 2007. 社会创业与社会创业者的概念界定与研究视角探讨 [J]. 外国经济与管理，（8）：10-15.

8. 陈龙. 2020.“数字控制”下的劳动秩序——外卖骑手的劳动控制研究 [J]. 社会学研究，35（6）：113-135+244.

9. 陈龙，赵磊. 2022. 当劳之急：服务业零工经济的“去技能化”[J]. 文化纵横，（1）：79-86+159.

10. 陈耀，李远煦. 2019. 改革开放以来我国高校创新教育组织变迁及其启示 [J]. 高等教育研究，40（3）：46-52.

11. 陈雨生. 2017. 新就业形势下体育舞蹈专业本科毕业生创业自主经营模式研究 [D]. 西安体育学院硕士学位论文.

12. 程春庭. 2001. 重视“返乡创业”增强县域经济整体发展能力 [J]. 中国农村经济，（4）：68-72.

13. 崔春晓. 2017. 包容性视域下的新生代农民工返乡创业支持政策效果评价研究 [J]. 中国青年研究，（7）：108-113.

14. 戴维奇. 2016. 美国高校社会创业教育发展轨迹与经验 [J]. 比较教育研究，38（7）：37-41.

15. 蒂蒙斯 J A，斯皮内利 S. 2005. 创业学 [M]. 北京：人民邮电出版社.

16. 丁三青. 2007. 中国需要真正的创业教育——基于“挑战杯”全国大学生创业计划竞赛的分析 [J]. 高等教育研究，（3）：87-94.

17. 董晓林，徐虹. 2012. 我国农村金融排斥影响因素的实证分析——基于县域金融机构网点分布的视角 [J]. 金融研究，（9）：115-126.

18. 杜威漩. 2019. 农民工返乡创业减贫效应生成机理及政策启示——政策激励视角的分

析 [J]. 经济体制改革，（20）:76-83.

19. 范如国 . 2021. 平台技术赋能、公共博弈与复杂适应性治理 [J]. 中国社会科学，
　　（12）：131-152+202.

20. 范魏，王重鸣 . 2004. 创业倾向影响因素研究 [J]. 心理科学，（5）：1097-1090.

21. 范玉仙，王晨 . 2023. 平台经济下的劳动控制与抵抗——以网络文学平台的田野调研
　　为例 [J]. 当代经济研究，（6）：26-35.

22. 方长春 . 2023. 去技能化与再技能化：新就业形态与青年职业发展 [J]. 人民论坛·学
　　术前沿，（16）：16-25.

23. 方鸣 . 2021. 创业培训、政策获取和农民工返乡创业绩效 [J]. 北京工商大学学报（社
　　会科学版），36（6）：116-126.

24. 方鸣，翟玉婧，谢敏，等 . 2021. 政策认知、创业环境与返乡创业培训绩效 [J]. 管理
　　学刊，34（6）：32-44.

25. 费特斯 M L. 2018. 广谱式大学创业生态系统发展研究 [C]. 北京：商务印书馆 .

26. 冯军旗 . 2010. 新化复印产业的生命史 [J]. 中国市场，（13）：5-8.

27. 甘宇，邱黎源，胡小平 . 2019. 返乡农民工人力资本积累与创业收入的实证分析——
　　来自三峡库区的证据 [J]. 西南民族大学学报（人文社科版），40（3）：107-113.

28. 顾辉 . 2021. 政府角色定位、政策机制与返乡大学生成功创业 [J]. 湖南社会科学，
　　（1）：87-95.

29. 辜胜阻，洪群联 . 2010. 对大学生以创业带动就业的思考 [J]. 教育研究，31（5）：
　　63-68.

30. 国家统计局城市社会经济调查司 . 2019. 中国城市统计年鉴（2018）[M]. 北京：中国
　　统计出版社 .

31. 郭劲光，万家瑞 . 2022. 农村社会保险对农民工生计决策异质性的影响研究——从外
　　出务工到返乡创业 [J]. 财经问题研究，（6）：91-100.

32. 郭星华，肖翔尹 . 2020. 场域叠加态：农民工返乡创业实践研究 [J]. 社会建设，7（6）：
　　54-64.

33. 贺建风，费潮生，张晓静 . 2021. 通勤时间对工作满意度的影响效应研究——来自
　　CFPS 数据的经验证据 [J]. 调研世界，（6）：20-29.

34. 何威，曹书乐，丁妮，等 . 2020. 工作、福祉与获得感：短视频平台上的创意劳动者
　　研究 [J]. 新闻与传播研究，27（6）：39-57+126-127.

35. 何晓斌，董寅茜 . 2021. 工作权威、工作自主性与主观阶层认同形成——基于创业者
　　劳动过程的实证研究 [J]. 社会学研究，36（5）：180-202+230.

36. 何晓斌，柳建坤 . 2021. 政府支持对返乡创业绩效的影响 [J]. 北京工业大学学报（社
　　会科学版），21（5）：48-63.

37. 何宜庆，熊子怡，张科，等 . 2022. 政府推动型返乡创业能否促进农民收入增

长？——基于双重差分的经验评估 [J]. 湖南农业大学学报（社会科学版），23（4）：1-14+27.

38. 胡贝贝，王胜光，任静静 . 2015. 互联网时代创业活动的新特点——基于创客创业活动的探索性研究 [J]. 科学学研究，33（10）：1520-1527.

39. 胡磊 . 2019. 网络平台经济中"去劳动关系化"的动因及治理 [J]. 理论月刊，（09）：122-127.

40. 黄洁，蔡根女，买忆媛 . 2010. 谁对返乡农民工创业机会识别更具影响力：强连带还是弱连带 [J]. 农业技术经济，（4）:28-35.

41. 黄再胜 . 2022. 算法控制、"自我剥削"与数字劳动的时空修复——数字资本主义劳动过程的 LPT 研究 [J]. 教学与研究，（11）：97-112.

42. 黄祖辉，宋文豪，叶春辉，等 . 2022. 政府支持农民工返乡创业的县域经济增长效应——基于返乡创业试点政策的考察 [J]. 中国农村经济，（1）：24-43.

43. 何首乌 . 2021. 激流澎湃的水滴发源者——记水滴公司创始人兼 CEO 沈鹏 [J]. 商业文化，（12）：7-8.

44. 贾华强 . 2012. 用"沙集模式"化解"三农"问题 [J]. 理论视野，（2）：28-29.

45. 江帆，宋洪远 . 2023. 促进农民工返乡创业：历史方位与实现路径 [J]. 华中农业大学学报（社会科学版），（3）：23-33.

46. 康小明 . 2006. 社会资本对高等教育毕业生职业发展成就的影响与作用——基于北京大学经济管理类毕业生的实证研究 [J]. 清华大学教育研究，56（6）：49-57.

47. 乐国安，张艺，陈浩 . 2012. 当代大学生创业意向影响因素研究 [J]. 心理学探新，32（2）：146-152.

48. 李立，严立冬，陈玉萍，等 . 2017. 政策性金融支持对返乡创业农户生计改善的影响 [J]. 华东经济管理，31（9）：129-135.

49. 李练军，杨石美，李冬莲，等 . 2021. 新生代农民工返乡创业能力、创业模式与创业路径：机会与资源的视角 [J]. 农业经济与管理，（4）：85-92.

50. 李胜蓝，江立华 . 2020. 新型劳动时间控制与虚假自由——外卖骑手的劳动过程研究 [J]. 社会学研究，35（6）：91-112+243-244.

51. 李宪印，杨博旭，姜丽萍，等 . 2018. 职业生涯早期员工的工作满意度、组织承诺与离职倾向关系研究 [J]. 中国软科学，（1）：163-170.

52. 李远煦 . 2015. 社会创业：大学生创业教育的新范式 [J]. 高等教育研究，36（3）：78-83.

53. 李志强 . 2008. 艺术类专业毕业生灵活就业的现状调查及问题分析——以南京艺术学院近年来毕业生就业调查为例 [J]. 南京艺术学院学报（美术与设计版），（6）：146-147+133.

54. 廖福崇 . 2021. "放管服"改革的政策创新研究：试点—推广的政策逻辑 [J]. 暨南学

报（哲学社会科学版），（43）：60-72.

55. 林爱菊，朱秀微，王占仁 . 2016. 大学生公益创业的现状、影响因素及培养途径 [J].
   高等工程教育研究，（4）：99-104.

56. 林龙飞，陈传波 . 2019. 外出创业经历有助于提升返乡创业绩效吗 [J]. 现代经济探
   讨，（9）：101-107.

57. 林嵩，张邱琼 . 2004. 创业过程的研究评述及发展动向 [J]. 南开管理评论，（3）：
   47-50.

58. 刘苓玲，徐雷 . 2012. 中西部地区农民工返乡创业问题研究——基于河南、山西、重
   庆的调查问卷 [J]. 人口与经济，（6）：33-38.

59. 刘亚军，储新民 . 2017. 中国"淘宝村"的产业演化研究 [J]. 中国软科学，（2）：29-
   36.

60. 刘玉侠，任丹丹 . 2019. 返乡创业农民工政策获得的影响因素分析——基于浙江的实
   证 [J]. 浙江社会科学，（11）：58-64+157.

61. 刘雨婷，文军 . 2022."数字"作为"劳动"的前缀：数字劳动研究的理论困境 [J].
   理论与改革，（1）：117-131.

62. 刘远风，徐小玉 . 2022. 医疗保险提高灵活就业人员的获得感了吗？——基于
   CHFS2017 数据 [J]. 湖南农业大学学报（社会科学版），23（6）：97-104.

63. 刘振，丁飞，肖应钊，崔连广 . 2019a. 资源拼凑视角下社会创业机会识别与开发的
   机制研究 [J]. 管理学报，16（7）：1006-1015.

64. 刘振，管梓旭，李志刚，管珺 . 2019b. 社会创业的资源拼凑——理论背景、独特属
   性与问题思考 [J]. 研究与发展管理，31（1）：10-20.

65. 刘志阳，李斌 . 2017. 乡村振兴视野下的农民工返乡创业模式研究 [J]. 福建论坛（人
   文社会科学版），（12）：17-23.

66. 刘志阳，李斌 . 2019. 乡村振兴战略视野下的农民工返乡创业——基于"千村调查"
   的证据 [J]. 福建论坛（人文社会科学版），（3）：34-41.

67. 刘志阳，邱振宇 . 2021. 社会企业分类研究：一个基于价值驱动的新框架 [J]. 珞珈管
   理评论，（1）：1-16.

68. 刘志阳，赵陈芳，李斌 . 2020. 数字社会创业：理论框架与研究展望 [J]. 外国经济与
   管理，42（4）：3-18.

69. 罗竖元 . 2016. 返乡创业视角下农民工就地市民化的群体差异——基于湖南、安徽与
   贵州三省调查数据的实证分析 [J]. 贵州师范大学学报（社会科学版），（3）：52-60.

70. 罗竖元，黄萍 . 2022. 贵州师范大学贵州省马克思主义中国化"两个结合"的地方
   实践推动高端智库 . 社会网络对农民工返乡创业绩效的影响 [J]. 华南农业大学学报
   （社会科学版），21（4）：57-66.

71. 罗竖元 . 2017. 农民工市民化意愿的模式选择：基于返乡创业的分析视角 [J]. 南京农

业大学学报（社会科学版），17（2）：70-81+152.

72. 罗竖元 . 2018. 返乡创业质量与农民工就地市民化——基于湖南、安徽与贵州三省调查数据的实证分析 [J]. 南京农业大学学报（社会科学版），18（6）：69-78+159.

73. 吕红，金喜在 . 2007. 我国灵活就业劳动关系之探讨 [J]. 当代经济研究，（5）：29-31.

74. 吕惠明 . 2016. 返乡农民工创业模式选择研究——基于浙江省的实地调查 [J]. 农业技术经济，（10）：12-19.

75. 毛一敬 . 2021. 乡村振兴背景下青年返乡创业的基础、类型与功能 [J]. 农林经济管理学报，20（1）：122-130.

76. 莫怡青，李力行 . 2022. 零工经济对创业的影响——以外卖平台的兴起为例 [J]. 管理世界，38（2）：31-45+33.

77. 倪好 . 2015. 高校社会创业教育的基本内涵与实施模式 [J]. 高等工程教育研究，（1）：62-66.

78. 彭瑞梅，邢小强 . 2019. 数字技术赋权与包容性创业——以淘宝村为例 [J]. 技术经济，38（5）：79-86.

79. 彭伟，于小进，郑庆龄 . 2019. 基于扎根理论的社会创业企业资源拼凑策略研究 [J]. 财经论丛，（1）：81-90.

80. 彭伟，于小进，郑庆龄，等 . 2018. 资源拼凑、组织合法性与社会创业企业成长——基于扎根理论的多案例研究 [J]. 外国经济与管理，40（12）：55-70.

81. 彭伟华，侯仁勇 . 2022. 新就业形态下网络平台就业协同治理研究 [J]. 理论学刊，（5）:145-153.

82. 戚迪明，刘玉侠 . 2018. 人力资本、政策获取与返乡农民工创业绩效——基于浙江的调查 [J]. 浙江学刊，（2）：169-174.

83. 邱泽奇 . 2020. 零工经济：智能时代的工作革命 [J]. 探索与争鸣，（7）：5-8.

84. 邱泽奇 . 2021. 数字平台企业的组织特征与治理创新方向 [J]. 人民论坛·学术前沿，（21）：44-55.

85. 萨克森宁 A. 2020. 区域优势：硅谷和 128 号公路的文化和竞争 [M]. 上海：上海科学技术出版社 .

86. 赛思·D. 哈瑞斯 . 2018. 美国"零工经济"中的从业者、保障和福利 [J]. 环球法律评论，40（4）：7-37.

87. 孙武军，徐乐，王轶 . 2021. 外出创业经历能提升返乡创业企业的经营绩效吗？基于 2139 家返乡创业企业的调查数据 [J]. 统计研究，38（6）：57-69.

88. 孙萍 . 2019. "算法逻辑"下的数字劳动：一项对平台经济下外卖送餐员的研究 [J]. 思想战线，45（6）：50-57.

89. 檀学文，胡拥军，伍振军，等 . 2016. 农民工等人员返乡创业形式发凡 [J]. 改革，（11）：85-98.

90. 田甜，邓攀 . 2017. [水滴互助] 一条腿公益，一条腿商业 [J]. 中国企业家，（12）：117-120.

91. 田志鹏 . 2023. 新发展阶段青年劳动者的专业技能与工作满意度 [J]. 社会发展研究，10（1）：73-89+243-244.

92. 王冠 . 2013. 山东湾头："编"出个淘宝村 [J]. IT 经理世界，（10）：38-42.

93. 王金杰，李启航 . 2017. 电子商务环境下的多维教育与农村居民创业选择——基于 CFPS2014 和 CHIPS2013 农村居民数据的实证分析 [J]. 南开经济研究，（6）：75-92.

94. 王来青，康振帅 . 1995. 金凤归处彩云飞——外出打工青年返乡创业大纪实 [J]. 人民政坛，（2）：21-23.

95. 王心焕，薄赋徭，雷家骕 . 2016. 创业教育对大学生创业意向的影响研究 – 兼对本科生与高职生的比较 [J]. 清华大学教育研究，37（5）：116-124.

96. 王辉，朱健 . 2021. 农民工返乡创业意愿影响因素及其作用机制研究 [J]. 贵州师范大学学报（社会科学版），（6）：79-89.

97. 王晶晶，王颖 . 2015. 国外社会创业研究文献回顾与展望 [J]. 管理学报，12（1）：148-155.

98. 王壹 . 2022. 返乡创业的难点与痛点是什么？ [N]. 农民日报，08-19（8）.

99. 王霆，刘娜 . 2022. 我国灵活就业政策文本量化研究——政策现状与前沿趋势 [J]. 北京工业大学学报（社会科学版），22（2）：105-117.

100. 王星 . 2020. 零工技能：劳动者"选择的自由"的关键 [J]. 探索与争鸣，（7）：29-31.

101. 王永洁 . 2022. 就业形态与平台劳动者工作满意度研究 [J]. 劳动经济研究，10（1）：115-138.

102. 王轶，刘蕾 . 2022. 农民工返乡创业何以促进农民农村共同富裕 [J]. 中国农村经济，（9）：44-62.

103. 王轶，陆晨云 . 2022. 财政扶持政策能否提升返乡创业企业创新绩效？——兼论企业家精神的机制作用 [J]. 产业经济研究，（4）：59-71.

104. 王轶，熊文，黄先开 . 2020. 人力资本与劳动力返乡创业 [J]. 东岳论丛，41（3）：14-28+191.

105. 魏海涛，李国卉 . 2022. 平台劳动者研究述评：回顾与展望 [J]. 社会学评论，10（6）：59-81.

106. 魏凤，闫芃燕 . 2012. 西部返乡农民工创业模式选择及其影响因素分析——以西部五省 998 个返乡农民工创业者为例 [J]. 农业技术经济，（9）：66-74.

107. 闻效仪 . 2020. 去技能化陷阱：警惕零工经济对制造业的结构性风险 [J]. 探索与争鸣，（11）：150-159+180.

108. 吴金秋 . 2010. 高校创业教育的兴起与发展 [N]. 中国教育报，2010-06-03.

109. 吴志攀. 2015. "大众创业万众创新"的局面何以形成？——对北京大学部分青年校友创业情况的观察与初步分析 [J]. 北京大学学报（哲学社会科学版），52（3）：211-218.

110. 吴遵民主编. 2019. 终身教育研究手册 [M]. 上海：上海教育出版社.

111. 向辉，雷家骕. 2013. 基于 ISO 模型的在校大学生创业意向 [J]. 清华大学学报（自然科学版），53（1）：122-128+138.

112. 肖潇，汪涛. 2015. 国家自主创新示范区大学生创业政策评价研究 [J]. 科学学研究，33（10）：1511-1519.

113. 新一线城市研究所. 2019. 2019 城市商业魅力排行榜 [J]. 第一财经，（5）.

114. 熊鹏，南垠映. 2021. 中国和韩国创业生态系统的比较分析——全球创业指数视角 [J]. 技术经济与管理研究，（2）：24-29.

115. 徐超，吴玲萍，孙文平. 2017. 外出务工经历、社会资本与返乡农民工创业——来自 CHIPS 数据的证据 [J]. 财经研究，43（12）：30-44.

116. 徐小洲，叶映华. 2010. 大学生创业认知影响因素与调整策略 [J]. 教育研究，31（6）：83-88.

117. 徐小洲，倪好. 2016. 社会创业教育：哈佛大学的经验与启示 [J]. 教育研究，37（1）：143-149.

118. 许琪，戚晶晶. 2016. 工作—家庭冲突、性别角色与工作满意度基于第三期中国妇女社会地位调查的实证研究 [J]. 社会，36（3）：192-215.

119. 许明. 2020. 外出务工经历与返乡农民工创业成功率——基于倾向得分匹配法的反事实估计 [J]. 首都经济贸易大学学报，22（4）：70-79.

120. 薛洲，耿献辉. 2018. 电商平台、熟人社会与农村特色产业集群——沙集"淘宝村"的案例 [J]. 西北农林科技大学学报（社会科学版），18（5）：46-54.

121. 严建雯，叶贤. 2009. 大学生创业意向的现状调查 [J]. 心理科学，32（6）：1471-1474.

122. 严妮，黎桃梅，周雨，等. 2020. 新就业形态下平台经济从业者社会保险制度探析 [J]. 宏观经济管理，（12）：69-76+84.

123. 杨学成，杨东晓，郭景. 2023. 平台劳动者工作满意度与就业稳定性：认知信任与算法管理的影响 [J]. 首都经济贸易大学学报，25（3）：43-57.

124. 姚烨琳，张海东. 2022. 职业特征、主观社会地位与自由职业者的工作满意度 [J]. 社会科学战线，（10）：238-246.

125. 叶仁荪，王玉芹，林泽炎. 2005. 工作满意度、组织承诺对国企员工离职影响的实证研究 [J]. 管理世界，（3）：122-125.

126. 叶秀敏. 2016. 东风村调查：农村电子商务的"沙集模式" [C]. 北京：中国社会科学出版社.

127. 叶映华 . 2009. 大学生创业意向影响因素研究 [J]. 教育研究，30（4）：73-77.

128.You（Willow）Wu，Charles E. Eesley，Kathleen M. Eisenhardt，罗银燕，李晓林 . 2020. 动态境中的创业活动：中美对比 [J]. 管理学季刊，5（2）：1-17+138.

129. 于凤霞 . 2020. 稳就业背景下的新就业形态发展研究 [J]. 中国劳动关系学院学报，34（6）：44-54+85.

130. 于欣誉，郭伟，李国正 . 2018. 乡村振兴下农民工返乡创业的信贷约束：一个综述 [J]. 广西社会科学，（12）：181-185.

131. 曾亿武，蔡谨静，郭红东 . 2020. 中国"淘宝村"研究：一个文献综述 [J]. 农业经济问题，（3）：102-111.

132. 曾亿武，郭红东 . 2016. 农产品淘宝村形成机理：一个多案例研究 [J]. 农业经济问题，37（4）：39-48+111.

133. 曾建国 . 2014. 大学生社会创业动机结构研究 [J]. 技术经济与管理研究，（12）：33-36.

134. 张宸，周耿 . 2019. 淘宝村产业集聚的形成和发展机制研究 [J]. 农业经济问题，（4）：108-117.

135. 张成刚 . 2016. 就业发展的未来趋势，新就业形态的概念及影响分析 [J]. 中国人力资源开发，（19）：86-91.

136. 张立新，林令臻，孙凯丽 . 2016. 农民工返乡创业意愿影响因素研究 [J]. 华南农业大学学报（社会科学版），15（5）：65-77.

137. 张梁梁，李世强 . 2022. 外出务工经历、邻里关系与返乡农民工创业 [J]. 人口与经济，（2）：140-154.

138. 张秀娥，孙中博 . 2014. 返乡创业对新生代农民工市民化的推进作用 [J]. 东北师大学报（哲学社会科学版），（2）：37-40.

139. 张寅凯，薛惠元 . 2022. 灵活就业人员基本养老保险参与、地位认同与公平感——来自 CLDS 数据的证据 [J]. 保险研究，（4）：99-110.

140. 赵浩兴，张巧文 . 2013. 返乡创业农民工人力资本与创业企业成长关系研究——基于江西、贵州两省的实证分析 [J]. 华东经济管理，27（1）：130-133.

141. 赵磊，杨伟国，陈龙 . 2024. 互联网平台劳动力组织形式的演变过程与机制 [J]. 社会学研究，（3）：182-203.

142. 赵利梅，张凤，易晓芹 . 2020. 乡村振兴与农民工返乡创业的双螺旋耦合机制研究——以四川省平武县 GB 村为例的实证分析 [J]. 农村经济，（12）：49-57.

143. 赵丽缦，ZAHRA S，顾庆良 . 2014. 国际社会创业研究前沿探析：基于情境分析视角 [J]. 外国经济与管理，36（5）：12-22.

144. 郑秉文，李妍花 . 2018. 我国网络创业就业特征及其对社会保险可及性的挑战 [J]. 辽宁大学学报（哲学社会科学版），46（4）：1-13.

145. 郑刚，郭艳婷 . 2014. 世界一流大学如何打造创业教育生态系统——斯坦福大学的经验与启示 [J]. 比较教育研究，36（9）：25-31.

146. 郑刚，梅景瑶，何晓斌 . 2017. 创业教育对大学生创业实践究竟有多大影响——基于浙江大学国家大学科技园创业企业的实证调查 [J]. 中国高教研究，（10）：72-77.

147. 郑刚，梅景瑶，郭艳婷，等 . 2018. 创业教育、创业经验和创业企业绩效 [J]. 科学学研究，36（6）：1087-1095.

148. 郑祁，杨伟国 . 2019. 零工经济的研究视角——基于西方经典文献的述评 [J]. 中国人力资源开发，36（1）：129-137.

149. 郑晓芳，汪忠，袁丹 . 2015. 青年社会创业现状及影响因素研究 [J]. 青年探索，（5）：11-16.

150. 周广肃，谭华清，李力行 . 2017. 外出务工经历有益于返乡农民工创业吗？ [J]. 经济学（季刊），16（2）：793-814.

151. 周辉 . 2020. 网络平台治理的理想类型与善治——以政府与平台企业间关系为视角 [J]. 法学杂志，41（9）：24-36.

152. 周静，杨紫悦，高文 . 2017. 电子商务经济下江苏省淘宝村发展特征及其动力机制分析 [J]. 城市发展研究，（24）：9-14.

153. 朱红根 . 2012. 政策资源获取对农民工返乡创业绩效的影响——基于江西调查数据 [J]. 财贸研究，23（1）：18-26.

154. 朱红根，康兰媛 . 2013. 农民工创业动机及对创业绩效影响的实证分析——基于江西省 15 个县市的 438 个返乡创业农民工样本 [J]. 南京农业大学学报（社会科学版），13（5）：59-66.

155. 朱松岭 . 2018. 新就业形态：概念、模式与前景 [J]. 中国青年社会科学，37（3）：8-14.

156. 祝振铎，李新春 . 2016. 新创企业成长战略：资源拼凑的研究综述与展望 [J]. 外国经济与管理，38（11）：71-82.

157. 中国劳动和社会保障部劳动科学研究所课题组 . 2005. 中国灵活就业基本问题研究 [J]. 经济研究参考，（45）：2-16.

158. Adler P S. 2007. The Future of Critical Management Studies: A Paleo-Marxist Critique of Labour Process Theory[J]. Organization Studies，28（9）：1313-1345.

159. Ajzen，I. 1991. The theory of planned behavior[J]. Organizational behavior and human decision processes，50（2）：179-211.

160. Alter，K. 2007. Social Enterprise Typology [M]. Virtue Ventures LLC.

161. Audretsch，D B. 2014. From the entrepreneurial university to the university for the entrepreneurial society [J]. Journal of Technology Transfer，39（3）：313-321.

162. Audretsch D B，Keilbach M C，Lehmann E E. 2006. Entrepreneurship and Economic

Growth [M]. Oxford University Press.

163. Audretsch D B, Khurana I, Dutta D K, et al. 2024. Creating effective university innovation and entrepreneurial ecosystems: a commitment system perspective [J]. Journal of Technology Transfer. (Early access)

164. Austin J, Stevenson H, Wei-Skillern J. 2006. Social and Commercial Entrepreneurship: Same, Different, or Both? [J]. Entrepreneurship Theory and Practice, 30 (1): 1-22.

165. Bacq S, Kickul J R. 2022. Social Entrepreneurship [M]. Oxford University Press.

166. Bacq S, Ofstein L F, Kickul J R, et al. 2015. Bricolage in Social Entrepreneurship: How Creative Resource Mobilization Fosters Greater Social Impact [J]. The International Journal of Entrepreneurship and Innovation, 16 (4): 283-289.

167. Baker T, Nelson R E. 2005. Creating Something from Nothing: Resource Construction through Entrepreneurial Bricolage [J]. Administrative Science Quarterly, 50 (3): 329-366.

168. Baark E. 2001. Technology and entrepreneurship in China: Commercialization reforms in the science and technology sector [J]. Review of Policy Research, 18 (1): 112-129.

169. Beltski M, Heron K. 2017. Expanding Entrepreneurship Education Ecosystems[J]. Journal of Management 36 (2): 17-26.

170. Bhandari H, Yasunobu K. 2009. What is Social Capital? A Comprehensive Review of the Concept[J]. Asian Journal of Social Science, 37 (3): 480-510.

171. Bhawe N, Gupta V K, Jain T K. 2007. The Entrepreneurship of the Good Samaritan: A Qualitative Study to Understand How Opportunities are Perceived in Social Entrepreneurship (Summary)[J]. Frontiers of Entrepreneurship Research, 27: 1.

172. Brown R, Mason C. 2017. Looking inside the spiky bits: a critical review and conceptualisation of entrepreneurial ecosystems[J]. Small Business Economics, 49 (1): 11–30.

173. Carayannis E G, Grigoroudis E, Wurth B. 2022. OR for entrepreneurial ecosystems: A problem-oriented review and agenda[J]. European Journal of Operational Research, 300 (3): 791-808.

174. Churchill N C, Lewis V L. 1983. The five stages of small business growth[J]. Harvard Business Review, 61 (3): 30-50.

175. Coleman J S. 1988. Social Capital in the Creation of Human Capital[J]. American Journal of Sociology, 94: S95-S120.

176. Dacin M T, Dacin P A, Tracey P. 2011. Social Entrepreneurship: A Critique and Future Directions [J]. Organization Science, 22 (5): 1203-1213.

177. Dacin P A, Dacin M T, Matear M. 2010. Social Entrepreneurship: Why We

Don't Need a New Theory and How We Move Forward From Here [J]. Academy of Management Perspectives, 24 (3): 37-57.

178. Chen H, et al. 2009. Buy Local? The Geography of Successful and Unsuccessful Venture Capital Expansion [EB/OL]. June (http://www.nber.org/papers/w15102) . Last Visiting Date: 2021-12-01.

179. Daskalopoulou I, Karakitsiou A, Thomakis Z. 2023. Social Entrepreneurship and Social Capital: A Review of Impact Research[J]. Sustainability, 15 (6): 4787.

180. Dees J G. 1998. Enterprising Nonprofits [J]. Harvard Business Review, 76 (1): 54-67.

181. Desa G, Koch J L. 2014. Scaling Social Impact: Building Sustainable Social Ventures at the Base-of-the-Pyramid [J]. Journal of Social Entrepreneurship, 5 (2): 146-174.

182. Drayton W. 2002. The citizen sector: Becoming as entrepreneurial and competitive as business [J]. California Management Review, 44 (3): 120-132.

183. Fetters M, Greene P G, Rice M P (Eds.) . 2010. The development of university-based entrepreneurship ecosystems: Global practices [M]. Edward Elgar Publishing.

184. Friedlander F. 1963. Underlying sources of job satisfaction[J]. Journal of Applied Psychology, 47 (4): 246-250.

185. Friedman G. 2014. Workers without employers: shadow corporations and the rise of the gig economy[J]. Review of Keynesian Economics, 2 (2): 171-188.

186. Galbraith J. 1982. The Stages of Growth[J]. The Journal of Business Strategy, 3 (1): 70-79.

187. Gartner W B. 1985. A conceptual framework for describing the phenomenon of new venture creation[J]. Academy of Management Review, 10 (4): 696-706.

188. Gawer A. 2010. Platforms, Markets and Innovation[M]. Northampton, MA: Edward Elgar Publishing.

189. Gawer A, Cusumano M A. 2014. Industry Platforms and Ecosystem Innovation[J]. Journal of Product Innovation Management, 31 (3): 417-433.

190. Gedajlovic E, Honig B, Moore C B, et al. 2013. Social Capital and Entrepreneurship: A Schema and Research Agenda[J]. Entrepreneurship Theory and Practice, 37 (3): 455-478.

191. Gertler M S. 2003. Tacit knowledge and the economic geography of context, or The undefinable tacitness of being (there) [J]. Journal of Economic Geography, 3: 75-99.

192. Hayter C S. 2016. A trajectory of early-stage spinoff success: the role of knowledge intermediaries within an entrepreneurial university ecosystem[J]. Small Business Economics, 47 (3): 633-656.

193. Hayter C S, Nelson A J, Zayed S, et al. 2018. Conceptualizing academic

entrepreneurship ecosystems: a review, analysis and extension of the literature[J]. Journal of Technology Transfer, 43（4）: 1039-1082.

194. Hu ek I, Širec K. 2023. The Terminology and the Concept of the Gig Economy [J]. EkonomskiPregled, 74（1）: 34-58.

195. Hustinx L, Handy F, Cnaan R A, et al. 2010. Social and Cultural Origins of Motivations to Volunteer: A Comparison of University Students in Six Countries [J]. International Sociology, 25（3）: 349-382.

196. Isenberg D. 2011. The entrepreneurship ecosystem strategy as a new paradigm for economy policy: principles for cultivating entrepreneurship. Babson entrepreneurship ecosystem project [R].Babson college, Babson Park: MA.

197. Isenberg D J. 2010. THE BIG IDEA How to Start an Entrepreneurial Revolution[J]. Harvard Business Review, 88: 40+.

198. Kirzner I M. 2015. Competition and entrepreneurship[M]. University of Chicago press.

199. Liao J W, Welsch H. 2005. Roles of social capital in venture creation: Key dimensions and research implications[J]. Journal of Small Business Management, 43（4）: 345-362.

200. Light I, Dana L P. 2013. Boundaries of Social Capital in Entrepreneurship[J]. Entrepreneurship Theory and Practice, 37（3）: 603-624.

201. Lin J, De Kloet J. 2019. Platformization of the Unlikely Creative Class: Kuaishou and Chinese Digital Cultural Production[J]. Social Media + Society, 5（5）: 2056305119883430.

202. Link A N, Sarala R M. 2019. Advancing conceptualisation of university entrepreneurial ecosystems: The role of knowledge-intensive entrepreneurial firms[J]. International Small Business Journal-Researching Entrepreneurship, 37（3）: 289-310.

203. Lüthje C, Franke N. 2003. The 'making' of an entrepreneur: testing a model of entrepreneurial intent among engineering students at MIT [J]. R&D Management,33（2）: 135-147.

204. Luke B, Chu V. 2013. Social enterprise versus social entrepreneurship: An examination of the 'why' and 'how' in pursuing social change [J]. International Small Business Journal, 31（7）: 764-784.

205. Lundström A, Stevenson L A. 2005. Entrepreneurship Policy: Theory and Practice[C]// New York, NY: Springer US: Imprint: Springer.

206. Malecki E J. 2011. Connecting Local Entrepreneurial Ecosystems to Global Innovation Networks: Open Innovation, Double Networks and Knowledge Integration [J]. International Journal of Entrepreneurship and Innovation Management 14（1）: 36-59.

207. Mair J, Martí I. 2006. Social entrepreneurship research: A source of explanation, prediction, and delight[J]. Journal of World Business, 41（1）: 36-44.

208. McMillin S E. 2021. Social Innovation [M]. NASW Press and Oxford University Press.

209. Mir Shahid S, Alarifi G. 2021. Social entrepreneurship education: A conceptual framework and review [J]. The International Journal of Management Education, 19（3）: 100533.

210. Mohiuddin M F, Yasin I M, Latiff A R A. 2023. Knowledge base for social capital' s role in scaling social impact: A bibliometric analysis[J]. Business Ethics the Environment & Responsibility, 32（2）: 742-772.

211. Moore J F. 1993. Predators and prey: a new ecology of competition.[J]. Harvard Business Review, 71（3）: 75-86.

212. Morris M H, Shirokova G, Tskanova T. 2017. Student entrepreneurship and the university ecosystem: a multi-country empirical exploration[J]. European Journal of International Management, 11（1）: 65-85.

213. Neck H M, Greene P G, Brush C G. 2014. Practice-Based Entrepreneurship Education Using Actionable Theory [A]. In M. H. Morris（ed）, Annals of Entrepreneurship Education and Pedagogy. Cheltenham: Edward Elgar Publishing.

214. Parker G G, Van Alstyne W M, Choudary P S. 2016. Platform Revolution: How Networked Markets Are Transforming the Economy[M]. New York: W. W. Norton & Company.

215. Phills J A, Deiglmeier K, Miller D T. 2008. Rediscovering Social Innovation [J]. Stanford Social Innovation Review, 6（4）: 34-43.

216. Portes A. 1998. Social Capital: Its origins and applications in modern sociology[J]. Annual Review of Sociology, 24: 1-24.

217. Powell W W, et al. 2002. The Spatial Clustering of Science and Capital: Accounting for biotech firm Venture Capital Relationship [J]. Regional Studies, 36（3）: 291-305.

218. Rideout E C, Gray D O. 2013. Does Entrepreneurship Education Really Work? A Review and Methodological Critique of the Empirical Literature on the Effects of University-Based Entrepreneurship Education [J]. Journal of Small Business Management, 51（3）: 329-351.

219. Rochet J C, Tirole J. 2003. Platform Competition in Two-Sided Markets[J]. Journal of the European Economic Association, 1（4）: 990-1029.

220. Rochet J C, Tirole J. 2006. Two-sided markets: a progress report[J]. The Rand Journal of Economics, 37（3）: 645-667.

221. Secundo G, Mele G, Del Vecchio P, et al. 2021. Knowledge spillover creation in

university-based entrepreneurial ecosystem: the role of the Italian "Contamination Labs" [J]. Knowledge Management Research & Practice, 19（1）: 137-151.

222. Santos F, Pache A C, Birkholz C. 2015. Making Hybrids Work: Aligning Business Models and Organizational Design for Social Enterprises [J]. California Management Review, 57: 36-58.

223. Santos F M. 2012. A Positive Theory of Social Entrepreneurship [J]. Journal of Business Ethics, 111（3）: 335-351.

224. Stam E. 2015. Entrepreneurial Ecosystems and Regional Policy: A Sympathetic Critique[J]. European Planning Studies, 23（9）: 1759-1769.

225. Stam E, Spigel B. 2017. Entrepreneurial ecosystems[J].in: R. Blackburn D DeClercq, J Heinonen（eds.）. The sage handbook of small business and entrepreneurship, SAGE, London, 407-422.

226. Siegel D S, Wright M. 2015. Academic Entrepreneurship: Time for a Rethink? [J]. British Journal of Management, 26（4）: 582-595.

227. Suchman M C.1995. Managing legitimacy: Strategic and institutional approaches [J]. Academy of Management Review, 20（3）: 571-610.

228. Storper M. 1995. The Resurgence of Regional Economies, Ten Years Later: The Region as a Nexus of Untraded Interdependencies[J]. European Urban and Regional Studies, 2（3）: 191-221.

229. Storper M, Venables A J. 2004. Buzz: face-to-face contact and the urban economy[J]. Journal of Economic Geography, 4（4）: 351-370.

230. Stuart T, Sorenson O. 2003. The Geography of Opportunity: Spatial Heterogeneity in Founding Rates and the Performance of Biotechnology Firms [J]. Research Policy, 32（2）: 229-253.

231. Timmons J A, Spinelli S. 2014. New venture creation: entrepreneurship for the 21st century[M]. 北京: 人民邮电出版社.

232. Torres P, Godinho P. 2022. Levels of necessity of entrepreneurial ecosystems elements [J]. Small Business Economics, 59: 29-45.

233. Uvin P, Jain P S, Brown L D. 2000. Think Large and Act Small: Toward a New Paradigm for NGO Scaling Up [J]. World Development, 28（8）: 1409-1419.

234. Venâncio A, Picoto W, Pinto I. 2023. Time-to-unicorn and digital entrepreneurial ecosystems [J]. Technological Forecasting and Social Change, 190: 122425.

235. Vallas S, Schor J B. 2020. What Do Platforms Do? Understanding the Gig Economy[J]. Annual Review of Sociology, 46（1）: 273-294.

236. Van Doorn N. 2017. Platform labor: on the gendered and racialized exploitation of low-

income service work in the 'on-demand' economy[J]. Information, Communication & Society, 20 (6): 898-914.

237. Volkmann C K, Tokarski K O, Ernst K. Social Entrepreneurship and Social Business An Introduction and Discussion with Case Studies[C]//: Wiesbaden : Gabler Verlag : Imprint: Gabler Verlag, 2012.

238. Walder A. 2011. From Control to Ownership: China's Managerial Revolution[J]. Management and Organization Review, 7 (1): 19-38.

239. Wareham J, Fox P B, Cano Giner J L. 2014. Technology Ecosystem Governance[J]. Organization Science, 25 (4): 1195-1215.

240. Xie Z, Wang X, Xie L, et al. 2021. Entrepreneurial ecosystem and the quality and quantity of regional entrepreneurship: A configurational approach[J]. Journal of Business Research, 128: 499-509.

241. Zahra S A, Gedajlovic E, Neubaum D O, et al. 2009. A typology of social entrepreneurs: Motives, search processes and ethical challenges [J]. Journal of Business Venturing, 24 (5): 519-532.

242. Zook M A. 2002. Grounded Capital: Venture Financing and the Geography of the Internet Industry, 1994—2000[J]. Journal of Economic Geography, 2 (2): 151-177.